未来への想像力

高校生と考える

桐光学園大学訪問授業

左右社

高校生と考える未来への想像力／桐光学園大学訪問授業

はじめに

桐光学園中学高等学校校長　岡村薫

未来は、私たちの想像力によって形作られます。未知の世界に挑戦する勇気と、変化を恐れない柔軟な思考が、新しい時代を切り拓く原動力となります。

本書『高校生と考える 未来への想像力』は、桐光学園の『大学訪問授業』を通じて、多彩な分野の第一線で活躍する方々と生徒が対話し、未来について考えた記録です。科学、文学、哲学、社会問題など、多岐にわたるテーマを扱い、それぞれの専門家が見据える未来像を共有することで、生徒たちが視野を広げ、新たな発想を得る機会となりました。

講義を通じて、講師の先生方の知識の広がりや深い探究心、専門分野を超えた多彩な興味関心が伝わってきました。そこには、学問への情熱と同時に、人間としての魅力が溢れていました。こうした出会いが、生徒たちの知的好奇心を刺激し、探究的な学びに向かう契機となることは、本書の大きな意義の一つです。

社会は、技術革新やグローバル化の進展により、ますます複雑で多様な価値観が交錯する場となっています。そのなかで、自らの考えをもち、他者と意見を交わし、よりよい未来を構想することが求められています。本書に収められた講義や対話は、まさにそのための実践の場であり、読者のみなさんにとっても、新たな気づきをもたらすはずです。

本書が示すのは、決して「正解」ではありません。むしろ、多様な視点を知り、考え続けることの大切さを伝えています。現代は、答えのない問いに向き合い、自らの意志で道を選び取る力が試される時代です。本書が、そのような力を育む一助となることを願っています。

最後に、本書の企画・編集に携わってくださったみなさん、そして貴重な講義を提供してくださった講師の方々に心より感謝申し上げます。本書を手に取ったみなさんが、この対話に加わり、それぞれの未来を思い描く契機となれば幸いです。

第1章

社会を動かす声

他人の幸せを道連れにする悪意について考える

綿野恵太

わたの・けいた
文筆家。大阪府出身、一九八八年生まれ。福島県在住。大阪大学文学部卒、一橋大学大学院言語社会研究科修士。太田出版で編集者として勤務したのちにフリーの文筆業に転身。著書に『「逆張り」の研究』『みんな政治でバカになる』『「差別はいけない」とみんないうけれど。』。共著に『吉本隆明 没後10年、激動の時代に思考し続けるために』など。

「自利利他」の教えに抱いた疑問

ぼくは倉庫でアルバイトをしつつ、独自にテーマを見つけて執筆活動をしています。インターネットにおける政治や差別、「逆張り▼」というネットスラングを扱った本を出しました。

大阪の清風南海中学校という中高一貫校出身です。厳しい校風に嫌気がさして不登校になり、高校三年生の夏休み前に中退しました。その後大検を受けて大学に入学するも引きこもりになり、二年ほど留年して卒業しました。みなさんもこれから先、挫折をしても人生何とかなるので、絶望しないでほしいと思います。

話がそれましたが、中退した高校はお坊さんが開いた仏教系の学校でした。学校生活のなかに座禅の時間があり、説法がＣＤから流れます。

その教えは「自利利他に生きなさい」というものでした。つまり「利己主義（自利）はいけないが、自分を犠牲にして他者の幸せのために生きる（利他）のも難しい。自分の幸せが他人の幸せにもつながるように生きなさい」ということです。

　自利利他は仏教由来の言葉ですが、徐々に商売の理念としても使われるようになりました。江戸時代から現れた近江商人▼の家訓でも「自利利他に生きよ」という教えが頻出し、三方良し、つまり「自分よし相手よし世間よし、商売することはこの三つにメリットを与えることである」という理念につながっていきます。

　近江商人の考え方は、ある程度理にかなっています。アダム・スミス▼は『国富論』において、市場において自分の利益を最大化することが、神の見えざる手に導かれて、公共の利益を満たすといっています。自分の利益を追求し、いい商品やサービス、テクノロジーを開発して売れば、社会全体が便利さを喜んでくれる。提供者にはお金が入り、社会全体も豊かになるというウィンウィンの関係です。

　自利利他、つまり「自分の利益と集団の利益が一致する」状況は、商売に限ったことではありません。一九世紀フランスの思想家アレクシ・ド・トクヴィルの『アメリカのデモクラシー』には、「住民は郷土の利害の一つ一つを自分自身の利害において執着する。国家に対して関心を寄せるのは、『ある種の利己主義』によってである」と書かれています。政治においても、日本が発展すれば国民の生活が豊かになるという相互関係が成り立つのです。

▼逆張り
本来は、株価の値が上がったときほど売り、下がったときこそ買うという相場の流れに逆らう投資手法のことを指したが、転じて一般論や流行と真逆の主張をする態度を指すようになった。

▼近江商人
中世から近代にかけて活動した、近江国（現在の滋賀県）出身の商人。足を使って近江国外に出て、各地の需要や、地域間の価格差などの情報を独自に仕入れ、全国規模で商いを行った。日本経済発展の礎を築いた一面があり、百貨店の高島屋や伊藤忠商事などの大企業も、その流れを汲む。

しかしぼくは逆張り人間なので、疑問に思います。なぜ経済、政治において、自利利他が大事だといわれているのに、世の中はよくならないのでしょうか。

人間の本性に潜む「悪意」について

その鍵となるのが、人間の「悪意」です。サイモン・マッカーシー＝ジョーンズ『悪意の科学』によると、悪意とは「他者を傷付け、害を与え、かつその過程で自分にも害が及ぶ行動」です。スパイト行動とも呼ばれます。

最悪の例としては自爆テロや拡大自殺が挙げられますが、より日常に近い例としては、嫌いな人間の悪口をネットに書き込むような行動も見られます。ぼくはこのように、自分が損をしてでも他人にもっと損をさせたいと考えるのがリアルな人間だと思うのです。

イマニュエル・カント▼は人間愛が重要だという一方で、人間には人間憎悪の本性があるといいました。その一つが、シャーデンフロイデです。ドイツ語でシャーデンは害、フロイデは喜びを意味し、日本でいうところの「他人の不幸は蜜の味」というニュアンスです。

そのような悪意の最たる結実として、カントは「復讐欲」を挙げています。

こうした不幸を歓ぶことのうちで、もっとも甘美で、なおそれに加

▼アダム・スミス
イギリスの哲学者、経済学者。一七二三年生まれ。調和ある社会の原動力として人間の「共感」を据えた倫理学書『道徳感情論』と、国民の労働により生産される生活必需品やサービスの蓄積に豊かさの価値を置いた経済学書『国富論』で知られる。

▼イマニュエル・カント
ドイツの哲学者。一七二四年生まれ。三批判書として知られる『純粋理性批判』『実践理性批判』『判断力批判』を発表し、従来の「神」や「真理」を探究する形而上学を批判した。人間は物をそれ自体として認識することはできず、物が目の前に現れる通りにしか認識できないと主張し、地動説を唱えた天文学者にちなんで、認識における「コペルニクス的転回」をもたらしたといわれている。

えて、他者の損害を自身の利益なしにも自分の目的とする最大の権利を、いやそれどころかそうする拘束性すらも（正義の欲望として）ともなっているかのように見せかけるのが、復讐欲である

（カント著、宮村悠介訳『人倫の形而上学』岩波文庫）

復讐は復讐を呼び、暴力の連鎖につながるため、近代国家では、法に従って国家および裁判所が裁きを与えることになっていったのです。

社会への復讐者としての「無敵の人」

ひろゆき▼さんという方が発祥の「無敵の人」というネットスラングがあります。職や財産、社会的信用がないために、刑罰を受けることをリスクと思わずに犯罪に手を染めてしまう人を指します。自分がどうなってもいいから他人に危害を加えたいという、現代における悪意の具現化そのものです。

「無敵の人」言説の背景には、ひろゆきさんの世代、いわゆる就職氷河期世代▼が受けてきた不遇があります。大学を卒業しても就職できず、正社員にもなれず、契約をいつ切られるかわからない。日本経済は停滞し、給料も上がらない。そのような社会への絶望感が、悪意に満ちた「無敵の人」を生むというのです。

そこでひろゆきさんは、「無敵の人」になるよりチートやハックで生き延び

▼ひろゆき
ひろゆきは通称であり、本名は西村博之。神奈川県生まれの実業家。一九七六年生まれ。日本最大級の匿名掲示板 2ちゃんねる開設者。フランス在住。ネット出身の論客としては「それってあなたの感想ですよね？」「なんかそういうデータあるんですか？」などの発言とともに知られている。2ちゃんねるへの悪質な書き込みに対する管理責任を問われ民事裁判で敗訴しており、多額の賠償金を背負っている。被告が資産を隠し支払いを無視すれば、原告は何もできないと支払いを拒否してきたが、二〇二〇年四月に財産開示手続きの法律が改正された。動画メディアにおいて「ひろゆきの賠償金支払い旅」と称する企画を実施し、支払いの意思を示した。

ることを提唱します。まるでゲームの世界を生きるように、ルールの抜け穴を突いて、利己的に立ち回ることを意味します。

ひろゆきさん自身もチートやハックで生きてきました。名誉毀損により民事裁判で訴えられ、莫大な賠償金を背負っていますが、踏み倒したままいまに至っています。

ひろゆきさん以外の例として、漫画村▼は記憶に新しいでしょう。海外のサイトに違法に掲載された漫画画像を転載する仕組みを作り、無料で漫画を読めるようにした違法サイトです。当時は仕組みの進化に法律が追いついていませんでした。管理人はその抜け穴を利用してお金儲けをしていたのです。

「無敵の人」にならないために、チートやハックで利己的に生き延びる。本当にこれでいいのでしょうか。

「フリーライダー」たち

集団における利己的な振る舞いが、どのような結末を招くのかを考えるにあたって、「共有地の悲劇▼」と呼ばれる現象があります。ある村に共有の牧草地があり、村人が羊を放牧していたとします。ひとりの村人が羊の数を増やせばより儲かることに気がつき、本来二頭までのところ一〇頭に増やします。するとほかの村人も羊を次々と増やしてしまい、最終的には牧草地の草が食べ尽く

▼就職氷河期世代
ロスジェネ世代とも呼ばれる。バブル崩壊後の一九九三〜二〇〇四年頃に高校や大学を卒業し、雇用環境が厳しい時期に就職活動を行った世代。その数は約一七〇〇万人といわれ、第二次ベビーブーム世代とも呼ばれる団塊ジュニア世代とも重なるため、人口が多い。非正規社員の増加、派遣切り問題、就職難によるニート・引きこもり問題など、就職氷河期世代が被る不遇は、社会問題として度々取り上げられてきたが抜本的な解決には至っていない。厚生労働省による支援プログラムは継続中である。

▼漫画村
二〇一六に開設され、二〇一八年に閉鎖された違法の漫画サイト。違法コピーされた漫画画像をユーザーが無料で読めるように掲載した海賊版サイトであり、広告により収益を得ていた。運

され、荒廃してしまうのです。

環境問題においても同じことが起こります。温室効果ガスを抑制して地球温暖化を止めようと合意を形成しても、どこかの国がそれを守らずに環境破壊しながら利益を得ていれば、他国もそれに追随します。最終的には、地球温暖化がより進行し、結果として誰も地球に住めなくなるでしょう。

自分の利益だけを考えて行動すると、社会にとって望ましくない状態になることを、社会的ジレンマと呼びます。市場や政治とは真逆で、自分の利益を追求すると、集団全体が悪くなる状況もあるのです。

公共財ゲームという、「共有地の悲劇」を再現したゲームがあります。四人を集めて、ゲームの初めにお金を均等に配ります。そこからは、ワンラウンドごとに公共財にお金を出すかどうかを決めていきます。手持ちのお金として残してもいいのですが、公共財に出資したお金は何倍かに増やされて、参加者に均等に分配されます。

集団全体の利益を最大化するためには、全員が出資する、つまり集団に協力すべきです。参加者に一〇〇円ずつ配られ、全員が出資すれば公共財は四〇〇円となります。出資したお金が二倍になって八〇〇円。均等に分配すれば、一人二〇〇円が戻ってきます。

一方、個人の利益を最大化するには、自分だけがお金を出さなければいいことになります。一〇〇円を三人が出資し、三〇〇円。二倍になって六〇〇円で、

営者は日本漫画家協会からの批判声明を受けても、自らには法的な責任がないとし挑発的な発言を行った。出版社の損害額を深刻視した政府により、漫画村ほか悪質な三サイトに対するブロッキング（強制遮断措置）要請が出され、まもなくサイトは閉鎖された。二〇二四年四月、元運営者の星野路実は東京地裁から約一七億円を支払うよう命じられるも、支払いの意思はないとしている。

▼共有地の悲劇 コモンズの悲劇とも呼ばれる。アメリカの環境学者のガレット・ハーディンが一九六八年に『サイエンス』誌に寄稿した論文によって一般に広く認知されるようになり、その後ビジネスや、経済学、環境問題にも広く応用されるようになった考え方。

一人当たりの配分は一五〇円。手持ちの百円と合わせて二五〇円です。このように、他人の協力にただ乗りするフリーライダーが現れると、ほかの参加者も協力する気を無くし、公共財への出資金がゼロに近づいていくという悲劇を迎えます。

日常のなかでは、文化祭で手を抜く人がこれに近いでしょう。また、サッカーの授業前、サッカーゴールを運ぶときに、運ぶふりをして手を添えているだけの人、いませんか？　それでもサッカーゴールは運べますが、重さはほかのメンバーだけで負担することになってしまいます。

「利他罰」の機能について

サッカーゴール運びで手を添えているだけの人がいたら、先生にいいつけるのが妥当でしょう。要は罰を与えるのです。

さて、協力しない人に罰を与えるというのを、公共財ゲームで再現するとどうなるでしょうか。

各ラウンドが終わるごとに誰がいくら出資したかを明らかにし、自分が支払う金額の四倍を、払っていない人から没収できる罰制度を設けます。罰を与えるひとは、「五〇円払うから、この人の二〇〇円を没収してください」と申告できるのです。すると、フリーライダーが減って、協力金が増えていきます。罰には、集団の協力を促す機能があるのです。

ところで、罰を与える側は、自身も五〇円支払っています。このように、集団への協力を促し、相手に損（痛み、苦しみ、損害）を与えるために、自分もコストを払う行為を、「利他罰」「向社会処罰」と呼びます。

罰にはコストがかかるのです。このような道徳的な罰には金銭の損失がなかったとしても、コストがかかります。たとえば、カンニングをした人を告発したら、その相手に逆恨みされるかもしれません。

「利他罰」「向社会処罰」を与える側のモチベーションは、理性というより感情からきています。私たちは、ルールを守らない人を見ると怒りを感じるようにできているのです。

このような道徳感情は、約二万年もの間、人類が小さな群れで暮らしていた狩猟採集時代に培われたものだといわれています。集団に協力したほうが生き残りやすい時代、道徳感情をそれぞれがインプットすることによって、集団のルールを維持してきた、その進化の過程のなごりです。

また、罰を与えた側は、罰を与えられた側が苦しむ姿に、快感や喜びを覚えるという、脳科学の研究結果も出ています。皮肉なことに、反社会的な悪意である、シャーデンフロイデや、カントのいう「復讐欲」にも近似しています。一八〜一九世紀を生きたカントは、脳科学がまだない時代に、人間を観察していくなかで、他人の苦しみを喜ぶ人間の本性を洞察していたのです。

善人ぶる者への蔑視

このゲームをさまざまな国で実施したところ、最初から最後まで出資額が高い地域もあれば、フリーライダーに罰を与えられるようになると出資額が高まる地域、そして出資額が最初から最後まで低い地域もありました。

興味深いことに、最初から最後まで出資額が低い地域では、多くお金を出資した協力的な参加者に罰が与えられる傾向がありました。これは、罰を受けたフリーライダーが逆襲して罰を与えるパターンだけでなく、出資金が少なかった参加者が、気前よくお金を出した参加者に罰を与えるケースもあったのです。そんな地域では出資金は増えようもありません。このような、集団をバラバラにするような罰を「反社会的処罰」といいます。

「反社会的処罰」の背景には、行動経済学における「善人ぶる者への蔑視」という感情があります。気前のいい「善人」を見て、「あいつ、むかつくわ」と罰を与える。放課後に文化祭の自主練をしようと呼びかける、熱心な学級委員長が往々にしてほかのクラスメイトから嫌われてしまうのも、同じ現象です。

部族主義による世界の分断

自分も損をしながら他人にも損をさせて、集団をバラバラにしてしまうのは

「反社会的処罰」だけではありません。集団に利益をもたらそうとする「利他罰」「向社会処罰」も悪意に転じてしまうことがあります。

部族主義といわれているものがあります。先ほども似たようなことを述べましたが、私たちの脳には、狩猟採集時代に小さな群れで暮らしていたころの感覚がインプットされているのです。この部族主義的な本能は、現代社会における人間心理に、悪影響を及ぼしていることがままあります。

人間は、われわれ（内集団）とあいつら（外集団）の差に敏感で、この差を広げるために、自分が損をしてでも相手にもっと損させようとする傾向があります。限られた土地における、熾烈なパイの奪い合いです。

部族主義的な本能は、性別や出身地だけではなく、クラス分けなどの機械的に振り分けられた集団でも見られます。これがいい方向に作用することもあり、たとえば、体育祭のリレー競争に向けて「B組に負けずに頑張ろう」と一致団結して自主練できたら、みんなの足が速くなってウィンウィンです。しかし悪い方向に作用した場合「B組のエースを怪我させればいいじゃないか」と考える人が出てきます。これは極端な話ではありません。実際に、アメフト強豪の日本大学のコーチが、相手チームのエースに無理やりタックルして怪我させるよう選手に指示を出したことがわかり、大問題になった出来事がありました。

とくに問題なのは異なる「道徳部族」による対立です。同じ道徳的な価値観を共有する集団を道徳部族と呼びます。道徳部族内だと「利他罰」「向社会処罰」

はうまく機能します。しかし、集団ごとに異なる価値観を人間はもっています。例として、ヒンズー教では牛は神聖な生き物ですが、日本では好んで食べられます。ある集団では美徳であることが、ある集団では悪徳であり、その反対もあり得るのです。異なる道徳部族の言動を見て、よかれと思って罰を加えると、激しい対立が生まれ、悪意に結びつき、最悪の場合は戦争になります。

　一例としてアメリカでは、カトリックの立場から人工中絶に反対する共和党と、人工中絶を女性の権利として認める民主党との間で対立が続いています。

人間が死なないと変わらない社会

いまの社会には政治への不信感、何をやっても変わらないという無力感が充満しています。その一方で、他人を殺したり、自分を殺したりする暴力によって社会が大きく動くことがあります。安倍晋三銃撃事件▼後に統一教会の問題が取り沙汰されたり、電通の若い女性社員の過労自殺▼により労働環境の改善が促されたりしました。かつては政治のかわりに戦争がありました。しかしそれではいけないから、言葉や選挙で社会の方針を決める民主主義の世の中になってきたのです。しかしまたいま、命の犠牲によって社会が動いています。

　チートやハックで個人が生き延びる道を目指すべきなのか。チートやハックができないなら、社会への復讐として暴力を引き起こすしかないのか。考えず

▼安倍晋三銃撃事件
二〇二二年七月、奈良県奈良市において元内閣総理大臣の安倍晋三が演説中に銃撃され死亡した事件。犯人は事件後の供述において、家族が旧統一教会（世界平和統一家庭連合）に入信したことで家庭が崩壊した、教団および教団とつながりが深い安倍晋三に恨みを抱いたと語った。この事件を機に、教団の悪徳商法や政治家とのつながりに注目が集まった。

▼電通の若い女性社員の過労自殺
二〇一五年、当時二四歳の電通若手社員が社員寮から飛び降り自殺をした事件。一ヶ月の時間外労働は過労死ラインの八〇時間を大幅にオーバーした約一三〇時間であり、労働災害として認定された。電通は労働基準法違反容疑で書類送検され、当時の社長は引責辞任した。労働環境への社会の関心は大きく

にはいられません。社会から疎外されている人々に見て見ぬふりをし続けると、社会への復讐としての事件が起きます。そうなる前に社会福祉や援助が必要で、もっと政治が頑張らないといけません。しかしそれには、人間に備わる「善人ぶる者への蔑視」という現象が妨げになるでしょう。

答えの出ない問題ですが、悪意との付き合い方を探ると、社会をいい方向に変えるためのヒントが見つかるかもしれません。

高まり、二〇一八年には残業時間への規制を盛り込んだ働き方改革関連法が成立した。

Q&A

——悪意と付き合うにあたって大事なことがあれば教えてほしいです。

二つあります。一つはコスパやタイパを意識することです。自分が嫉妬しても何の得にもならないと思えば悪意を抑制できます。もう一つは、悪意を他者のための方向性に持っていくことです。悪意というのは自分が損してでも何かを成し遂げたいという、ポジティブな欲望に変わる可能性も秘めています。いまの社会がおかしいと思うなら、悪意を政治に向けられないか考えてみる。利他的な罰が悪意に転じてしまうのと反対に、悪意を利他的な行為に変えることもできると思うのです。

わたしの仕事を
もっと知るための3冊

ジョシュア・グリーン著、竹田円訳『モラル・トライブズ　共存の道徳哲学へ』（岩波書店）
ドストエフスキー著、安岡治子訳『地下室の手記』（光文社古典新訳文庫）
綿野恵太『「差別はいけない」とみんないうけれど。』（平凡社）

われわれの社会をうつすもの
彫刻について

小田原のどか

わたしは彫刻家で評論家です。それとともに大学で教員をやったり、小さなひとり版元を運営したりもしています。いろいろな肩書きがありますが、これまで一貫して考え続けてきたのは「彫刻とは何か」ということです。今日は、日本社会、とりわけ戦争と彫刻との関係を見ていきながら、公共空間における彫刻のはたらきについてお話ししたいと思います。

「原点は公共空間の彫刻」

わたしの彫刻家人生のはじまりに思いを馳せてみると、一番に頭に浮かぶのは、地元・宮城県仙台市の定禅寺通りです。青々としたけやき並木が続く美しいこの通りは、「杜の都」と呼ばれる仙台のシンボル的存在で、けやきの葉が落ちはじめる秋にはジャズフェスティバルが、冬にはイルミネーションイベントが開催されるなど、仙台市民の憩いの場になっています。

おだわら・のどか
彫刻家、評論家。多摩美術大学彫刻学科卒業後、東京藝術大学大学院美術研究科にて修士号、筑波大学大学院人間総合科学研究科にて博士号を取得。芸術学博士。創作と並行して研究・執筆を行う。ひとり出版社・書肆九十九代表。二〇二四年一〇月より、横浜国立大学専任教員。著書に『モニュメント原論 思想的課題としての彫刻』『近代を彫刻/超克する』など。

写真（図1）は、通りに据えられた、ジャコモ・マンズー▼というイタリアの彫刻家による作品《オデュッセウス》です。仙台は一九七〇年代より、街の自然のなかに彫刻を設置する「彫刻のあるまちづくり事業」を推進してきました。わたしは公共空間にある彫刻を見て育ち、彫刻ってなんだろう、面白いな、自分もつくってみたいな、と考えるようになりました。

具体的に制作を始めたのは、美術科のある県内の高校に進学してからです。しかしほどなくして、彫刻づくりに違和感を覚えました。技術を磨き美しい作品をつくることに、それほど興味をそそられなかったからです。わたしはもっと別のことに惹かれていたのです。

みなが思い思いにすごす定禅寺通り。ただ佇んでいる人がいて、ベンチで寝ている人がいる。一時間も経てば、その人たちはいなくなり、新しい人がやってくる。けやき並木は四季でうつろう。街はつねに変化している。そんななかで、彫刻だけが変わらずにそこにある。彫刻があるからといって、芸術作品としてそれらをじっと鑑賞する人はほとんどいません。それでも街に、風景に、生活に溶け込む彫刻。人の姿に似せた、人ではないもの。なぜ人はそれを数千年以上にもわたってつくり続けてきたのか。彫刻はどういう歴史をたどっていまここに存在するのか。彫刻とは一体何なのか。そういったことへの探究心から、仙台を出て、東京の美術大学に進学しました。

▼図1

▼ジャコモ・マンズー
現代イタリアを代表する彫刻家。一九〇八年生まれ。サン・ピエトロ大聖堂の扉の彫刻を手がけたことでよく知られる。一九九一年歿。

「矢印」が示す場所

当時の美術大学には、ひたすらに手を動かして「美しい」作品を生み出すことにばかり重点を置くような雰囲気がありました。わたしは、肝心の「そもそも彫刻とは何なのか」を考えるための言説や議論が不足していることに問題意識を持つようになり、博士論文は筑波大学で書くことにしました。

下向き矢印の作品（図2）は、その問いを掘り下げる形での創作や研究に勤しむなかでできたもののひとつです。ステンレススチールで大きな矢印を形成し、地面に対して垂直に設置することで、その場所はただ、「ここ」となる。矢印の前に立った人に、わたしはいままさに「ここ」にいるのだと感じてもらう。そんな作品をつくっていました。

二〇一〇年、この作品シリーズを見たとある学芸員の方から、戦後の長崎でも「矢印の標柱」がつくられていたことがあったというお話を聞きました。矢羽の部分に「原子爆弾中心地」と書かれた高さ五メートルほどの標柱は、一九四六年から二年間だけ、原爆が投下された位置を指し示すようにして、長崎市松山町に設置されていました（図3）。その場所の固有性や歴史性をリセットするような矢印記号の作品をつくっていたわたしにとって、正反対のメッセージをもった長崎の標柱との出会いは、驚くべきものでした。なぜこういったかたちでつくられたのか。どんな必然性のもとでつくられたのか。疑問が次々

▼図2　小田原のどか《↓》
二〇一二年制作

▼図3
毎日新聞長崎版
一九四七年八月一〇日付

と浮かび、本格的に調査することに決めました。

長崎とGHQ

まず調べたのは、当時の地元の新聞です。国会図書館にマイクロフィルム化された資料が保存されているので、記事をひとつひとつ地道に見ていきました。

残された死體の處置については適當な場所に収容して火葬し合同慰靈祭あるいは慰靈塔の建設など殉難者の靈を慰める方法も講ずる
（市電も近く運輸／立ち直る長崎市、長崎新聞、一九四五年八月一四日付）

爆心地を今後どうしていくかという問題に対し、長崎市はさまざまな意見を出しています。たとえばこの記事では、「慰霊塔の建設」が提案されています。長崎を訪れた世界中の人々が参拝できるような慰霊塔や供養塔を建てようという意見は、その後何度も新聞に掲載されています。しかし、実際に建てられたのは「矢印の標柱」でした。矢印自体は、たいへんな数の命がうばわれた爆心地に据えるにしては、あまりに「単純な」記号にも思えます。なぜ、当初意図されていた追悼の機能を、あえて排除しているように見える矢印の標柱がつくられたのか。その答えは、長崎原爆被災者協議会の初代会長・杉本亀吉さんの手記『原子雲の下に』▼から見えてきました。

> 市の協力を御願いしたところ、進駐軍ＧＨＱが許可しない。という言い分で、日本の政府機関は協力をしなかった

敗戦後の日本では、ＧＨＱのサジェスチョンを受けて「公葬等について」というものが通達されていました。日本の民主化を掲げていたＧＨＱは、軍国主義的なものの排除を推し進めていた。その一環として、公的機関が戦没者のために式典を行ったり記念碑を建てたりすることも禁じていたのです。つまり、長崎市民の側からすれば、慰霊塔や供養塔を建てたい気持ちは山々だったけれども、結果としては、記号的な造形物の設置にとどまらざるを得なかったということになります。ただ、矢には放った人間がいることを想起させるような側面もありますから、矢の形を選んだのもある意味では重大な決断だったと思います。こういう背景を知ったあと、長崎の標柱を原寸大でかたどって、赤く光らせたネオン管で再現した作品をつくりました（図4）。

長崎で起きた出来事は、東北生まれのわたしにとっては「自分ごと」ではありませんでした。しかし、標柱の調査を通じて現地に足を運び、被爆証言者の方々への聞き取りに参加するなかで、「戦争」や「原爆」といった漢字二文字が、徐々に実態をもって浮かび上がってきました。被爆者の方一人ひとりの経験は

▼**原子の雲の下に**
手記。杉本亀吉著、銀河書房、一九七二年刊行。

▼**図4　小田原のどか《↓》二〇一五年制作**

提供：広島市現代美術館

すべて異なります。ひとつとして同じ苦しみはありません。これまで語られてこなかった記憶の数々に触れ、これは忘れられてはいけないと思い、二〇二一年に地元の研究者たちと協力して『原爆後の75年　長崎の記憶と記録をたどる』▼を刊行しました。

「台座」の再利用

図5は、二〇一九年のあいちトリエンナーレという国際芸術祭に呼ばれたときにつくった、台座の作品です。台座は本来、彫刻や仏像を載せるための土台として使われますが、代わりに鑑賞者自らが上に登れるようなつくりにしました。ネオン管の矢印（**図4**）と同じく、これもあるものを原寸大で再現した作品です。あるものとは、菊池一雄▼による《平和の群像》▼という彫刻の台座なのですが、**図6**をよく見てください。三人の女性裸体像に対して台座が大きすぎると思いませんか。どうしてこうなったのかというと、台座はそのままに、戦中と戦後で上の彫刻だけがすげ替えられたからです。

長崎の矢印との出会いをきっかけに、わたしは戦争と彫刻のかかわりについて考えることが増えていきました。そんなときに《平和の群像》のことをあらためて考えるようになりました。なぜ台座は壊されずに残ったのか。誰のどんな思惑がはたらいてこうなったのか。詳しく調査していくことにしました。

▼**『原爆後の75年　長崎の記憶と記録をたどる』**
証言・資料集。長崎原爆の戦後史をのこす会編、書肆九十九、二〇二一年刊行。

▼**図5　小田原のどか《↓（1923〜1951）》二〇一九年制作**

Photo：平林岳志

広告として〝プロデュース〟された平和像

この台座のある場所は、東京都千代田区の三宅坂小公園で、近隣には現在、国会図書館や最高裁判所、皇居などがあります。戦時中の三宅坂一帯は帝国陸軍の拠点で、平和の群像以前に据えられていたのは陸軍大将・寺内正毅▼の騎馬像でした。韓国併合やシベリア出兵を断行した寺内正毅の像は、いわば軍国主義的なメッセージ性を発揮するものです。しかし、設置から二〇年後の一九四三年、物資不足から「金属類回収令」が発令されると、《寺内正毅元帥像▼》も回収され、戦争資源へと姿を変えました。空の台座が壊されずに残ったのは、戦争に勝ったら再現した像を戻せばよいという考えからで、全国的に見ても珍しいことではなかったようです。しかし日本が戦争に勝つことはなく、騎馬像が戻ることもありませんでした。

そして一九五一年、間に電通が入って《平和の群像》が新たに建てられます。表向きは「電通創業五〇年を記念して東京都に寄贈された、広告功労者顕彰のための記念碑」としてつくられたため、正式名称を「広告人顕頌碑」といいます。

こんどミリタリズムの本拠、三宅坂にあった寺内元帥像のあとへ「三人の女人の裸像」が、神々しく美しい姿で出現する。知と宴と愛、三位を一体として端麗艶美の女人像。電通創業五十年を記念して、名

▼菊池一雄
戦後彫刻を代表する作家のひとり。一九〇八年生まれ。父は日本画家の菊池契月。一九四九年《青年》で毎日美術賞を受賞（慶應義塾大学三田キャンパス内に設置されている）。翌年、著書『ロダン』で毎日出版文化賞受賞。広島の平和記念公園内にある《原爆の子の像》も手がけた。一九八五年歿。

▼《平和の群像》
一番左の女性像は、皇居に向かって手を振っている。そのため、あいちトリエンナーレに出品した台座も皇居を向くように設置した。

彫刻家菊池一雄氏が、腕をふるった。
（毎日新聞、一九五〇年六月七日付、夕刊名古屋版夕刊新東海）

像のすげ替えは当時このように好意的に評価され、『Ｔｉｍｅ』のような海外メディアでもとりあげられました。『電通創立五十周年記念誌』を見てみると、「ニュースへの反響を見る」という特集ページに「（平和の群像は）今後の広告宣伝とタイアップの彫刻の街頭進出に対して好個のタイプを示すもの」という記述がありました。明確に広告宣伝とタイアップの彫刻といっている以上、平和像は、どのように報道されるかを見越したうえで〝プロデュース〟されたものだと考えられます。

また、当時の電通社長・吉田秀雄▼は同誌で、「広告人顕頌碑」は一からつくる予定だったこと、設置の候補地は別の場所だったことを明かしています。なぜ電通が空の台座の再利用に介入したのか、明らかになっていない部分も多くあります。ただ、ＧＨＱも台座に関心を示していたようで、長崎の例のように、ＧＨＱからのサジェスチョンがあった可能性も低くないのではないかとわたしは推測しています。

軍閥の銅像があったこの場所に、平和を象徴する女性の群像が建設されようなど、いったい誰が予想しただろうか。（中略）この平和の群像は、

▼図6　菊池一雄《平和の群像》一九五一年

Photo：西澤諭志

▼寺内正毅
一八五二年生まれ。長州藩の武士家系出身で、第一次・二次桂内閣、第一次西園寺内閣の陸相を歴任。初代朝鮮総督。一九一六年、首相に就任。米騒動により二年で退陣。一九一九年歿。騎馬像は没後の二三年につくられた。

新しい日本を示すものである。（中略）われわれは、この平和の群像を守らねばならない。

（『電通66年』電通、一九六八年）

広告がわが国の平和産業と産業文化の発展に貢献した事績は極めて大きい。

（「広告人顕頌碑」銘板より）

平和を象徴する広告記念像が「新しい日本を示す」。軍国主義的な《寺内正毅元帥像》とは真逆の志で《平和の群像》は建てられましたが、同時に、こうともいえるのではないでしょうか。それぞれの彫刻の果たした機能が、その時代その時代で主流となっている体制やイデオロギーの「宣伝」であるという点では、二つの像はまったく同質のものである、と。

「公共空間に出現した女性のヌード」

そして、《平和の群像》は日本の公共空間に初めてつくられた女性裸体像であるという事実からも、目を背けてはいけないでしょう。

▼**《寺内正毅元帥像》**
作者の北村西望は、日本の代表的な彫刻家。戦時中、軍国主義的な《寺内正毅元帥像》をつくりながらも、戦後は長崎の《平和祈念像》をつくっている。小説家・評論家の堀田善衛は、平和祈念像について「あれが表象するものは、断じて平和ではない。むしろ戦争そのものであり、ファシズムである」と評している。

▼**吉田秀雄**
一九〇三年生まれ。前任の上田碩三がＧＨＱによって公職追放されたことで、一九四七年、電通の四代目社長となる。日本の近代広告の基盤を確立し、電通を世界的な企業に成長させた人物。仕事の掟「鬼十則」で知られ、「広告の鬼」と恐れられた。一九六三年歿。

従来の銅像タイプを破って芸術性の高いものを意図したが、これを機会に彫刻家がこの方面に大胆な意欲を発表して欲しい。
（菊池一雄の言葉、毎日新聞、一九五〇年六月一四日付）

「芸術性」の高さと結び付けられた女性の裸体像は、「彫刻家」の「大胆な意欲」のために、このあと日本各地の公共空間で量産されるようになります。時間が経って、もはやそのはじまりすらも忘れられたいま、世界と比較しても例がないといわれるほど日本の公共空間に乱立するようになった女性裸体像のすべてが、真に「芸術性」を極めたものであるかどうかは、疑わしいと思います。

「彫刻とは何か」

子ども時代に慣れ親しんだ、仙台の定禅寺通り。わたしの原風景である、公共空間における彫刻。長崎の矢印と三宅坂の《平和の群像》という、偶然に出会った造形物とのかかわりのなかで、原風景のもつ意味あいに何度も出会い直している実感があります。

いまも考え続けている「彫刻とは何か」という問いに、ひとつのヒントを提示してくれているのが、美術史研究者・千葉慶さんの論考です。

公共彫刻とは何か。公共彫刻がこの国に初めて登場した一九世紀末の時点においては、それは「公共の場」を作るものであって、「公共の場」に作られるものではなかった。公共彫刻は、それが制度として導入された一九世紀末から一九四〇年代までの日本社会においては、「偉人」の像容を利用した国民的記念碑に他ならなかった。ここでいう「偉人」とは、ことごとく国家の貢献者であり、ナショナリズムと無縁の公共彫刻など存在し得なかったといえる。つまり、公共彫刻とは、不特定多数が集まる場に設置された像を媒介として、一度も顔を合わせたことのないような人々に共通の「国民」(nation)としての意識を共有させるメディアであり、結果としてその場を「公共の場」へと変じさせる装置であった。

(千葉慶「公共彫刻は立ったまま眠っている」『彫刻1』二〇一八年)

彫刻は、公共の場に「ある」のではない。むしろ、彫刻が置かれることによってそこが公共の場に「なる」のである——。ここまで、「われわれの社会をうつすもの　彫刻について」というタイトルのもとお話ししてきました。彫刻とは何か。それは、社会のうつし鏡のようなものだと思います。社会の在り方が彫刻に反映され、彫刻が置かれた場所は公共空間となる。公共空間で発せられたメッセージに人は影響を受けて、われわれはまた社会をつくっていく。社会の在り方を何度でも確認するようなものとして、公共彫刻があるのではないか。いまはそう考えています。

Q&A

――「倫理観」も大切ですが、同時に「表現の自由」も守られなければならないと思います。矛盾することもあるこの二つと、私たちはどう向き合っていけばいいのでしょうか。

単純な二項対立には落とし込めない、難しい問題です。「炎上」や「批判」が起きたときは、無理に一般化しようとせず、個別の事例を見ていくことが大切です。

たとえば、「コロンブス像の破壊」は重要な事例のひとつだと思います。クリストファー・コロンブスは、大航海時代にアメリカ大陸を「発見」したとされるヨーロッパの探検家です。この「発見」を祝う日として、アメリカには、コロンブス・デーと呼ばれる祝日があり、多くの州が一〇月の第二月曜日を法定休日としています。しかしいまでは、コロンブスはアメリカ大陸に入植し、もともとそこに暮らしていた先住民を虐殺した人物として理解されています。ですから、コロンブス・デーを「アメリカ先住民の日」「先住民族虐殺の歴史を悼む日」と定めている州や国もあります。コロンブス像は、コロンブスが成した「偉業」を讃えて宣伝するための像ですので、一九九〇年代から、それに反対する人たちによる異議申し立てが繰り返されてきました。コロンブス像に赤いペンキがかけられて、台座に「STOP CELEBRATING GENOCIDE」というメッセージが立てかけられたこともありました。ＢＬＭ運動が起きた時期にも、像の破壊や撤去が相次ぎました。

彫刻とは社会のうつし鏡のようなものであるとお話ししました。彫刻やモニュメントがどういうタイミングで増えたり減ったりしているのか観察していると、時代背景が見えてきます。そう考えるとやはり、公共空間になんの意図もなくただ彫刻が置かれるということは、基本的にはないはずなのです。それがつくられることによって故意に広められる価値観があります。見えなくされ、いなかったことにされる人がいます。ただ揚げ足取り的に「炎上」させられる事例ばかりではないということです。誰かを抑圧したり、歴史をなかったことにしたりすることに彫刻が一役買ってしまっている場合、それが問題視されるきっかけのひとつになることが彫刻がある意味だと思います。人が、社会が、これだけ変われるのだということを、彫刻が教えてくれているともいえるのではないでしょうか。

わたしの思い出の授業、思い出の先生

Q1：思い出の授業を教えてください

筑波大学と東京藝術大学に出張授業に来てくださった上智大学の出口真紀子先生の授業が忘れがたいです。

Q2：その授業が記憶に残っている理由はなんですか？

社会的に構造化された差別を「マジョリティ特権」という視点から可視化し、解説するものだったからです。

Q3：その授業は人生を変えましたか？

大きな指針となりました。差別は個人の心だけでなく社会の側にあり、そうした社会をうつす鏡として公共彫刻があること、彫刻への異議申し立てを通じて「われわれ」の変化を促していくことが、わたしの大きな関心事となりました。

わたしの仕事をもっと知るための3冊

小田原のどか『モニュメント原論　思想的課題としての彫刻』（青土社）

小田原のどか・山本浩貴編『この国の芸術　日本美術史を脱帝国主義化する』（月曜社）

村上由鶴『アートとフェミニズムは誰のもの？』（光文社新書）

「存在しないはずの人たち」の声をきく

稲葉奈々子

「違法」だが「正当」な社会運動との出会い

わたしは国際社会学を専門にしています。大学生だった一九八〇年代末は、南アジアや東南アジアから「外国人労働者」が来日し、「激辛ブーム」、「エスニックブーム」が起きた時代でした。冷戦が終結し、グローバル化による人の移動とそれにともなう文化の越境を目の当たりにして、移民に関心を持ち、フランスでフィールドワークを始めました。当時フランス語を勉強していたので、大学の教授から「日本の移民よりも、すでに移民受け入れを経験しているフランスの問題を扱ってみては？」と勧められたのです。

わたしは教授から「住宅」というテーマを与えられました。そのテーマに基づく調査の過程で出会ったのが、スクオッター▼と呼ばれる、空きビルを「不法占拠」するホームレスの移民たちでした。その多くは在留資格がない非正規移民で、劣悪な住環境を経験していました。かれらは在留許可を求める「正規化

いなば・ななこ
社会学者。上智大学総合グローバル学部教授。一九六八年、埼玉県生まれ。専門は移民・社会運動研究。反貧困ネットワーク理事、移住者と連帯する全国ネットワーク運営委員。共著に『国境を越える　滞日ムスリム移民の社会学』『移民政策とは何か　日本の現実から考える』『ニューカマーの世代交代　日本における移民2世の時代』『入管を問う　現代日本における移民の収容と抵抗』など。

運動」を行うとともに、空きビルを「不法占拠（スクオット）」し、「住宅への権利」を訴えていました。

フランスでは、住宅は社会保障の一環であり、教育や医療と同じように、すべての人に対して国家が保障すべき公共サービスと考えられてきました。このような公共性が高い問題に国家が取り組まないなら、市民が自分たちで解決する（Acts of citizenship）という考え方があります。その方法が「違法（illegal）」であっても、市民として、人間としての観点からみれば「正当（legitimate）」だと主張する社会運動の担い手たちに出会ったことが、わたしのいまの研究の原点です。

▼スクオッター
元々は一九世紀初頭のオーストラリアにおける、植民地の官有地への不法入植者を指した。元囚人などが盗んだ家畜をこの不法占拠地内で飼育したとされる。現在は広く土地や建物（住居）を不法に占拠する者を指し、インドやフィリピン、タイ、ギリシャ、スペイン、カナダ、ブラジルなど世界中に存在する。

「グローバリゼーションの矛盾に気づく」

一九八〇年代末当時、パキスタンやバングラデシュ、イランから多くの若者が日本に働きに来ていましたが、かれらのほとんどは在留資格がありませんでした。驚くかもしれませんが、当時はそれがほとんど問題にされていませんでした。グローバル化が進み、国境の重要性が相対的に小さくなるという議論もあったので、わたしは「在留資格や国籍にとらわれない越境があっていいんだ」と納得し、希望を感じました。かれらは「不法」移民でありながらグローバリゼーションを象徴する存在だったのです。

そのようなグローバル化した世界において、フランスで見てきたホームレスの移民による「不法占拠」や、国籍のない国に許可なく住む「不法」移民たちは、国民国家の大きな矛盾を体現する存在でした。グローバリゼーションが進む一方、国家が移民に対して国境で守られた要塞のようになっていく。そしてこのような矛盾が生じてしまうなら、制度のほうが現状に合っていないのではという問いを立てるのが、社会学の役割です。

「未来を予言する人々」としての社会運動の担い手

フランスの社会学者、アラン・トゥレーヌ▼は『反原子力運動の社会学　未来を予言する人々』という本を書いています。

「未来を予言する人々」とは、社会運動の担い手を指しています。かれらの主張は、現在はマイノリティにしか関係ないように思えても、やがて社会のすべての人にかかわるような重要な問題にもなりうる。かれらは先鋭的に社会問題を提起する「未来を予言する人々」なのだとアラン・トゥレーヌは述べています。

ゆえに社会運動を分析することには、「未来」を予測できる面白さがあります。具体例を考えるとわかりやすいでしょう。いまは都知事が女性なのも当たり前ですが、かつて女性に選挙権さえない時代がありました。当時の女性たちが声を上げ、権利を獲得してきていまがあるのです。環境運動、反原子力運動についても同様です。かつて原子力はいまほど危険性が認知されておらず、『鉄

▼アラン・トゥレーヌ
フランスの社会学者。一九二五年生まれ。一九六八年のパリの学生運動から始まった「五月革命」の分析で知られる。以降、工業化が発展し産業に占める情報・知識・サービスなどを扱う第三次産業の割合が高まった「脱産業社会(脱工業化社会)」における社会運動を、大規模な社会運動調査をしながら研究していった。この七〇~八〇年代にかけて展開した、「新しい社会運動」論や脱産業社会論(脱工業化社会論)などで世界的に

腕アトム』▼という作品が親しまれるほど、新しくてクリーンなエネルギーだと思われていました。当時の反原子力運動の担い手は、時代の変化についていけない人々かのように扱われていたのです。

ではグローバル化時代に、在留資格がない移民が在留資格を求める社会運動は、どんな未来を予言しているのでしょうか。

「いないこと」にされている人々

一九世紀末の国民国家成立以降、国境が自明視され、国境を越えるのにパスポートが必要になりました。以降、国籍や在留資格が、社会から特定の人を排除する基準になってしまいました。グローバリゼーションのもと、国境を越えた人々の移動は増加する一方、生まれたときから在留資格がなく、国家によって存在が否定され、「いないこと」にされてしまう人もいる。じつはあなたの周りにも、そんな人がいるかもしれません。

日本政府は移民を受け入れないという方針をとっています。日本の植民地主義の歴史に基づいて認められる在留資格や、日本人と血縁にある日系人、日本人や永住者の配偶者や子どもに認められる在留資格はあります。それ以外は、仕事や勉強、観光目的での滞在はありえますが、定住を目的とする入国は基本的に受け入れないということです。それでも人間なので、職場や学校、地域社

知られ、トゥレーヌ学派と呼ばれる多くの社会学者がいる。二〇二三年歿。

▼**鉄腕アトム**
一九五二年四月から一九六八年三月にかけて、「少年」に連載された手塚治虫のSF漫画。原子力(後に核融合と改められる)をエネルギー源として体内に格納し、人間と同等の感情を持つ少年ロボット・アトムを主人公とした物語。連載と同時期にアニメ化され人気を博した。

会での出会いによって日本に定住する外国人は当然存在します。こうして「一般永住者▼」と呼ばれる移民は増え続けています。

そして二〇〇七年に、一般永住者の数が特別永住者▼を追い抜きました。特別永住者は主に在日コリアンで、滞在期間に制限はありません。一般永住者については、初めから許可される人はいなくて、元は観光、留学、就労、日本人や永住者の配偶者等、何らかの在留資格を得て、滞在が一〇年を超えると申請できます。しかし、なかには永住許可の取得どころか、元の在留資格を更新できない人もいます。そして在留資格を持たないまま、滞在し続ける人もいます。

難民申請者で、出身国で安全安心な生活を送ることができなかったり、長く日本で生活していて大切な人間関係や生活の基盤が、もはや出身国ではなく、日本にあるため帰ることができない人たちです。在留資格のない親を持ち、日本で生まれた子どももいます。日本生まれでも、在留資格がないからと出身国への「帰国」を迫られている。そんな子どもたちが日本に約三〇〇人（二〇一九年入管庁調べ）います。

「基本的人権が保障されない「例外状態」」

外国人は、在留資格によって運命が変わります。日本政府は「外国人に対する憲法の基本的人権の保障は、外国人在留制度の枠内で与えられているに過ぎ

▼一般永住者
法務大臣の許可を受け、日本での永住権を有する外国人。素行が善良であることや、自立して生活できる能力や資産、原則として一〇年以上在留していることなどが条件だが、難民認定者や、永住者の配偶者やその子どもには特例的に認められることがある。二〇二三年末時点で約八九万人。

▼特別永住者
一九九一年に施行された「日本国との平和条約に基づき日本の国籍を離脱した者等の出入国管理に関する特例法（入管特例法）」によって定められた在留資格を持つ外国人。主に第二次世界大戦以前、日本による植民地支配下で来日し、日本国民として暮らしていた韓国人・朝鮮人・台湾人が多くを占める。日本敗戦後のサンフランシスコ平和条約により、日本国籍を失いながらも日本での生活を余儀

ない」という原則を一九七八年のマクリーン事件▼判決から現在に至るまで変えていません。つまり、在留資格がなければ、基本的人権が保障されないのです。病院にも満足に行けず、公的な制度もほとんど利用できません。出身国に帰れる人はとっくに帰っています。やむを得ない事情がある人々が日本に留まり、人権保障の対象外とされるような「例外状態」に置かれて暮らしているのです。

外国人をめぐる国の方針は、政治的な都合に応じて、二転三転してきました。二〇〇四〜〇九年までの五年間に、日本政府は非正規滞在者半減キャンペーンを実施しました。全員を摘発して飛行機で強制送還したわけではありません。年によっては一万件近くの「在留特別許可▼」を出して「半減」したのです。

現在では、在留資格のない外国人は約八万人います。政府は基本的に、在留資格のない者は強制送還するまでは全員無期限で入管庁の施設に収容するという方針ですが、その施設は全国で三〇〇〇人程度しか収容できません。そのため、現実には入管庁が「仮放免許可」を出します。仮放免中は、普通に地域社会で暮らせるとはいえ、仮放免者が「屋根のない牢獄」と称するように、生活にはかなりの制限があります。就労が認められず、公的サービスもほとんど利用できず、県をまたいだ移動には許可が必要です。

先ほど述べた通り、二〇〇四年頃までは積極的に在留特別許可を出していく動きがありました。しかし東京オリンピック開催が決まった二〇一三年以降段々と在留特別許可が出なくなっていき、さらに開催を控えた二〇一六年以降

なくされ今日に至ったという事情を考慮し、永住が認められた。特別永住者の子孫もその対象となり、両親のどちらか一方が特別永住者であった場合に、特別永住許可を申請することができる。

▼マクリーン事件
アメリカ国籍のロナルド・アラン・マクリーンさんが在留資格の更新を申請するも、在留中の転職を入国管理局に届け出なかったことや、デモに参加していたことなどを素行要件や国益に反するとされ、不許可となった事件。最高裁判決は、「憲法に規定する人権については外国人にも等しく保障されるが、在留することを求める権利まで保障されているわけではない。在留を許可するかどうかは法務大臣の裁量に任されており、法務大臣がその裁量権を逸脱・乱用しない限りは法務大臣の判断は相当」と結論づけた。

は仮放免許可数も減少しています。

その後二〇二〇年に入管収容施設内での新型コロナウイルス感染拡大防止措置として、仮放免許可数が一時的に増え、いまは約六〇〇〇人が仮放免許可を得て地域で生活しています。

この二〇年間、非正規滞在者の権利は拡大するどころか、縮小していきました。六ヶ月以上施設にいる長期収容者の数も増え続けていったのです。

非正規滞在者として暮らす人々も、在留資格を喪失する前は仕事をしていました。わたしが話を聞いた人たちだけでも、飲食店や工場、印刷・製本、木工所、建設・解体、介護、清掃、ＡＬＴの先生、警備員など、さまざまな職業を通して、社会に参加していました。

子どもたちは学校に通っている限りは、自分が在留資格のない非正規滞在者だとは思っていないこともあります。中学校までは就学援助の対象になり、他の子どもたちと同じように学校に通うことができるからです。しかし高校に進学したとたん、授業料無償化の対象から外され、中学までは就学援助制度でカバーされていた通学費、修学旅行費、給食費、部活動費、生徒会費などが、すべて自費になります。親も本人も就労を禁止されているため、これらの費用を払うことができず、修学旅行をあきらめることは珍しくありません。コロナ禍で修学旅行が中止になって嘆く高校生についての報道があふれ、子どもの心に与える悪影響が指摘されました。一方、生まれたときから「例外状態」に置か

▼在留特別許可

日本に住む外国人が何らかの理由で退去強制の対象となった際、法務大臣が特別に在留資格を与える制度。通常は、長期在留による地域への定着度や、日本にいる家族との関係性、経済的な自立や模範的な生活態度といった、それぞれの事情や背景に基づいて判断される。齋藤健法務大臣（当時）は、二〇二四年六月の入管法等改正法施行までに日本で出生し、小学校、中学校または高校で教育を受けた未成年の子どもに在留特別許可を与える方針を発表した。対象となる子どもは二〇一人とされたが、二〇二四年九月二七日時点で滞在を許可されたのは一七一名に留まる。日本生まれでも成人していたり、小・中・高校と教育を受けていても幼少期に来日した外国人は対象外とされ、適用範囲の拡大が訴えられている。

れた仮放免高校生たちは、普通の子どもたちがコロナ禍で初めて経験したようなことを日常的に経験していたのです。

「コロナ禍を機に、日本の在留資格問題へ」

わたしは移民や社会運動の研究をフランスで続けてきたのですが、コロナ禍に突入した二〇二〇年から海外に行くことが難しくなりました。そこで以前から参加していた、日本に住む外国人を支援するＮＰＯ団体での活動に協力するようになりました。

その団体は、在留資格がなく授業料無償化の対象からはずされる仮放免高校生に、授業料相当の奨学金を給付するプロジェクトを開始しました。コロナ禍に、「特別定額給付金」として政府が一人当たり一〇万円の現金を支給したのを覚えているでしょうか。そのとき、在留資格がない人には支給がありませんでした。そのような状況下で、暮らしに困っていない人たちが受け取った給付金を寄付してくれて、億を超える支援金が集まりました。

この活動を通して、たくさんの在留資格のない高校生に出会いました。わたしのような大学教員は、高校生を選抜する側です。どんなに勉強で努力しても選抜の土俵にすらのせてもらえない高校生が存在している。そんな現状を知った以上、論文を書いているだけでよいのかと自問自答せざるを得ませんでした。

▼ALT
外国語指導助手（Assistant Language Teacher）の略称。日本の学校の授業において主に英語の授業の補助教員（専門職補佐の教師）として勤務する外国籍者。小学校、中学校、高等学校へ、各教育委員会から配置される。

そこからかれらへの支援と並行してインタビューを始めました。

「孤立」が何よりの苦しみ

インタビューした仮放免高校生たちは、もちろん経済的な困難に直面しているのですが、それより深刻なのは心の問題だと話してくれます。

高校生になると、友だちから遠出に誘われることもありますが、「行けないんだ、ごめんね」と断るけれども、本当の理由をいえない。つらい状況を友だちにいえない、いったとしてもわかってもらえるかわからないという深い孤立があります。

ある生徒は、仮放免許可の更新のために入国管理局に行ったところ、職員から「国に帰りなさい。あなたが教室にいる時に（強制送還のために）連れて行くこともできる」といわれ、学校に入管の職員が来て、友だちの目の前で連れて行かれるかもしれない、という恐怖に苛まれるようになったといいます。

ある生徒は、中学生のころから自分に在留資格がないことを自覚していましたが、当時はあまり気にしていませんでした。しかし成人後、入管に行ったら突然仮放免許可の更新を拒否され、施設に収容されてしまいました。現在は再び仮放免許可を得て地域で生活していますが、就労もできず、学校にも通っておらず、本当に孤立した状況になっています。

「社会学は、目の前にいる人を無視しない」

現代の民主主義社会では、親の職業や性別、人種やエスニシティに関係なく、みずからが選択して就学・就職をする道が、全員に対して平等に開かれています。貧困家庭に生まれた子どもであっても、学校や地域社会での出会いや学びによって、親と異なる人生を歩む可能性を知り、よりよい生活を夢見ることができる。現実はそうなっていなくとも、建前上は、誰にも否定できない価値として確立しています。

ところが、外国人については在留資格によって人権に制限が課されています。何より、彼らには参政権がありません。つまり政治的に存在していない、「そのひとの声は聞かなくてよい」とみなされていることを意味しています。

でも、社会的な現実としては、そのひとは自分の家族やパートナーだったり、あるいはクラスの友だちだったり、隣人だったり、同僚だったり、よく行くカレー屋さんの店員さんだったりします。法的・政治的には存在していない「はず」でも、社会的には存在している、ということになります。

社会学的には、このような矛盾を生み出している、現代の身分制度ともいえる「在留資格制度」のほうを批判します。

社会学者ではないみなさんでも、誰かと友だちになるときに、まず初めに「在留資格はありますか」などと尋ねないと思います。私たちは日常生活において、目の前にいる人を法的な枠組みでまず判断したりしません。

世界における「市民的不服従」

国家は「不法滞在者」として存在を認めなくても、市民社会は同級生、友だち、隣人として存在を認めます。国家の論理と、市民社会の論理は異なるのです。「市民的不服従」という考え方があります。国家の論理が非人道的な法律に基づいている場合、それに従わないことが市民の義務という考え方のもと、法律や規則に非暴力で違反する、「違法だけど正当」な運動です。インド独立運動のガンジー、公民権運動のキング牧師をはじめとして、南アフリカの反アパルトヘイト運動、ベトナム反戦運動などでも実践されています。

ナチス政権下ではユダヤ人を通報することが法律で義務付けられ、それに市民が従ったがゆえにホロコーストという大量虐殺が起きました。そうした反省をもとに、市民的不服従が成り立っているのです。

米国やイギリスの大学では、移民に関する市民的不服従の動きが見られています。「サンクチュアリ・キャンパス」▼を掲げて非正規滞在移民の学生を受け入れ、強制送還されないように保護することを宣言し、教育への権利を保障する大学が数十存在しています。

日本においては、まだ理解が進んでいない状況です。とはいえ、日常のなか

▼サンクチュアリ・キャンパス
野生生物の生息地の保護区域にも用いられる、sanctuary（聖域）という語彙にちなんで名付けられた、大学・学生が連帯して仲

で既に実践している人は多く存在します。仮放免高校生とその家族の支援も市民的不服従といえます。

「政治的存在」にするために

しかし、共感に基づく人道主義的な支援は、非正規滞在者を、「無力の、声なき被害者」で、「匿名の、置き換え可能な、困窮した被害者」に帰してしまい、問題の構造を変えることはできないという指摘もあります。

『人間の条件』で知られる政治哲学者のハンナ・アーレント▼は、人間とは「政治的」存在でしかあり得ないと考えました。つまり社会的に存在していても、政治的に存在していなければ、人間として存在しているとはいえないということです。政治的存在とは、公的領域において声を上げたときに、その声を聞いてもらえることを意味します。

いくら経済的な支援を周囲から得たとしても、在留資格がない限りは問題の解決にはなりません。非正規滞在者を「政治的存在」にする必要があるのです。

二〇一九年二月、入管収容所への長期収容者数の増加が問題になり、政府は問題解決の方法を議論するために有識者会議を設置しました。専門家による検討を経たにもかかわらず、二〇二〇年に発表された入管法改定案は驚きの内容でした。強制送還をより簡単にすることで長期収容者を減らそうというのです。当

間を守り、差別のない安全な場所を実現しようという実践が見られる大学。具体的には国への在留資格のない学生の情報公開を拒否したり、在留資格のない学生に対しても奨学金制度を整備・拡充したりしている。カリフォルニア大学やイェール大学が代表格。

▼ハンナ・アーレント
アメリカの政治学者、哲学者。一九〇六年生まれ。ドイツ生まれのユダヤ人女性で、第二次世界大戦中にナチスの強制収容所から脱出しフランスに移った後、アメリカに亡命。代表作『全体主義の起源』などにおいてナチズムとソ連共産主義など、全体主義成立の原因を研究した。一九七五年歿。

然、当事者含め大勢からの反発がありました。国会議事堂の前でシットインによる抗議行動が始まり、大学生や高校生も参加しました。二一年にはこの入管法改定案は閣議決定されましたが、シットインに参加する人はますます増え、反対署名も集まりました。野党からの反発や、当事者による証言もあり、法案は撤回されました。結局、二〇二三年六月にこの法案は強行採決されてしまいますが、この時の撤回は異例の事態でした。その後も当事者たちが、在留資格のない子どもたちの現状をメディアなどで訴え、それが法務大臣を動かしました。日本で生まれ育った在留資格のない外国人の子どもに対し、一定の基準を満たせば在留特別許可を与えるという決定がなされたのです。

政治的生活を禁止されている非正規滞在者たちが、否定されているはずの権利を、実践によって取り戻そうとする。権利を持つ市民が、権利すら持たない人たちと連帯し、かれらの声を聞く場を設ける。そうした市民的行為によって、在留資格のない外国人が政治的な存在となることが可能になりました。

公共空間で声を上げることは、「ここにいる」ということを可視化する市民的行為です。これを外国人というマイノリティのなかの、さらにマイノリティの話と考えるのか。それともグローバル化していく世界において、将来的に社会全体にかかわってくる問題ととらえ、国の制度や仕組みを変えることを考えるのか。ぜひみなさんも考えてみてください。

――在留資格をどんどん認めて移民が増えたとしたら、日本人の雇用はなくなりますか？

現状は日本人の雇用がなくなる心配よりも、労働力不足の心配のほうが大きいです。介護、建設、宿泊、飲食などあらゆる分野で労働力が足りていません。政府が懸念しているのは外国人労働者が来てくれないことで、経済活動が停滞することのほうです。そのため政府は「特定技能」という、新しい在留資格を作りました。日本が労働力不足に対応するために新しい制度を創設したのは、これが初めてのことです。しかし、現実には円安の影響もあり、思うように労働者が集まっていません。

わたしの思い出の授業、思い出の先生

大学時代の二宮宏之さんのフランス近世史の授業が記憶に残っています。高校までの歴史の授業は、名前が文字史料に記録されるような人物や事件中心ですが、二宮さんの授業で、一般民衆の日常の営みから社会全体を捉えようとする社会史の考え方を学びました。「フランス革命」も、不満を持った人々の突発的な蜂起ではなく、カフェでの人々の日常的な交流と情報交換を基盤として、民衆の「心性」に少しずつ変化が起きて初めて可能になったと知りました。歴史は著名な人物だけによって動かされているわけではないという、いわれてみれば当たり前のことに、目から鱗が落ちる思いでした。このように歴史学がきっかけですが、わたしは「昔」ではなくて、「今」に関心があるので、社会史の観点から現代社会を捉えるような社会学を志し、研究者になりました。二宮さんの授業が人生の方向性を決めるひとつのきっかけともいえます。

わたしの仕事をもっと知るための3冊

岸見太一・髙谷幸・稲葉奈々子『入管を問う　現代日本における移民の収容と抵抗』（人文書院）
H.D. ソロー著、飯田実訳『森の生活　ウォールデン』(上・下)（岩波書店）
アントニオ・タブッキ著、須賀敦子訳『供述によるとペレイラは…』（白水Uブックス）

社会の真実の見つけ方

堤未果

つつみ・みか
ジャーナリスト、著作家。東京生まれ。米ニューヨーク市立大学大学院で国際関係論修士号取得。アムネスティ・インターナショナルニューヨーク支局員などを経て、米国野村證券に勤務中の二〇〇一年九月一一日、同時多発テロに遭遇。以降、ジャーナリストとして活躍。主な著書に『報道が教えてくれないアメリカ弱者革命』『ルポ　貧困大国アメリカ』『ルポ　貧困大国アメリカII』『アメリカは変われるか？』『アメリカから〈自由〉が消える』など。

「九・一一の前と後で一変した世界」

質問1　なぜ、ジャーナリストになったのですか。

わたしがジャーナリストになったのは、ある事件——二〇〇一年九月一一日にアメリカのニューヨークで起きた同時多発テロがきっかけです。いまもテレビで映像が流れるので、ご存じの方もいるかもしれません。そのときのことをまずお話ししましょう。

事件当日の朝、わたしは爆発のあった世界貿易センターの隣のビルで働いていました。デスクの目の前にある窓から、ちょうど隣のビルが爆発しているのが見えたのです。その瞬間、震度六くらいの立っていられないほどの揺れに襲われました。証券会社だったのでオフィスにテレビモニターがたくさんあったのですが、そのすべてに事件の映像がリアルタイムで映し出され、誰かが「これは事故じゃない、テロだ」と叫んで、みんながはっと我に返ったのをいまでもよく覚えています。

すぐさまエレベーターに人が殺到しましたが、当然のことながら動きません。わたしは混乱のなかで「エレベーターが使えない、本当に緊急事態なんだ」と焦り、階段で二〇階から地下まで降りました。普段、階段はほとんど使われていないので、絵が飾られているわけでもなく、階を表す表示もすごく小さい。しかも、何が起きているのかまったくわかりません。

数分前までは分刻みで世界の経済情報が手に入る環境だったのに、突如としてまったく情報が入らなくなったわけです。

みなさんもスマホをどこかに置いてくると、まるで自分の意思がなくなってしまったような不安な感覚に襲われませんか。それと同じです。あのころはいまのようにスマホでなんでも簡単に調べられるわけではなかったのですが、情報が入らず何が起きているかわからないことはこんなに怖いことなんだと思いました。

時間をかけて階段を降りて外へ出ると、髪の毛がぐしゃぐしゃの状態でいろんなところから血を流し、泣きながら走り回っているビジネスマンがいっぱいいました。幸いにも、わたしは海のほうに走ってフェリーに飛び乗りニューヨークから離れることができました。なかには、地下鉄のほうに逃げてしまって途中で崩れてきたビルの有毒な煙を吸い込んで、あとで大変な目に遭った同僚も

▼アメリカ同時多発テロ事件
二〇〇一年九月一一日に米国内で発生した同時多発テロ事件。九・一一などと呼称される。イスラム過激派テロ組織アルカーイダによるもので、四機の旅客機がハイジャックされ、このうち二機はニューヨークの世界貿易センタービルに突入し、二つのビルが倒壊した。別の一機はワシントンの国防総省に突っ込み、さらにもう一機はペンシルベニア州で墜落した。犠牲者は、確認されただけで約三千人にのぼり、ブッシュ政権はテロとの戦いを宣言した。テロの首謀者であるウサーマ・ビン・ラーディンは二〇一一年五月にパキスタン国内で米軍特殊部隊に殺害された。この事件を契機としてアフガニスタン紛争が勃発し、世界規模での対テロ戦争が始まった。

いました。

フェリーからビルのほうを見ると、ガラスの欠片や黒い塊がキラキラと落ちていくのが見えました。燃えているビルの高層階から暑さに耐えられず何人も飛び降りていたのです。その後ビルは倒壊し、大統領は緊急事態宣言をしたのでした。

質問2　テロへの恐怖がジャーナリストを目指すきっかけになったということでしょうか。

いいえ。あのテロも確かに怖かったですが、ジャーナリストになることを決意したのは、もう一つ別の恐ろしい体験でした。

テロの翌日から、テレビ、新聞、ラジオでは同じニュースが繰り返し流れていました。毎日ブッシュ大統領▼がテレビに出てきてこういうのです。

「アメリカは世界最強の軍隊を持っていて、いままで一度も攻撃されたことがありませんでした。それなのに、たった数名のテロリストの手で、三〇〇〇人が一気に死んでしまいました。みなさん覚えておいてください、彼らがテロを起こした悪魔です。アメリカ中、世界中の人にとって、彼らは敵です。どんな意見を持っているかは知らない

▼世界貿易センター
アメリカのマンハッタンにある金融街に建設されたビルの集合体で、ワールド・トレード・センター（WTC）とも呼ばれる。日系アメリカ人建築家ミノル・ヤマサキが設計し、一九七六年に竣工された。高さ四〇〇メートルを超える二つのビルはニューヨークのシンボルとして知られており、ツインタワーと呼ばれる二棟の一一〇階建てのオフィスビルを中核に、計七棟のビルで構成されていた。

が、話し合いは通じません。そしてアメリカの自由と民主主義を憎んでいます。きっとこれからもっと攻撃してくるでしょう。だから、われわれは戦争を始めます。いろいろな意見があると思いますが、いまは一丸となってテロとの戦いに勝利しなければなりません。そのために、たくさん軍事予算を使うことになりますがどうか協力してください。そして、この戦争に絶対に勝ちます」

このような内容とともに、アメリカの国旗が映り国歌が流れるのです。大統領▼の言葉と国歌は国中を一気に団結させ、高揚させる力がありました。

そして事件の翌朝、当時住んでいたアパートで、わたしはショックな体験をしたのです。そこには白人を中心とした家族や老夫婦といった住民が住んでいて、みんな日頃からアジア人のわたしにも親切にしてくれていました。

でも、九・一一が起こった後にアパートから出たら、まるっきり光景が変わっていたのです。まず玄関にあった可愛らしい飾り付けは消え、代わりにどの家のドアにもアメリカの国旗がびっしり並んでいました。そして、いつもはすごく優しいおばあちゃんがわたしのところへやってきて、こういうのです。「あいつらを皆殺しにしなきゃね。私たちとは違う人間だから」と。

スーパーに行ってもアメリカの国旗がたくさん売られていて、みんな次々と買っていきました。会社に行くとアメリカ人の同僚に「ねえ、ミカはもう銃

▼ブッシュ大統領
第四三代合衆国大統領（二〇〇一～〇九年）、一九四六年生まれ。アメリカ同時多発テロ事件を受け、ブッシュは世界的な「テロとの戦い」を発表。その後の支持率は歴代のアメリカ合衆国大統領のなかで最高値である九一％にまで達した。アルカーイダを壊滅させ、ウサーマ・ビン・ラーディンの殺害を命じた。二〇〇三年には全会一致で可決してイラク戦争に臨み、独裁者サッダーム・フセイン政権の打倒・排除に成功。しかし再選後は激しい批判を受け二〇〇八年には記録に残るなかでもっとも低い一九％にまで支持率が低下し、バラク・オバマに次期大統領が変わるまで低迷が続いた。

を買った?」と聞かれました。「銃なんて、そんなおっかないもの持ってないよ」というと、「だめよ、テロリストはナイフ一本で三〇〇〇人殺したんだから。いつまたやってくるかわからないってテレビでいっていたし、自分の身は自分で守らないと。一丁じゃダメよ、二丁、両手に持つのよ」というのです。

それから少しして、「テロリストの親玉▼がアフガニスタンに隠れている」というニュースが流れるようになりました。すると、今度は世の中が「アフガニスタンを爆撃しろ」という空気になりました。わたしは国連で働いていたので、「よその国にテロリストが潜んでいるからって爆弾を落とすんですか。ちょっと乱暴じゃないですか」と主張したのですが、同僚から「いまのアメリカがやっていることに反対するんだったら、あなたもテロリストの仲間ってことになるわよ、いいの? それで」といわれてしまいました。

いま思えば、テロをきっかけに、自由の国アメリカが一気に攻撃的な空気に変わったこのショックが、ジャーナリストの道に向かう始まりでした。

自由の国で起きた「緊急事態」の罠

質問3　アメリカ全体が、そのような殺伐とした空気になってしまった原因はどこにあるのでしょうか。

▼アメリカの国歌
曲のタイトルは『星条旗(The Star-Spangled Banner)』。歌詞は、一八一四年九月に詩人・弁護士のフランシス・スコット・キーによって書かれたものである。

▼テロリストの親玉(ウサーマ・ビン・ラーディン)
サウジアラビア出身のイスラム過激派テロリストで、九・一一同時多発テロの首謀者とされる人物。一九五七年生まれ。サウジアラビア有数の富豪の家に生まれたが、一九九四年にサウジアラビア国籍を剝奪されて以降、無国籍であった。一九八八年に国際テロ組織「アルカーイダ」を設立してその初代アミール(司令官)となり、数々のテロ事件を首謀したことで知られる。二〇一一年五月、パキスタンにおいてアメリカ海軍特殊戦開発グループが行った軍事作戦によって殺害された。

アメリカは本来、自由の国です。アメリカの憲法で一番大事にされているのが、自由におかしいことはおかしいといえる権利、言論の自由です。

そのため、アメリカの国会▼では、各議員が自分で考えて反対意見を主張できますし、学校でもどんどん自分の意見をいう文化があります。でも、テロが起きて、それが一変してしまったのです。

あんなに自由を大事にしていたアメリカが「いまは緊急事態だから反対意見なんかいってはならない」といって、自由な意見を封じ込めてしまったのでした。

とっても大事なところですから、よく覚えておいてくださいね。「緊急事態」という言葉が政治的に利用された大きな事件が、九・一一でした。

ここでちょっと、想像してみてください。自分がブッシュ大統領の立場だったらどうですか？　一丸となってアメリカ人をテロの脅威から守らなくてはならないわけですから、いろんな意見が出てきてしまったら収拾がつかなくなって、迅速にテロ対策がとれなくなってしまいます。緊急事態になったときにいろんな意見が出ないようにするか、緊急事態であってもいろんな意見を押さえつけないようにするか、みなさんならどちらをとりますか？

アメリカは前者を選びました。次にいつテロリストが仕掛けてくるかわからないから、隅々まで監視して、テロが起こる前の段階で止めて国民を守ろうとしたのです。

▼アメリカの国会（アメリカ連邦議会）
アメリカ合衆国憲法で定められた二院制からなる議会。上院と下院は同等の権利を持ち、上院は各州二名の定員制、下院は各州の人口比に応じた議席数が、いずれも選挙で選出される。

そこでまず、ニューヨークの街全体に三〇〇〇台の監視カメラが設置されました。スーパーやガソリンスタンド、その辺の道、そして、教室の真ん中にもカメラが置かれ、どんなことを授業でやっているか、先生が何を教えているかまで録画されました。みなさんも映画などでニューヨークの警察官を見たことがあるかもしれませんが、彼らの胸には金の星のバッジがついていて、そのバッジにもカメラが入りました。駐車違反の切符をきられているときでも、あなたの顔がカメラに撮られているわけです。

また、当時のわたしはインターネットでテロの情報を毎日検索していました。テレビもラジオも新聞もみんな「テロリストは悪魔だ」という主張ばかりだったものですから、他になにか違う意見はないのかと思ったのです。でも、それも監視されていたようで、わたしが「この意見大事かも」と思ってお気に入りに入れておくと、次の日にはホームページごとなくなっていました。

ほかにも、テレビで「これはちょっとどうなんですかね」と反対意見に近い発言をしたキャスターが次の日には降板させられましたし、「ハイジャック犯はどういう人たちだったのか?」と書いた新聞記者はクビになりました。わたしの友人のジャーナリストは、戦争はやりたくないと抗議していた人たちを取材しただけで刑務所に行きましたし、大学の先生も「どうしたらテロのない世界がつくれるか、みなさんで一緒に話し合いましょう」という授業をしてクビになりました。それから、フロリダに住んでいる従兄弟の家へ行こうと空港に行ったら、「テロ容疑者のリストに入っているため飛行機には乗れない」といわれた友人もいます。

政府のいっていることが正しいことであり、それに反対する意見は潰しますという姿勢――まさにジャーナリズムが全体主義になってしまった瞬間でした。でも、私たちは声を上げませんでした。なぜなら、とても怖かったからです。「テロリストは生物兵器を使ってくるかもしれない」「次はニューヨーク、ニュージャージー、コネチカットの三つの州を狙うらしい」「飲水に毒を入れるかもしれない」……。毎日毎日テレビや新聞でいろいろなことが報じられるから、怖くて怖くて思考停止してしまっていたのです。

恐怖というのは思考を停止させますから、緊急事態はある意味とても便利な道具になり得るわけです。本来なら反対意見が出るような事案でも、国民は考えることをやめているので、するりと通すことができてしまうのですから。

質問4　同調圧力は多数決に基づいた考え方だと思いますが、多数決よりもっと良い決め方はありますか。

同調圧力と多数決には違いがあります。同調圧力というのは最後の一人がこっち側にくるまで圧力をかけるものです。日本の政治家がまさにそうなのですが、最後の一人が同調するまで会議が終わらず無言の圧力をかけます。日本は空気で圧をかけますが、イスラエルや中国のような国では強権的に「だめだ」といって圧をかけるので、圧のかけ方が違うだけで同調圧力自体は多くの国に存在します。

一方、多数決は民主主義のやり方です。いろんな人がいろんな意見を持っていてそれを大切にしながら物事を決めていく場合にどうするのが一番いいかについては、じつはまだ答えが出ていません。そのため、多数決がいいのかどうかについては著名な政治学者や社会学者がもう何十年も議論している永遠のテーマになっています。

たとえば一〇人中三人が違う意見だったら少数派だった三人にも意見をいう場を与え、彼らの主張も平等にオープンにします。その上で、今回は七人のほうの意見を採用しつつ、時間が経って状況が変わったら改めてもう一度話す。これが民主的な多数決です。

絶対的な正解を決めようとすると全体主義になってしまうので、注意しなければなりません。声を出せる場所があること、情報が平等に開示されて選択できることが民主主義の条件です。

「本当の敵は誰なのか」

質問5　そのような体験を経て、実際どのようにジャーナリストになったのか、経緯を伺いたいです。

このまま本当のことを知らないでいたら自分の意見にも自信がもてなくなると思い、自ら真実を探しに行くために、証券会社に辞表を出して、取材を始めました。

質問6　取材をしてみて、どんなことがわかったのですか。

軍の採用担当者に取材をしたときのことです。当時のアメリカはテロに対抗するために戦争を始めたばかりで、兵士が足りないといって「軍隊に入ればあなたはヒーローになれますよ」と勧誘された子たちが次々と戦争に行きました。わたしの友だちも送り込まれましたが、死んでしまったり、片足をなくしたり、精神的におかしくなってしまったり、みんな悲惨な状態で帰ってきました。

採用担当者の青年はとても若く、二〇代前半でした。わたしはすごく腹が立っていたので、「高校生たちをどんどん騙して兵士にしていますね。どうしてあなたは自分の国のアメリカ人を戦争に送るんですか」と詰め寄りました。すると、採用担当者はわたしに向かってこういいました。

「ぼくは彼らに夢を与えているんです。政府は貧しい子たちの教育のための予算を出すはずだったのに、テロとの戦いがあるからといってやめてしまったんですよ。彼らが高校を卒業してからどこに就職すると思います？　マクドナルド、ケンタッキー、ピザハット、スーパー……限られているんですよ。じゃあ、軍に入ったらどうでしょう？　お給料ももらえるし、病気になったら病院にも行けるし、クビになることもない。しかも、戦争から帰ってきたらヒーローです。そっちのほうがずっといいじゃないですか」

わたしはそれでも「戦争に行くことが良いことだと相手に嘘を教えているじゃないですか」と食い下がりました。すると、彼はいいました。

「本当のことをいうと、ぼくも五年前に騙されて軍隊に入ったんです。母が喘息持ちなんですけど、軍隊に入ったら母を病院に連れて行けると思って。でも、ぼくはどうしても戦争には行きたくありませんでした。死にたくなかったからです。そのことを軍の上の人に伝えると、こういわれました。『戦争に行きたくないのなら、絶対にクリアしなければならない条件がひとつだけある。それは、一ヶ月に二三人の新しい兵士をリクルートすることだ』と」

正直にいうと、わたしはこの取材をするまで簡単に記事が一本書けると思っていました。騙される高校生と騙しているリクルーター、被害者と加害者のわかりやすい構図が頭のなかにできあがっていたからです。ところが話を聞いてみると、このリクルーターも被害者であり戦争に行かされないために仕方なく人を騙しているんだとわかりました。

そこで、今度はリクルートステーションの上層部にインタビューをしました。彼はこう答えました。「お金がないからどうにかして人を集めるほかありません。アメリカは徴兵制ではなく志願制ですから、自ら申し込んでもらわないと軍人を集められないんです」

ブッシュ大統領が軍事予算を増やしていたはずなのにお金がないなんておかしいと思いましたが、調べてみるとそのほとんどは武器を買うことに使われていて、採用費や兵士たちの給与はむしろかなり減らされていることがわかりました。

加害者だと思って話を聞いてみると、その人にはその人の背景がある。どんなに取材を重ねてもその繰り返しでした。ジャーナリズムというのは、被害者と加害者をつくれば簡単に記事が書けます。インターネットでも「この政治家が最悪です」といって叩くと、簡単に「いいね」が増えます。人間はわかりやすい構図が好きなんです。

敵と味方、被害者と加害者、白と黒……単純化すればするほど、政府のいうことに誘導されやすくなってしまう。ジャーナリストとしてこれに加担しないよう、物事の見方を単純化しないように気をつけなければいけないと気づかされました。

質問7　戦争をやって一番儲かっているのは武器メーカーだと思うのですが、彼らが完全な悪だといえない理由があれば教えて欲しいです。

ロシアがウクライナに侵攻した戦争▼では、不思議なことにウクライナに対してアメリカはずっと「戦争をやめるな、戦え」といっていました。あのとき、アメリカの武器メーカーはものすごい特需でした。なぜそんなに儲かるかというと、ウクライナに武器を売ると戦場が自分の会社の武器の効果を見せる展示会のようになるから。それでまた武器が売れるのです。

では、武器メーカーが悪いのでしょうか。武器メーカーだったらこういうでしょう。「武器を買ったのは他の国ですよね？　うちはミサイルを作っていますから、お客さんが買いたいといったらもちろん売りますよ。何に使うかはお客さん次第でしょう」

武器メーカーが悪いのかという質問に関しては、資本主義の社会のなかではそこにいい悪いという価値判断は存在しないというのが回答になります。メーカーには作る自由がありそこで働いている人がいるので、武器メーカーを悪者にして「もう作るな」とはいえないのです。

ここで歯止めをかけるために政治というものがあります。政治の世界には、

▼**ロシア・ウクライナ戦争**
二〇二一年三月からロシアが自国の軍部隊をウクライナ国境周辺に二〇万人規模で集結させ、ウクライナ北隣のベラルーシ国内で軍事演習を行なうなど、ウクライナへの侵略が懸念されてきた国際的危機で、二〇二二年二月二四日にウクライナへの全面侵攻へと発展したもの。

限りなくリスクをゼロにしてからみんなに使ってもらう「予防原則▼」という考え方があります。「戦争による被害が甚大だからもうやめる」とか「そもそも戦争はやめたほうがいいので予算をつけない」などと政治が判断すれば、武器は売れなくなるでしょう。

政治がこうした判断を取る理由は、私たちが税金を払って政治家を雇っているからです。もし政府がいなかったら全部が自由マーケットになり、企業はより利益を上げるためにじゃんじゃん売る無法地帯になってしまう。だから選挙に行って、そういうことをおかしいと判断できる政治家を選んで、選挙のあともしっかり監視する必要があるのです。

▼**予防原則**
「絶対に安全」とも「絶対に有害」とも判別がつかない段階でも、後悔するよりも先に安全策を取る考え方のこと。事後対応より事前防止のほうが、コストがかからないという考え方に基づいている。

「感じる力・立ち止まる力・問う力」

質問8　緊急事態で恐怖に陥っていても思考を停止させずに考えるには、どうすればいいのでしょうか。

規模は違えど、教室のなかも九・一一のときのアメリカと同じです。「あいつはちょっと変わっているから」と排除されてしまったクラスメイトがいる。自分が「絶対こうだ」と信じていることと意見が合わない場合がある。こういうときに反対意見がいえる空気を作るにはどうしたらいいでしょうか。

「put yourself in her（his）shoes（相手の靴のなかに自分を入れてみましょう）」という言葉があります。人の靴は自分とサイズが合わないけれど、それでも相手の靴に自分の足を入れてみる――つまり相手になったつもりで相手の背景を考える。自分にとってどんなに嫌いな人、苦手な人、意見が合わない人だったとしても、一度本気でその人の気持ちになって考えてみると、自分の頭がすごくやわらかくなります。ただし、このときに一つ気をつけなければならないのが「わたしだったらこうするのに」と思わないようにすること。あくまで、その人だったらどう感じるかを大事にして欲しいのです。

わたしは、自分のままで幸せになるためには三つの力が必要だと考えています。一つは「感じる力」です。考える力はあまり要りません、感じる力のほうがずっと大事です。みなさんもテレビや新聞、インターネットが本当のことをいっているのかわからなくなったら、自分の目で耳で足で感じた、「あ、この人のいっていることは信頼できる」という感覚を何より大事にして欲しい。感じる力は目に見えないので失っても気づきませんが、簡単に乗っ取られてしまうのできちんと鍛えるようにしましょう。

そして二つめが「立ち止まる力」。インターネットを使っているとそのスピードに慣れてしまって中毒になっていきます。早く答えが出ないとイライラしたり、友だちと話していてもすぐに意見が伝わらないと嫌な気持ちになったり不安になったりします。でも、立ち止まって一度ゆっくり考えてみてください。

そして最後は、絶対に人間にしかできないこと――「問う力」です。「わたしはいまこういうふうに思っているけど、本当にそうかな？」といつでも自分に問いかけてみてください。その人の立場になってみたら違うかもしれない。答えは一つではありません。頭のなかで何度も問いかけていくことで、自分が納得できる真実が見えてくるはずです。

わたしの思い出の授業、思い出の先生

Q1：思い出の授業を教えてください

理科の時間に先生が「パイナップルは木になるか土のなかで育つか？」と質問し、クラス中で一時間使って話し合ったことがありました。

Q2：その授業が記憶に残っている理由はなんですか?

先生が答えをくれなかったからです。

「木になっています」といったのはわたしと友人の二人だけ。でも先生はそれについては何もいわず「君たちはなぜそう思うのか？」と私たち生徒みんなに問いかけ、「木になる派」と「土のなか派」を議論させたんです。時間切れになったところで答えを教えてくれました。

Q3：その授業は人生を変えましたか?

はい。最後「正解は土でした」といわれて悔しかったけれど、自分の頭で思う存分「なぜ」を問い、それを言葉にし、みんなに聞いてもらえたことで、不思議な達成感と自分への自信をもらえました。「正しい答えをいうこと」よりも、「なぜ？」と疑問をもち、自分の頭で考えることに価値があるという先生の教えかたが、その後のわたしの人生を確実に豊かにしてくれました。間違える自分を許せないと、とても苦しくて生きづらくなるからです。

ジャーナリストとして、人間に対する眼差しや、世界の見方を大きく捉えられるようになったのは、あの先生の授業のおかげだと思います。

わたしの仕事をもっと知るための3冊

堤未果『社会の真実の見つけかた』（岩波ジュニア新書）
堤未果『グラウンド・ゼロがくれた希望』（ポプラ社）
フォレスト・カーター著、和田穹男訳『リトル・トリー』（めるくまーる）

第2章

対話の力

弱いまま強くあるということ

宮地尚子

生きていると、「危機的状況」に直面することがあります。たとえば、災害、戦争、暴力、事件、事故、いじめ、虐待などです。危機的状況はさまざまな苦悩や喪失反応、トラウマ反応をもたらします。

日本は非常に災害の多い国です。災害は、これまで当たり前にあった大切な人や住まい、もの、風景、文化などを失わせます。さらに恐ろしいのは、災害の起きた瞬間が一番大変なのではなく、そのあとにもさまざまなストレスやトラウマをもたらすところです。避難所や仮設住宅での慣れない生活、転居を余儀なくされ家族やコミュニティがバラバラになる、あるいは復興の過程で起こる方針の食い違いや予算難でトラブルが起こるなど、大きなストレスを感じる状況にさらされます。

災害は離れたところにいた人にも影響を与えます。現地に知り合いや家族がいる場合はもちろんのこと、そうではない人も含めて。物理的な距離だけでなく、時間的な距離を隔てても、その影響は続きます。二〇二四年の元日には、

みやじ・なおこ
精神科医師。医学博士。一橋大学大学院社会学研究科教授。京都府立医科大学卒業、同大学院修了。近畿大学医学部衛生学教室勤務を経て、二〇〇一年より現職。専門は文化精神医学、医療人類学、ジェンダーとセクシュアリティ。著書に『トラウマ』『トラウマの医療人類学』『環状島＝トラウマの地政学』『傷を愛せるか』『トラウマにふれる』『環状島へようこそ　トラウマのポリフォニー』など。

能登半島地震が起こりました。その後能登は水害にも遭い、まだ復興も半ばです。このときの長い横揺れで、東日本大震災を思い出したという知人がいました。過去に自分が経験した災害のことを思い出し、当時の気持ちや記憶が蘇ってくることがあるのです。

人間はみんな弱いものです。落ち込んだり、凹んだり、折れたりします。災害に限らず、みなさんもいろいろな悩みや傷を抱えているかもしれません。それでも生きてゆかないといけない。そんなときどんなふうに考えたらよいのか。弱いまま強く生きるためにはどうすればいいのか。今日はそういったことを考えていきたいと思います。

「トラウマとPTSDの症状」

トラウマという言葉を聞いたことがありませんか。トラウマとは心の傷です。この言葉はもともと体の傷のことを指していたのですが、「サイコロジカル・トラウマ（精神的な外傷）」という言葉が出てきて、いまではそちらの意味で使われることが多くなりました。

体の傷は目に見えますが、心の傷は見えません。半ば不可逆で、現在にも影響を及ぼすようなものです。最近は「〜がトラウマになって」といったふうに日常的な会話のなかでも使われますが、このときのトラウマはそれほど大きなものではないでしょう。精神医学がとらえているトラウマ体験とは、通常の適応能力では対処できない、心が耐えられないほど衝撃的なものです。衝撃的であるからこそ語られず、隠されることが多くなります。

トラウマの一つの現れ方に、心的外傷後ストレス障害（Post Traumatic Stress Disorder, PTSD）があります。アメリカの精神医学会の定義では、「死や重症、性的暴力もしくはそれらの脅威に暴露されること」によって、「覚醒亢進」「再体験症状（侵入症状）」「回避症状」「否定的認知や気分」の四つが起こると診断される精神疾患です。

まず「覚醒亢進」は、交感神経が高まってつねに緊張している状態です。過覚醒とも呼ばれます。不眠、集中困難、驚愕反応▼などが起こります。平常時の安全な場所でも、危機に準備しようと体が構えているのです。

二つめの「再体験症状」は、事件の記憶、そのとき見たものや聞こえた音などの身体感覚が蘇ってくることをいいます。いわゆるフラッシュバックです。これには動悸や冷や汗など身体的反応が伴います。トラウマ体験をした人は、その出来事を思い出すような場所や状況に直面すると、こうした症状が現れやすくなります。

そのために、症状が起こらないよう、起こりやすい状況（トリガー）を持続的に避けるようになる。これが「回避症状」です。本人自身も何を、なぜ避けているのか、意識できていないことも多いです。たとえば、事故にあった駅を使

▼**驚愕反応**
予期していない音や光などの刺激に対して、過剰な反応を示すこと。

わないという回避を自覚なしに行っていて、簡単に行ける目的地なのに遠回りしていることがあるなど、日常生活に支障をきたします。避けることが増えると、生活範囲が極端に狭まり、引きこもってしまうこともあります。その状況から抜け出したいと思っても、精神科を受診したらトリガーになる出来事を話さなければいけない。だから受診できない、という人もいます。自分のトラウマを話すことは、傷口を晒すようなものなのです。

最後の「否定的認知や気分」は、自分や他人、社会に否定的な感情、考えをもつことです。トラウマが大きいほど、過剰に自分を責めたり、他者を恐れたり、ほかにも強い怒り、罪悪感、恥辱感を抱えたりします。逆に、強い情動に耐えられなくなって、感情がなくなり心が萎縮してしまうといったことも起こります。緊張が持続しきれず、疲れ果てて、まるでブレーカーが落ちたような状態です。

「螺旋状の回復」

では、トラウマからどのように回復していけばいいのでしょうか。トラウマ治療の古典とされる本、ジュディス・L・ハーマンの『心的外傷と回復』▼では、トラウマから回復していくためには三つの段階があるといわれています。

第一段階は、身体的・精神的な安全性を確保する。危害が加えられないよう

▼**『心的外傷と回復』**
一九九二年に初版が出版されて以降、世界的にトラウマ研究のバイブルとされている。トラウマと治療の方向性、回復への道筋を具体的に示している。二〇二三年の増補新版では、アフガニスタン兵や児童虐待経験者のPTSDについても論じる。

にシェルターに入ったり、信頼できる支援者とつながったりすることが、これにあたります。第二段階は、つらかった出来事を思い出し、それを服喪追悼する。出来事に向き合い、誰かに話を聞いてもらうなどして整理をしていくのです。そして三段階めは再結合といって、周囲や社会とのつながりを取り戻す段階に至ります。

しかし、これは一直線のプロセスではありません。途中でまた調子を崩してしまったら、すでにたどった段階をもう一度やりなおすこともあります。回復は、螺旋状のプロセスなのです。震災にあった人も、こうした螺旋状のプロセスをたどって、その傷から回復していきます。被害を受けた直後は茫然自失になりますが、その状況に一生懸命対応をしていくうちに、気分が高揚する「ハネムーン」と呼ばれる時期が訪れます。しかし、そのあとにドッと疲れが現れる「幻滅期」が来る。そこからまた少しずつ気力を取り戻して……というプロセスを繰り返していきます。

危機的状況に直面するのは非常につらいものですが、一方で、人間のもつ「レジリエンス」、つまり抵抗する力や回復のための力を信頼することも重要です。「ポスト・トラウマティック・グロース（PTG）」という言葉があり、トラウマによって傷を負うこともあるけれど、そこから成長していける可能性もあるという意味です。人間も社会も、つらい出来事をきっかけにしてポジティブな変化が起こるかもしれない。その力を信じるのです。しかし、人間ひとりの力だけで回復するには困難が伴います。
精神科医である安克昌《あんかつまさ》さん▼が書いた『心の傷を癒すということ』▼という本があります。彼はわたしの友人でした。この本は阪神・淡路大震災のあとに書かれたものです。安さんは当時、神戸大学に勤務していて、震災後に心の傷を受けた人たちを支援してきました。しかし、彼自身が病気になってしまい、二〇〇〇年に残念ながら亡くなってしまいました。でも、彼の本は東日本大震災のあとに増補改訂版が出て、映画化もされて、広く多くの人に読み継がれています。

映画のなかで、主人公が心の傷を癒やすとはどういうことかを語るシーンがあります。それは「誰もひとりぼっちにさせない」ことだ、というのです。誰かに寄り添ってもらい、反対に傷ついている人がいたら寄り添う。そういう人と人との関係が、回復のためには必要です。

「記憶を共有し、喪失を耕す」

そうした回復のための環境をつくるには、「耕す」ことが必要だとわたしは思っています。凝り固まった土をほぐし、外から空気を入れて生命が育つようにする。日々栄養を与え、見守る。植物が芽を出し育つのには時間がかかるように、いますぐ結果を出そうとするのではなく、ゆっくりと待つ。いろいろな

▼安克昌
精神科医。一九六〇年、大阪に生まれる。神戸大学医学部附属病院精神科神経科講師を経て、同院精神神経科医長。阪神・淡路大震災被災後、避難所などでカウンセリング・診療を行い、被災した人たちの心のケアを続けた。

▼『心の傷を癒すということ』
一九九六年に初版が出版。同年のサントリー学芸賞(社会・風俗部門)を受賞した。その後、文庫化を経て、二〇一一年に増補改訂版が出版される。二〇二〇年に桑原亮子脚本、柄本佑主演でNHKドラマ化。その後、二〇二〇年に新増補版が出版された。また、ドラマ版は再編集し映画化された。

場面で、こうした耕しが必要です。
「耕す」は英語でcultivate。これはculture、つまり文化の語源ですね。文化とはアートや音楽だけでなく、お気に入りの場所でお茶を飲んだり、自然の音に耳を傾けたりすることも含みます。そのように人間が日々耕したものが、生活の豊かさをもたらすということです。では、私たちはどんなものを耕す必要があるでしょうか。

たとえば、「記憶」を耕すこと。語られなかった記憶や忘れかけた記憶を、人と共有するのです。以前、呉夏枝《オ・ハジ》▼さんというアーティストの企画で、セーターなどの編み物をほどいていくワークショップ▼をやったことがあります。それぞれ自分の思い入れのある編み物を持ってきて、ほどきながら、お互いの記憶をほぐして語り合います。ものをつくるワークショップはたくさんあるのですが、ほどいたり壊したりするものはあまりない。人と同じ作業をしながら、記憶を語ろうと試みたり、誰かの記憶を聞いたりすることで、ふだんとは異なる形で記憶がひっぱり出されるのがわかりました。体を通した、記憶の活性化と共有ができたのだと思います。阪神・淡路大震災や東日本大震災のあとも、同じように、一緒に作業しながら記憶を語り合うワークショップが各地で開かれました。このようにコミュニティ内で記憶を共有することで、心を整理し、大きな傷を乗り越えていく糧になることがあります。

ふたつめは、「喪失」を耕すこと。大切な人、ものをなくしてしまったとき

▼呉夏枝
アーティスト。二〇一二年京都市立芸術大学博士号取得。織る、染める、ほどくなどの繊維素材に関する技法と、写真やテキストなどの媒体を用いたインスタレーション作品を制作する。在日韓国人三世としてのルーツを背景として、無名の人々の語られなかった歴史や時間を浮かび上がらせ、継承することに取り組んでいる。

▼編み物をほどいていくワークショップ
ワークショップ「編み物をほど

にどうするか、ということですね。わたしの大きな喪失のひとつは、安克昌さんが亡くなられたことです。その喪失にどう向き合えばいいのかを、考え続けることになりました。

でも、亡くなった人は喪失だけをもたらすわけではありません。日々の生活のなかで、その人の思い出や影響が顔を出すことによって、回復が促されることがありました。悩んだり、嫌なことが起きたりしたとき、ときどき安さんに話しかけるんですよ。「もうこの仕事やめたいよ」とか愚痴ると、安さんが笑いながら「まあでもね、生きてるだけでええやん」「ここはもうちょっと頑張れるんちゃう?」と答えてくれる。亡くなった人とも対話できるのだと思いました。

トラウマと一緒で、喪失からもすぐに回復できるものではありません。回復するために必要なのは、ここでも記憶の共有や共同作業です。友人たちと一緒に本を出したり、ドラマをつくったりといった共同作業をしていくなかで、安さんの思い出を共有して喪失を癒やしていきました。そうやって喪の作業をするなかで、徐々に回復に向かっていくことがあります。

「日常的な耕し」

日常のなかで耕していくこともできます。

く/ほぐす」。西成区山王地区周辺の人を対象に二〇一二年から一三年まで開かれていた。ここでは二〇一六年に東京都小金井市で開かれたものを指す。

たとえば「身体」を耕すこと。心を耕すためには、同時に身体を耕すことも必要です。基本的なことですが、体を動かす、声を出してしっかり呼吸する、体によいものをつくって食べる、睡眠や休養をとる。いまスマホ依存になっている人も多いですね。隙間時間にもスマホを見ている人が多い。じつは、ひとりでぼーっとしている時間に脳は情報を勝手に整理してくれています。意識的に電子機器や刺激から離れる時間をもってみてください。

ほかには「関係」を耕すこと。人がともに生きるためには、お互いの時間や空間を尊重することが必要です。相手がもしかしたら秘密の傷を抱えているかもしれない、とちょっと想像してみてください。たとえば、学校を休んだり遅刻したりするときには、理由を提出させられますよね。でも、もしかしたら、その人には何らかのトラウマがあって、学校に行こうとすると具合が悪くなってしまうのかもしれない。そして、そのことを話せないのかもしれない。部活で上の空の後輩に厳しく接したくなるかもしれないけど、その人は複雑な家庭の事情を抱えているかもしれない。そういうとき、逃げ道をつくってあげることに社会全体として取り組めたらよいと思います。

『弱いロボット』▼という本を書かれた岡田美智男さんは、周りの人たちがサポートしてあげたくなるような、あえてひとりでうまくできないロボットをつくっています。ロボットは高性能であることを目指すのが通常ですが、逆に弱さが強みになることがあると岡田さんはいっています。人間も同じです。強いだけ

▼**『弱いロボット』**
医学書院「ケアをひらく」シリーズより刊行。「ゴミを見つけるけれどうまく拾えない」などひとりではうまくできない他力本願なロボットを通して、日常生活動作のなかの関係性や、ケアの本質に迫る一冊。

の人よりも、弱さを抱えていたり、苦手なことがある人のほうが親しみやすかったりしませんか。弱さが魅力的になることもあるし、弱い部分を共有し合うことで仲良くなれたりすることもあると思います。人のヴァルネラビリティ（弱さ）に付け込まないことが重要です。優しさをもってください。

そして最後に「社会」を耕すこと。いま、なぜこんな社会になってしまったんだと、とくに若い人たちは大人に憤ることも多いと思います。ですが、みなさんも社会を作る一員です。一人ひとりが社会を耕していかなければなりません。自分と感受性の違う人と出会ったら、相手を尊重しつつ、自分の感受性も手放さずにかかわってください。

いまの時代、煽り運転みたいに「早く行けよ」とお互いをせき立てて、どんどん世の中が加速していっています。そのなかで、あえてゆったりした時間を過ごすことが、最終的には目的地に早くたどり着くことになるかもしれないし、あるいは豊かな人生につながるかもしれません。

足を踏まれても痛いといえない人、声をあげたとしても聞いてもらえない人がたくさんいます。そういう人たちに配慮し、お互いに声を掛け合ってください。簡単な答えはないですが、みんなで考えていきましょう。アーティストのオノ・ヨーコさん▼はこんなことをいっています。「宇宙のすべてのものが楽器になります。あなたも楽器です。美しい音を出してください」

▼オノ・ヨーコ
マルチメディア・アーティスト、音楽家、平和活動家。一九三三年、東京生まれ。学習院大学哲学科入学後、ニューヨークへ渡る。一九五〇年代には前衛芸術運動「フルクサス」に参加し《インストラクション・ペインティング（指示の絵）》などを制作、前衛芸術活動の中心で活躍した。パフォーマンス《カット・ピース》や《天井の絵（イエス・ペインティング）》などの作品を発表するほか、夫ジョン・レノンとの積極的な音楽活動も注目された。

――トラウマの回復の二段階めに、人に話を聞いてもらって心の整理をする段階があるとおっしゃっていましたが、その前に一段階めの安全と安心を確保しないといけないですよね。自分の近くに大きなトラウマを抱えた人がいたとき、そういう安全と安心を専門家じゃない私たちはどうつくっていけばいいでしょうか？

まず、トラウマを抱えている人は、なるべくひとりで抱えない方がいいということが前提にあります。その人がなるべく安心感をもてるような状況をつくるのが第一なので、悩みを聞くのは専門家じゃなくてもいいんですよ。話を聞ける人は聞く。聞けない状況でも、黙って寄り添ってみる。たとえば一緒に登校するとか、保健室などの居場所をつくるとか、些細なことでも大丈夫です。もし自分だったら、どういうことをしてほしいだろうと考えて行動してみましょう。

ただ同時に気をつけてほしいのは、友だちや家族などの近しい誰かが非常に深いトラウマを負っていた場合、周囲の人も影響を受けてトラウマを抱えてしまうことがあります。自分自身も同時に傷つくんだと知っておくことも大切です。

わたしの思い出の授業、思い出の先生

高校三年生のときの担任が国語の先生で、毎月、学級通信を作って配ってくれていました。

よくこんなめんどくさいものを作るなあと、生徒たちは冷やかし気味に熱血先生の営みを眺めていました。でも、ああ、こんなふうに私たちを見てくれているんだと、けっこう嬉しかった記憶があります。きっとみんなそうだったんじゃないかな。

ほとんどの生徒が大学受験を控え、気持ちの落ち着かない一年。その気持ちを紛らわすために、私たちは文化祭で張り切って出し物を出したり、校内美化大会で教室掃除に燃えたり、クラス日記を回したり、漫画の回し読みが流行ったりしていました。

そういった出来事をつぶさに観察して記録に残してくれる人がいる、つまりウィットネスがいるというのは、とても貴重なことだったと思います。

その先生とは大学卒業後もつながり、なんと教科書選定でわたしの文章を選んでくれるということもありました。言葉をめぐって専門的な話が交わせるようになったことを、ありがたく思います。

わたしの仕事をもっと知るための3冊

宮地尚子『環状島＝トラウマの地政学』（みすず書房）

宮地尚子『傷を愛せるか』（筑摩書房）

宮地尚子『ははがうまれる』（福音館書店）

フィールドワークのなかで見つけた「知」のかたち

樫永真佐夫

かしなが・まさお　文化人類学者。一九七一年生まれ。東南アジア地域を対象としたフィールドワークを行う。国立民族学博物館教授、総合研究大学院大学教授。著書に、『ベトナム黒タイの祖先祭祀　家霊簿と系譜認識をめぐる民族誌』『黒タイ年代記「タイ・プー・サック」』『殴り合いの文化史』など。

「遠野物語」との出会い

わたしは文化人類学が専門で、ベトナムの西北部に住んでいる黒タイ族▼という民族を研究しています。今日はこの黒タイ族の暮らしをご紹介したあと、黒タイ族の人々が死や魂といったものをどのように捉えているのかについて、お話しします。

文化人類学という学問は「フィールドワーク」という方法のうえになりたっています。どのような方法かと申しますと、異文化の人々と年単位の長期間いっしょに生活することを通じて、その人々の思考や行動様式を身をもって学ぶというものです。それを手がかりにして人間とは何かを考える学問が文化人類学なのです。

わたしが学校にも社会にもなじめない「よそもの」感を抱いていた中高生のころ、『遠野物語』という本と出会い、民俗学や文化人類学への関心を強くかきたてられました。

『遠野物語』は、いまから一〇〇年以上前、日本民俗学の父といわれる柳田國男▼が岩手県遠野地方の伝承や習慣を聞き書きからまとめた本です。人間や動物、神や精霊がスピリチュアルなつながりを持っているその世界観に強い刺激を受けました。また作家の三島由紀夫▼による『遠野物語』の書評も衝撃的でした。民俗学は屍臭の漂う学問だと彼が表現していたからです。引用してみましょう。

> さういへば、「遠野物語」には、無数の死がそつけなく語られてゐる。民俗学はその発祥からして屍臭の漂ふ学問であつた。死と共同体をぬきにして、伝承を語ることはできない。(中略)
> ここには幾多の怖ろしい話が語られてゐる。これ以上はないほど簡潔に、真実の刃物が無造作に抜き身で置かれてゐる。その一つの例は、第十一話であらう。(中略)残酷な簡潔さで描かれたこの第十一話は、人間の血縁とは何かといふ神話的問題についての、もつともリアリスティックな例証になるであらう。

この第十一話は、一つ屋根の下に母と息子夫婦が同居する家族の間で起きた事件の記録です。その母は息子の妻、つまりヨメをひどくいじめていました。ある日、そのことに堪忍袋の緒が切れた息子は、「もう生かしてはおけない」

▼黒タイ族
ベトナムでは白タイとともに、ターイという民族に分類。ベトナム西北部を中心に、盆地で水田耕作を行う。言語はタイ系で、上座仏教を受容せず、古クメール系の固有文字をもつ。絹と綿の染織物が有名。

▼柳田國男
民俗学者。一八七五年生まれ。農商務省などで官僚として勤めたのちに民俗学の研究を始め、日本における民俗学を創始した。

と母に殺害を宣言します。母を家のなかに閉じ込め、実際に鎌を振り下ろして襲いかかったのです。姑によるヨメいじめに起因する親殺しという、現代でいうところのDV事件でした。

時代を問わず家族・親族間における殺人は一定の割合で発生するという統計上の法則があり、「ヴェルッコの法則」として知られています。社会全体の殺人の発生率が減少しても、身近な人に対する殺人は減少しにくいのです。三島が、この第十一話を「血縁とはなにかについてのリアリスティックな例証」といったのは、親しい相手との間にこそ憎しみや暴力が生まれやすい現実を、柳田が民俗学という新しい学問を意識しながら簡潔かつ生々しく描いていたからでしょう。

フィールドワークで民俗学者・人類学者は、有名でも特別でもない、いわば「ふつう」の人たちの間に身を置くことになりますが、ふつうの暮らしこそが奥深い。『遠野物語』からわたしはそんなことを感じたのでした。

「黒タイ族の村の暮らし」

民俗学と文化人類学とは互いに近い研究分野です。わたしが大学院で文化人類学を学び、初めてフィールドワークのためにベトナムへ行ったのは一九九五年でした。民俗学を屍臭の漂う学問と三島は評しましたが、日常のなかで死と

▼三島由紀夫
作家。一九二五年生まれ。一六歳のときに発表した『花ざかりの森』以降、多くの小説や戯曲を発表。一九七〇年に自衛隊市ヶ谷駐屯地にて自衛隊員にクーデターを呼びかけ割腹自殺。著作に『金閣寺』『潮騒』など。一九七〇年歿。引用は「柳田國男『遠野物語』 名著再発見」『決定版 三島由紀夫全集 第三六巻』(新潮社、二〇〇三年)より。

▼キン族
キンは漢字で「京」、つまり「みやこの人」を自称している。別名ベト(越)。ベトナム総人口の八五%を占める多数民族。ベトナム語はキン族のことば。ベトナム北部の平野部を紀元前から水田開発し、中国支配を免れた一〇世紀以来独自の王朝国家を築いてきた。

向き合うことが当たり前であるような、そんな血なまぐさい「人間本来の生」をそこで体感することになりました。

ベトナムを調査対象地として選んだ理由は、ベトナムに住む多民族のなかには、自給自足的な生活を続けていて文化人類学者にあまり研究されていない民族も多くいたからです。戦争のために何十年もフィールドワークはできなかったのですが、幸い一九九〇年代になると政治的に落ち着き、運良くわたしはフィールドワークに赴くことができました。

ベトナムには一億人もの人が、日本より少し狭いですが同じく南北に長い国土のうえで暮らしています。山地部がその七〇%も占め、海岸沿いの狭い平地部に人口が集中している点も日本と似ています。大きく違うのは、その平地部にいわゆるベトナム人であるキン族▼が主に住んでおり、山地部は言語や風習が異なる少数民族がたくさん住んでいることです。

山間部にある黒タイ族の村でわたしがフィールドワークをはじめたのは一九九七年です。その村は首都ハノイから四〇〇キロあまり離れていました。水田が広がる盆地縁に高床住居がたちならぶ、いかにも黒タイ族の村らしい村でした（**図1**）。現在は機械化が進みつつありますが、そのころはスイギュウを使って田んぼを耕すのがあたりまえ、電気・水道・ガスといったインフラもありませんでした。どの家族も子だくさんなので村には子どもたちがあふれていましたが、みな年齢ごとに背格好は似ているし、同じ服を着て、同じ髪型をし

▼図1　黒タイ族の村

ていて区別するのが難しかったものです。子どもたちの髪を切る人は決まっていますし、市場に行っても同じ服しか売っていなかったですから。

村では、まず黒タイ語を教えてもらいました。日本とハノイでベトナム語は少し勉強していましたが、黒タイ族の人たちは日常生活では黒タイ語を喋っていたのです。黒タイ語はタイ語に近く、ベトナム語とはまったく異なっています。ですからわたしは片言のベトナム語を総動員して村の人に黒タイ語を教えてもらいました。

当時、学校に通っている若者世代や、従軍経験のある年配の男性たちはベトナム語ができたのですが、五〇代以上の女性は就学率が低くベトナム語を喋れない人がほとんどでした。経済的な理由もあったし、村で結婚をして家族と農業をして自給自足の生活をするだけなら学校へ行く必要はない、と考えられていたからでした。

しかし、近年は都会へ出稼ぎに行く村人が増えています。そのためにはベトナム語を話せる必要があります。また少子化が進み子どもの教育にお金をかけるようになったので、現代では就学率が向上し高学歴化も進んでいます。

さて、村に居候しはじめたころのわたしは黒タイ語を教えてもらう一方で、ただ世話になるだけってわけにもいきません。村人の家の建築を手伝ったり、山の斜面で行う焼畑耕作を手伝ったりしていました。

黒タイ族の伝統的な主食は、いろりでもち米を蒸したおこわです。その米がたいへんおいしい！　いっぽう、一九九〇年代には生活のベトナム化により日本のようにうるち米を炊いて食べるのも一般化していました。食事の献立は、米、山菜か畑でとれた野菜の料理、肉料理、スープの組み合わせが基本です。米とおかずと味噌汁と漬物がセットの日本に近いですよね。油料理は少なく味付けもあっさりなので、日本人には馴染みやすい食事だと思います。

自給自足の生活では、自ら手を下して動物や植物の命を奪うのが当たり前のことです。黒タイ族の人々は高床家屋に住み、床下でニワトリやブタやスイギュウなどを飼っています。肉を食べる際には、手塩にかけて育てた家畜を殺して食べることになります。たとえばある家族がブタを殺す場合、事前にそのことが村中に知らされ、それぞれの家族がどの部分の肉を何グラム買いたいかあらかじめ申し出ます。すると解体された肉が分配されるのです。

死と向き合う方法

自給自足の生活とは、日常的に自らの手で他の生き物の命を奪って生きることです。だとしたら、黒タイ族の人たちは死や魂をどのように捉えているのでしょうか。

村にいると、人の死にもよく接するものです。もちろん長寿の人もいます。しかし医療が発達していないために病気になると死ぬ確率がわれわれの社会よりも高い。それに、親族の範囲がわれわれよりも広いため、遠い親族が亡くなってても葬儀に出席しなくてはならず、葬式に出る機会も多いのです。わたしが初めて葬式に呼ばれたのは、フィールドワークをはじめて二日めくらいでした。こんな貴重な機会に遭遇できるなんて、とそのときは思ったのですが、そのわずか数日後にまた別の葬式に呼ばれました。またその数日後にも……。それだけ村で死は身近でした。

これは葬式の場面（**図2**）です。一九八〇年代から、生活の現代化とベトナム化により遺影や大きな花飾りを置くようになりました。白い頭巾をつけているのは、亡くなった人に近い親族です。一方、手前に写っている男性たちは、よその村からも集まってきた親類縁者や同じ村の人たちです。食事や酒は写真にうつっていませんけれど、じつは宴会をしているのです。

葬式が一段落したあとは野辺送りをします。共同墓地まで棺を運んで埋葬します。墓地の区域は村ごとにはっきりと定められていて、そこに亡くなった人の遺体を葬ります。墓地の一角に故人の遺体を埋葬し、そのうえに人の家を模した小さな高床の建屋を建て、故人の生前の持ち物をなかに安置します。故人が男性の場合、建屋の横に高いのぼりを立て、女性の場合は中心から放射状に何本もの枝がつき出た飾りを置きます。なお、墓参りは一切しません。時が経って建屋も飾りも土に帰してしまったら、いずれまた誰かの墓がそこに立っていることでしょう。

▼**図2　黒タイ族の村の葬儀**

ということは、先に葬られた故人はその場所にもういないのでしょうか。村人たちは、故人の魂は葬られたあと天へと昇り、ご先祖様になって子孫たちの家に戻ってくると信じています。魂が天に昇っていく道のりについては、複雑でとても長い歌になっているのですが、埋葬の前にあらかじめ祈禱師がその歌を故人に読み聞かせます。葬式のなかで儀式として霊的に重要なのはこれなのです。一度葬られた魂は、たとえ葬式の地点から何百キロ遠く離れていてもいくつもの山を越え、ギアロという土地にある山の谷間を通って天に昇ります。いっぽうで肉体のほうは朽ちて腐敗し自然の一部となるでしょう。こんな死と魂のイメージが、人々の間で共有されています。

さて、その墓地へ足を踏み入れると、竹で編んだゆりかごがあちこちにあるのに気づきます。ゆりかごとは本来、天井から紐でつるしてゆすり、子どもをあやすためのものです。そんなものが墓地のなかに落ちているのはなぜでしょうか。

黒タイ族の村では、生まれてまもなく死んだ子のための葬式は行いません。その場合、ほぼ家族だけで墓地にやってきて子どもを土に埋葬します。あとはそこにゆりかごを伏せて置くだけです。わたしは墓地に散乱しているゆりかごの多さに驚きました。こんなに新生児がたくさん死んでいるのかと。なお、現在は医療の状況がずいぶん良くなっています。

墓地でもう一つ印象深いことがあります。その入り口の地面に木と草でつくった簡素で小さな祠がよくありました。これは日本的にいえば、無縁仏を弔う祠です。葬式をしてもらっていない小さい子たちの魂は、ちゃんと天に昇ったのかどうかわかりません。墓地には良い精霊も悪い精霊も、たくさんのカミさまが集まってきますから、その入り口に祠を置いて、通りすがりの人がおわ一口などをお供えしていくのです。三島のいう「屍臭の漂う」共同体を、こんなところでも実感しました。

人間には八〇の魂

黒タイ族の村には呪術師がいます。呪術師は祈禱やおまじないを唱えるだけではありません。薬草の知識が豊富で、薬を処方するなど医療行為を行います。また、村人のさまざまな悩みを聞くカウンセラーでもあります。心身の状態と魂の状態には関係があり、いってみれば呪術師は魂を扱うプロなのです。

黒タイ族の魂の観念では、人体には八〇の魂が各部に宿っています。一番重要な魂は頭のてっぺんにあり、目、鼻、口、手の指、肩、ヒジ、ヒザ、胸、腹その他、体の随所にそれぞれ魂が宿っているのです。八〇の魂が良い状態であるべきところにあると、その人の心身の状態は良好です。しかし、怪我や病気、あるいは不幸な目にあって心身の状態が乱れているときは、魂のどれかの状態が悪くなっているのです。そんなときは呪術師が祈禱や治療を施し、魂の状態の回復につとめてくれます。

魂の状態を整える儀礼を行っている様子がこの写真（図3）です。この日の主役は怪我をした子どもでした。儀礼に先立ち、子ブタを一頭殺して調理しています。その子ブタ料理をまんなかにして、たくさんのご馳走をその子の前にそなえます。祈禱がはじまると、まずその子がご馳走に手をつけます。呪術師は祈禱によって八〇の魂の状態を整えていくのです。

一方、呪術師が儀礼を行っている傍らでは、集まった村人や親類縁者が宴会をしています。こういうときの習慣として、次々と見舞客が訪ねてきて、みんなで酒を酌み交わし食事をして時間を過ごします。わたしは、このことの意味は非常に大きいと思っています。

見舞いに来た人はみんな、まず祈禱を受けている人のところに行き、その体をさすって「大丈夫？」などとやさしく声をかけます。息がかかるぐらいの近い距離まで体を近づけ、実際に相手の体に触れて言葉をかけるのです。心配して気にかけていることをボディコンタクトによって示すのです。

わたし自身にもこんな思い出があります。薬についての知識も豊富な呪術師に頭痛を訴えたら、薬を処方してくれました。その際もまず儀礼です。呪術師は呪文を唱えながらわたしの額に水で濡らした薬草を貼り付け、そのうえから息を吹きかけました。やはりわたしの体に手で触れ、すべてがわたしに息のかかる距離で進行したのです。近代医療が未発達な村の生活で、人々が病気や怪

▼図3　魂を整える儀式

我から回復するためには、互いに体を触れ合わせる癒やしが欠かせないことを感じたのでした。

文化人類学の「知」

人間同士のコミュニケーションにおいて、息がかかるぐらいの距離で触れ合って言葉をかけることの大事さ、これを近年改めて強く感じています。オンラインでのコミュニケーションが当たり前な世の流れですが、人間の幸せにとって心身の健康を維持していくことの重要性はかわりません。人間はあくまでも動物ですから、そのコミュニケーションのあり方の本質は、息がかかるぐらいの距離で触れ合うこと、そして言葉をかけ合うことにあるのではないでしょうか。他者への共感はかなり身体的なものだとわたしは思っています。

もちろん距離が近いということは、親密さのいっぽうで、怒りや憎しみとも隣り合わせです。だから最初に紹介した『遠野物語』第十一話にあった、激しくヨメをいじめる母親に息子が鎌を振り上げるような血なまぐさい悲劇も起こりうるわけです。それを調整するのは、私たちの「知」の力なのではないかと思います。この「知」は、情報や知識と同じものではありません。もっと状況依存的で、身体的で、言葉を超えた共感に根ざしたものだと、わたしは考えています。

ここまで、わたしのフィールドワークの体験をお話ししてきました。冒頭で述べたように、文化人類学は、フィールドワークを通じて他者の理解を試み、その先に自分ひいては人間を知るための学問です。身をもって他者を知ろうとすることで、自分がどのように生きていくべきかの指針を得ることができ、よりよい生へと繋がっていくのではないかと思います。

Q&A

——文化によって人々の感情表現の方法も少しずつ違ってくると思うのですが、黒タイ族の人々は、悲しみや喜びなどの感情をどのように表現することが多いのでしょうか。

ベトナムは五四の民族を政府が定めている多民族国家です。生活圏が重なる住人同士でも、民族が違えばかなり感情表現の仕方は違うことがあります。無表情で、好奇心や喜怒哀楽をことばや表情や身振りであまり示さない民族もいれば、逆にかなり明確に表現する民族もいます。そのなかでも黒タイ族の人たちの感情表現の仕方は、比較的日本人に近いのではないかと思います。子どもたちははにかみやさんが多く、出しゃばるのは行儀が良くないとされます。みんなニコニコしていて、怒りなどは表現を抑える感じでしょうか。

少し話がそれますが、怒りを表現することは意外と難しいものです。とくに近年、日本だとハラスメントとして訴えられるのをおそれて、人前で怒りを表現することが難しくなっている気がします。

ベトナムの多数民族のキン族、いわゆるベトナム人は、日本人よりも明確に怒りを表現します。それで互いに喧嘩になることもありますが、喧嘩のなかにもこの表現の仕方はダメ、という作法があるものなのです。それぞれの文化で、やってはいけないことってあるんですよね。

現在、学校などでの言語教育で、怒りの表現を教えたり学んだりする機会はほとんどないのではないでしょうか。しかし、その文化でどのように怒りを表現するのかを知っておくことはとても重要なことです。喧嘩をしろという意味ではなくて、むしろ対話を促し、深刻な対立や断絶を未然に防ぐためにです。

わたしの思い出の授業、思い出の先生

大学で日本文学を専修していたわたしは、大学院入学以前に文化人類学の授業を履修したことがありませんでした。しかし単位取得とは関係なく、週に一度、早稲田大学にくるスチュアート・ヘンリ先生の授業にはモグりました。その日の昼休み、先生は文化人類学の勉強会も自主開催していました。それにも出席しましたが、勉強会の前後に英語論文のわからない箇所などを先生にかならず質問に行ったものです。先生は嫌な顔一つせず、しっかり時間をかけて解説し、日本語の細かいところまで添削してくださいました。自分が教員の立場になると、いかに学生思いの良い先生であったかをますます強く感じます。「よそもの」感が強くて学校などの制度や組織になじめなかったわたしが、大きく道を踏み外すことなく、いままでなんとかやってこられたのは、大事な時期にああいうすばらしい先生に出会えたからではないかと思います。

わたしの仕事をもっと知るための3冊

樫永真佐夫『道を歩けば、神話　ベトナム・ラオス　つながりの民族誌』（左右社）

樫永真佐夫『殴り合いの文化史』（左右社）

樫永真佐夫『黒タイ歌謡〈ソン・チュー・ソン・サオ〉　村のくらしと恋』（雄山閣）

暴力を学び落とす《アンラーニングする》

誰もが自分らしく安全に生きるためのアプローチを探して　坂上香

きょうは刑務所の話をします。みなさんにとって遠い話だと思うかもしれません。けれど、関係ないと思わないで、ちょっと自分とつなげてくれるとうれしいです。

わたしは刑務所の新しい更生のかたちに迫った『プリズン・サークル』▼というドキュメンタリー映画を作りました。舞台は島根あさひ社会復帰促進センター▼、一五〇〇人を収容する刑務所です。日本の刑務所のなかを撮った劇場公開映画は日本初です。

ここでは回復共同体ユニット、TCと呼ばれる取り組みをしています。TCでは四〇人の受刑者が二年間、被害者へのエンパシー、つまり共感を育むため、そして暴力のサイクルを断つためのプログラムに取り組みます。映画では、このTCを受ける若者の姿を追いました。

これまでにもわたしは刑務所や受刑者を取材した映像を作ってきました。わたしはみなさんくらいの年齢のときから、なぜ人は暴力的になるのか、と疑問

さかがみ・かおり　ドキュメンタリー映画監督。一橋大学大学院社会学研究科客員准教授、NPO法人out of frame代表。ピッツバーグ大学社会経済開発学修士課程修了。テレビディレクター、大学専任講師を経て、二〇一二年より映像作家活動に専念。劇場公開作品に『LIFERS　ライファーズ　終身刑を超えて』『トークバック　沈黙を破る女たち』『プリズン・サークル』など。著書に『ライファーズ　罪に向きあう』『プリズン・サークル』『根っからの悪人っているの？　被害と加害のあいだ』など。

に思い、暴力で傷つく人と、傷つける人とが、そのあとにそれぞれどうやって生きていくのか、そういうことを考えるようになっていったんです。そして、これを調査するうちに刑務所にたどりついちゃったという感じです。

わたし自身が中学生のとき、上級生と同級生から集団リンチを受けたんですね。すごく怖くて、長い間その心の傷は消えませんでした。誰も助けてくれなかった。また当時、家庭のなかでも生きづらさを感じていました。そうした気持ちは自分では抱えきれず、発散しないと生きていけない。それで家族でいちばん弱い立場にある弟に、ひどいことをいったり、ときには暴力も振るったりしてしまいました。わたし自身、被害を受けたし、それが暴力に転化してしまうということを体験してしまったんです。

「トラウマの放置が生む暴力のサイクル」

そもそも暴力とはなんでしょうか。平和学者のヨハン・ガルトゥング▼は「潜在的実現可能性（実現可能であったもの）と現実との間のギャップを生じさせた原因」と定義します。やれたはずだけど、現実はそうならなかった。そのギャップを起こした力のことだとしています。

ガルトゥングはさらに暴力を三種類に分けます。まず直接的暴力。加害者によって直接的に行使される暴力です。身体的または心理的な性質をもち、目に

▼**『プリズン・サークル』**
坂上香監督の二〇二〇年劇場公開のドキュメンタリー映画。官民協働の新しい刑務所「島根あさひ社会復帰促進センター」が日本で唯一導入する更生プログラム「TC（Therapeutic Community＝回復共同体）」に二年間取材し、TCを受ける四人の若者の変化を追った。二〇二〇年の文化庁映画賞文化記録映画大賞を受賞。同名の書籍は岩波書店より二〇二二年に刊行。

▼**島根あさひ社会復帰促進センター**
島根県浜田市旭町にある刑務所。二〇〇八年開所。運営の一部が民間事業者に委託される。犯罪傾向の進んでいない男子受刑者を対象にし、社会復帰に主眼を置く。

見える暴力、たとえば拷問、殺人、虐待や差別、いじめなどです。

次に構造的暴力で、これは基本的ニーズを妨げる構造によって起こる、見えにくい力とされています。人種隔離法や市民の服従を定めた法律、不公平な社会的条件、教育の不平等、劣悪な生活環境、貧困などです。たとえば災害が起きたとき、貧困層が十分な医療を受けられない、情報を得られず避難所に行けないなどで、助かるはずの命を落としてしまう場合があります。

三つめが文化的暴力で、これは直接的暴力や構造的暴力を、社会が道徳や伝統、慣習などによって許容し、正当化してしまうことを指します。これは人種差別や性差別、特定の民族を怖がるという態度や偏見として現れることが多い。学校でいうと、過剰な校則が長年浸透していて、それが校風だと思ってしまう、ということも当てはまります。

こうした暴力がなぜ生まれるのでしょうか。アメリカのジェームズ・ギリガン▼は精神科医として、もっとも凶悪とされる犯罪を犯した人たちを何十年にもわたって治療してきました。彼は「人は暴力を学び取っていく」としています。生きていくなかで、暴力的になる素養を育んでしまうという指摘です。

もうひとり、アリス・ミラー▼という精神分析医は「傷を放置することで、暴力は世代を超えて繰り返される」といっています。心の傷、精神的な傷をトラウマといいますが、これを放っておくと他人を傷つける他害や、自分への暴力である自害、場合によっては両方につながってしまうのです。

▼ヨハン・ガルトゥング
ノルウェーの平和学者。一九三〇年生まれ。平和学の父と呼ばれ、世界各地の紛争調停に携わった。貧困や差別といった構造的な暴力のない「積極的平和」を目指すべきだと提唱。二〇二四年歿。

▼ジェームズ・ギリガン
精神医学者。ニューヨーク大学教授。一九三五年生まれ。ハーバード医学校時代では、マサチューセッツ刑務所で二五年間にわたって犯罪者の精神医療に携わった。日本で出版された著書に『男が暴力をふるうのはなぜか　そのメカニズムと予防』がある。

他害には他人への物理的、精神的、性的、言語的暴力があります。自害は自傷行為や自死、それに薬物の使用や危険な物資の使用、依存症があります。また精神疾患も、高い割合で暴力が影響するとしています。

ミラーは、アドルフ・ヒトラーが子ども時代にトラウマを負っていく過程を分析しています。ヒトラーは厳格でヒステリックな父親、その父親に服従する母親、そして意地悪な叔母のもとで恐怖を味わい続け、自分らしい感情を失っていきました。ミラーは次のように解説します。「虐待を受けた子どもはそのことを体で記憶し、それは意識としては現れません。そこで自分自身を納得させるために、殴られたのは自分のためを思ってしてくれたのだ、原因は自分にあったからだと思い込もうとします。そうした子どもが親になったとき同じことが繰り返されます。自分の子どもに、自分が社会の役に立っているのは、殴られてしつけられて育ったからだといって、同じことをします。この心理的なねじれ、事実の逆転が何世代にもわたって続いています」。こうした暴力のサイクルは世界のあちこちで起こっています。

▼アリス・ミラー
心理学者、精神分析家。一九二三年生まれ。親のしつけや教育に暴力性がひそみ、犯罪者の多くが幼少時の虐待経験に囚われていることを指摘した。日本で出版された著書に『魂の殺人　新装版　親は子どもに何をしたか』など。二〇一〇年歿。

「思考、感情、行動の起源を学び落とす」

一度トラウマを負ったらどうしようもないのでしょうか。そうではなく、ちゃんと治療や支援を受けられれば、トラウマは薄まり、次の世代にトラウマを与えずに済みます。だからこそ、暴力のサイクルを断ち切る必要があるのです。

しかしどうやって断ち切ることができるのか。ここで「学び落とす」という考え方を紹介したいと思います。

みなさんもlearn「学ぶ」という英語は知っていると思います。そこに否定のunをつけたのがunlearn。学ばない、ではありませんよ。わたしはこれを「学び落とす」と訳します。自らの思考、態度、行動、感情、偏見の起源がどこにあるのかを突き止めるプロセスで、同時にそのプロセスのなかで、これは間違っているなとか、時代に合わないな、問題だなと気づいて認めて、新たな方法を学び直して身につけていく行為を指します。

unlearnはずっと前に鶴見俊輔▼という思想家が「学びほぐし」と訳していて、そちらがよく知られています。学びほぐしは、セーターを型通りに編んで、それを一度毛糸に戻してから、自分の体型に合わせて編み直していくようなものです。つまり学んだ知識を実際に使えるように解体して作り直すという意味合いがあります。

「学び落とす」は少しちがいます。元の毛糸ではどうしようもないとなれば、糸を足すし、ちがう糸に取り替える、という意味合いを含んでいます。この考え方で暴力のサイクルを断つ、学び落とすとはどういうことかを考える必要があります。

▼鶴見俊輔
戦後日本を代表する思想家。一九二二年生まれ。ハーバード大学哲学科卒業後に帰国し、従軍。京都大学助教授、東京工業大学助教授、同志社大学教授を歴任。プラグマティズムを日本に紹介した。一九六五年、小田実、開高健らと「べ平連」を結成。二〇〇四年、小田実、大江健三郎、加藤周一らとともに「九条の会」を発足。著書に『戦時期日本の精神史　1931〜1945年』『限界芸術論』など。二〇一五年歿。

「対話で人間的成長を促すTC」

わたしは学び落とすためにどんなアプローチがあるのかを一九九〇年代からずっと探して、それを映像にしてきています。なかでも有効だなと思われるふたつ、TCとRJを紹介します。

先ほどの島根あさひ社会復帰促進センターでの取り組みがTherapeutic Communityといい、回復共同体と訳しますが、略してTCと呼びますね。TCは問題を抱える当事者が共同生活を送り、さまざまな役割を担ったり、対話を行ったりすることで人間的な成長を促し、問題の回復を試みる場です。

わたしは、アメリカでTCを実践するアミティという団体を取材して、映画『LIFERS　ライファーズ　終身刑を超えて』▼を作りました。アミティの施設では、アディクション、すなわち依存症の人や受刑者が共同生活を送り、対話を通じて自分の過去や犯した罪に向き合っています。

アミティの創設者、ナヤ・アービター▼は、自身も刑務所に入った経験がありますが、こういっています。「私たちのコミュニティは、私たちが経験したほんとうのことを、怖れず、物理的かつ精神的に安全に語れるサンクチュアリです。そこで私たちがかつてどういう人間であったのか、そして現在どういう人間であるのか、そして明日は何になろうとしているのかを、共に探るのです」。アミティの目的、特徴は人間的成長を目指すことにあります。再犯防止を掲げ

▼**『LIFERS　ライファーズ　終身刑を超えて』**

坂上香監督による二〇〇四年劇場公開のドキュメンタリー映画。カリフォルニア州のドノバン刑務所で、ライファーズと呼ばれ、更生不可能とみなされた終身刑の受刑者たちが、自分が犯罪を犯した理由や罪の償いを模索する姿をとらえる。ニューヨーク国際インディペンデント映画祭海外ドキュメンタリー部門最優秀賞受賞。

▼**ナヤ・アービター**

更生施設アミティの創設者の一人。一九五二年生まれ。自身も薬物依存、刑務所収監の経験をもち、アディクションや暴力、差別によって疎外された人を支援する活動として、一九八一年にアミティを創設。対話によって人間的成長を促すTCのプログラムを牽引した。二〇二二年歿。

るのではなく、人間的に成長をすればそもそも犯罪を起こさなくなるという逆の発想ですね。

　このアミティのモデルを島根あさひのＴＣユニットは採用しています。四〇人の受刑者が訓練生としてプログラムに参加します。民間の支援員もスタッフとして入りますが、みんな対等な目線でお互いのことを話し合う関係性です。大人数では込み入った話がしづらい場合には、四人くらいのサークルという形をとる。さらに、セミナーという形式では、カリキュラム係の担当になった受刑者自らが、カリキュラムに沿った授業やワークショップをリードし、全体の様子を見て助言することもあります。

　従来の刑務所だと、刑務官と呼ばれる職員がいて、受刑者を一方的に監視、管理して、もし問題や違法行為があれば懲罰するしくみです。ＴＣではみんなが対等で、関係性がまったくちがっていることがわかると思います。

「被害者を中心に問題解決を話し合うＲＪ」

　いままで加害者へのアプローチとしてＴＣの話をしてきました。次は被害者を中心に置きつつ、被害・加害の両者に立って、修復的司法、Restorative Justiceを縮めてＲＪと呼ばれるアプローチを紹介します。ＲＪは、犯罪に対して処罰するのではなく、「癒やしと責任をとらせる」という考え方です。

従来の司法制度では、事件が起こると被害者が司法に訴えます。司法は犯罪を国家に対する違法行為ととらえて、加害者に罪があるかどうかを判定して、罪があると判定したなら加害者を罰するという考え方です。

しかしＲＪでは、犯罪は損害や害悪であり、それに悪影響を受ける人がいるととらえます。この考えのもと、被害者を中心にして、加害者と、事件に関係する人や事件が起きた地域の住民などが集まって対話をすることで、起こった問題の修復を試みるのです。

具体的な方法はいろいろありますが、ＲＪの父とも呼ばれるハワード・ゼア▼が特徴を四つ挙げています。①事件で受けた傷を癒やし、事態を望ましい状態に戻す。②事件の関係者たちが参加する。③事件で生じた損害やニーズ、責任と義務を全員で明らかにする。④今後の展望を模索する。

たとえば、人の家の壁に落書きをすると器物損壊の罪になります。通常は裁判を行い、犯人を刑務所に入れるのか、罰金をいくらにするのかを決めます。この従来のやり方では効果がないと思われた場合、欧米ではＲＪの手法を使うことがあります。まず被害者が、落書きをされてどんな気持ちになったかを話します。それから加害者が、罪を認めている場合に限りますが、自分はこんな軽い気持ちでやってしまったというような話をする。さらに、関係する人がどんな被害を受けたかを話していくなかで、じゃあ元に戻すにはどうすべきかとなる。加害者が掃除をするのか、壁を作り直す方法や金額を調べて提示するの

▼ハワード・ゼア
犯罪学者。刑事司法問題の実践家、著述家として活動。米国初の「被害者加害者和解プログラム」設立にかかわり、修復的司法の先駆者として世界的に知られている。日本で出版された著書に『犯罪被害の体験をこえて生きる意味の再発見』など。

かなど、被害者のニーズを聞きながら検討します。

ＲＪはカナダで裁判の代わりにしようと始まりましたが、いまでは世界に広がって、裁判所のなかで行われたり、司法が民間に委託して行ったりと、かたちもどんどん変わってきています。服役している加害者が謝罪をしたい、あるいは被害者が話を聞きたいという場合に、刑務所のなかで行われることもあります。

日本の刑務所は変わるか

日本の刑務所ではＴＣもＲＪもまだ広がっていません。「懲らしめ」の考えが強く、日本の刑務所の九割以上で、受刑者は懲罰の一部である刑務作業をさせられています。ようやくこれが二〇二五年六月から変わる予定です。これまでの懲役、禁錮がなくなり、拘禁刑▼に統一されるのです。拘禁刑では刑務作業は義務ではなくなって、更生に力を入れるといわれていますが、実際にはわかりません。

刑務所を出所した人が、罪を再び犯して刑務所に再入所する率が、ＴＣユニットの受刑者は一般の受刑者の半分以下になっています。効果が認められているんですね。けれど、日本にいる約四万人の受刑者のうち、ＴＣユニットを受けられるのはたった四〇人。とても少ないですよね。

▼拘禁刑
二〇二二年六月一三日に可決した改正刑法で定められた刑罰。懲役刑と禁錮刑を統合する形で創設された。懲役刑と異なり、拘禁刑では刑務作業が義務ではなくなり、再犯防止を重視するため、各自の特性に合わせて、薬物犯罪の更生プログラムや学力向上支援、認知症予防のための福祉支援などの柔軟な対応が可能になる。

また、ＲＪに参加した人の満足度はとても高くて、どの取り組みを見ても八割から九割以上が満足したという結果があります。しかし日本でＲＪを導入している刑務所は、わたしの知る限りでは島根あさひのみ。しかもロールプレイにとどまっています。実際の被害者と話したり、謝罪したりすることはありません。

わたしはこの三〇年、日本と海外の刑務所を取材してきました。いちばん課題だなと思うのが塀の内側と外側がとても遠いことです。

その距離を縮めるために、二〇二〇年から、わたしは自分が代表をするＮＰＯで、少年院にいる人と市民とで交流してもらうワークショップを始めました。最初の年は、ワークショップに参加する市民と受刑者とでお互いに歌を作って、それを聞き合って交流してもらいました。少年院にいる少年たちはヒップホップのラップが大好きなんですね。二年めは市民の参加者と少年院を実際に訪れて、一緒に歌を作って歌いました。ダンスも好きとわかったので、ヒップホップダンサーを講師に呼んでみんなで踊るということも始めました。

三回めでは、犯罪の被害者、服役経験のある人、そしてボランティアが少年院に入り、少年たちと対話したり、ラップを歌ったりする機会を作りました。修復的司法の考えをアレンジしたワークショップです。この取り組みを映画にしようと、いま編集しているところです。映画では残念ながら隠さないといけませんが、少年たちはとてもいい顔をするんですね。少年院は刑務所と同じように、ものすごく厳しく管理、監視されて、外から隔離されています。だから自由に表現し、外の人とつながれるこのワークショップで、彼らは抜群の表情を見せるのだと思います。

刑務所を出たあとに必要なもの

刑務所や少年院を出たあと、何が必要になると思いますか。衣食住が必要ですよね。それを保つための生活費、仕事に健康。それから、出所した人の多くは仮釈放状態なので一定期間、保護司や保護観察官に自分がいまどうしているかを報告する義務があります。

でも人間はこれだけでは足りないですよね。人とのつながりや、よりよく生きていくための希望や夢、趣味のような楽しみもいります。人間的成長も続けていく必要があります。被害者がいるなら、償いも忘れてはいけません。刑務所を出たあともいろいろなことが必要になるのです。

最後にわたしが尊敬するニルス・クリスティー▼という犯罪学者のことばを紹介して終わりたいと思います。

「暴力の前に、できれば暴力の代わりに、また暴力の後でも、対話のための場を設定する試みがなされるべきである。そして、なぜ彼らがそれをしたのかを理解しようとし、その行為を別の観点からみる努力をし、共通の基盤を探す試

▼ニルス・クリスティー 社会学、犯罪学者。一九二八年生まれ。オスロ大学教授。厳罰主義に反対し、社会復帰を主眼にしたノルウェーの刑務所制度の礎を築いた。日本で出版された著書に『人が人を裁くとき 裁判員のための修復的司法入門』など。二〇一五年歿。

みをすべきである。そうしなければ、どうやって暴力を止めることができるだろうか」

Q&A

——アミティの取り組みなどはすばらしいと思いますが、犯罪が起きる前に予防としてできることはあるのでしょうか。

予防すべきというのはもっともです。でも暴力はずっとある。しかもDV（家庭内暴力）のように、そのことばが知られる前は内輪もめと片付けられてしまっていたようなものもある。それならまず暴力だと認定する必要がありますよね。認定したらそれがなぜ起きるのかを考える。そして暴力がくり返されないためにも、被害を受けた人をケアする。それが不可欠です。実際に起きていることに社会が対応していかないと、予防にもなりませんから。

わたし自身、これだけ勉強して、頭ではわかっていながら、子どもに怒鳴ったり手を出したりしたことがありました。どうして自分がそうなってしまうんだろうと考えました。そうしたら、映像を作り、講演会をして、家事や子育てもする、そのすべてをひとりで抱えこむのは無理があったんだなと気づきました。その焦りが子どもに向いてしまった。たとえばノルウェーなら、お母さんたちの自助グループがあったり、話を聞いてくれるホットラインがあったり、受け皿になってくれます。それがない日本ではどうでしょう？　まさに構造的な問題といえるのでは？　なので暴力を断罪するだけでなくて、どうして暴力を振るってしまうのかを、みんなで考えることが大切だなと思います。

わたしの思い出の授業、思い出の先生

Q1：思い出の授業を教えてください

残念ながら、中高時代で記憶に残るような授業はありませんでしたが、大学、大学院レベルではたくさんありました。その一つが少人数制の社会教育学の授業です。教授が『被抑圧者の教育学』の著者である教育思想家のパウロ・フレイレの研究者で、ドキュメンタリー映画を毎回視聴することに惹かれて履修したところがありました。教育学と繋がりがあるようには見えない作品ばかりだったのですが、じつは「学び」の思想や手法のようなものがそれぞれに横たわっていて、学生自身がその繋がりを発見することを求められていたのです。

Q2：その授業が記憶に残っている理由はなんですか？

映画視聴後のディスカッションが熱かったことを鮮明に覚えています。ゼミ生はスペイン、フランス、アメリカ、パレスチナ、そして日本と全員が異なる文化的背景を持っていたので、意見が真っ向から割れたり、激しい口論になることもしょっちゅうで、授業後も場所を移動して延々と議論するのですが、相手につかみかかって喧嘩になるのを止めに入ったこともあります。映画は人をこんなにも熱くするのだという可能性と怖さを同時に知った授業でした。

Q3：その授業は人生を変えましたか？

明らかに！　ドキュメンタリー映画監督になったきっかけの一つが、この授業だったと思っています。

わたしの仕事をもっと知るための3冊

坂上香『根っからの悪人っているの？　被害と加害のあいだ』（創元社）

坂上香『プリズン・サークル』（岩波書店）

坂上香『ジャーニー・オブ・ホープ　被害者遺族と死刑囚家族の回復への旅』（岩波現代文庫）

第3章

多様性の背景

ハワイから考える「アメリカ」

吉原真里

よしはら・まり
アメリカ文化研究者。一九六八年、ニューヨーク生まれ。東京大学教養学部卒業後、米国ブラウン大学博士号取得。ハワイ大学アメリカ研究学部助教授・准教授を経て、現在同大学教授。二〇二四年より東京大学グローバル教育センター教授兼任。専門はアメリカ文化史、アメリカ＝アジア関係史、ジェンダー研究など。著書に『親愛なるレニー　レナード・バーンスタインと戦後日本の物語』（ミュージック・ペンクラブ賞、日本エッセイスト・クラブ賞、河合隼雄物語賞受賞）、『不機嫌な英語たち』など。

日本人には観光地として馴染み深いハワイですが、みなさんはハワイについてどんなイメージを持っていますか？　豊かな自然環境や、フラダンスなどハワイの伝統的な文化を思い浮かべる方も多いと思います。わたしは一九九七年からハワイ大学でアメリカ文化史の研究をしています。

ハワイは現在アメリカ合衆国の一部で、もっとも新しい州です。アメリカ合衆国の誕生は一八世紀、イギリスの圧政に対し北はマサチューセッツから南はジョージアまでの一三の植民地が結束して戦争を起こし、一七七六年七月四日にアメリカ合衆国の独立宣言が発せられました。七月四日は独立記念日で、各地で盛大なパレードが行われるなど、アメリカではいまも重要な祝日です。

多様な人種の人たちが暮らすアメリカ合衆国のなかでも、ハワイはとくに多文化主義の州として知られています。日系人の割合も高く、ハワイに行かれたことのある方はあちこちで日本人のような名前を目にしたことも多いのではないでしょうか。たとえばオアフ島に着いてまず降り立つホノルル空港は、正式名称をダニエル・K・イノウエ国際空港といいます。

日系移民の活躍

ダニエル・K・イノウエ▼さんは、日系アメリカ人として初めて米国下院議員、上院議員を務めた、ハワイの歴史においても、日系アメリカ史においても重要な人物です。

彼は日系二世としてホノルルに生まれ育ちました。外科医を志ざしハワイ大学で医学を学んでいたころに真珠湾攻撃▼が起き、彼は日系人だけで構成されるアメリカ陸軍第四四二連隊▼に志願し戦地に赴きます。そしてヨーロッパ戦線で功績をあげますが、イタリア戦線にて負傷し右腕を失ってしまいます。

終戦後、外科医への道は諦めましたが、ハワイ大学で政治学と経済学を学び、卒業後はジョージ・ワシントン大学のロースクールに通い法律を学びました。一九五四年、当時はアメリカの準州だったハワイの議会選挙に立候補し当選、その後アメリカの下院議員としても当選を果たします。一九五九年に立州化したハワイの政治界でキャリアを重ねた彼は、一九六三年に日系移民として初のアメリカ合衆国上院議員になり、亡くなるまでの五〇年あまりの間、アメリカでもっともキャリアの長い政治家として議員を務めました。戦後ハワイにおける日系人の活躍を象徴するような存在で、その功績を称える意味でホノルル

▼**ダニエル・K・イノウエ**
アメリカ合衆国の政治家。一九二四年生まれ。父は福岡、母は広島出身、ハワイ生まれの日系二世。一九五九年、日系人として初めての連邦議会下院議員に当選。後、連続九期上院議員を務め、日米の架け橋として尽力した。二〇一一年、日本政府より桐花大綬章が贈られる。二〇二四年にその功績を称えるミュージアムが福岡県八女市に設立される。二〇一二年歿。

ル空港には彼の名前が付けられているというわけです。

また空港には州知事の写真が「Welcome to Hawai'i」という言葉とともに掲げられています。現在のジョシュア・グリーン州知事の前には、二〇一四年から二〇二二年まで州知事を務めたデイビッド・イゲさんの写真が掲げられていました。彼の父親も、ダニエル・K・イノウエと同じくアメリカ兵として従軍し第四四二連隊に志願した人です。

ワイキキの街中に行くと、ABCストアというコンビニエンスストアがどこにでもあります。ABCストアを経営するコササファミリーもまた日系の一家です。一九一七年にABCストアの前身となる小さなお店をホノルルで開業し、戦後観光業の盛り上がりを見込んで一九六四年にABCストアの第一号店をワイキキに開業します。日本では東京オリンピックが開催され、海外旅行が自由化された年です。高度経済成長を象徴するようなまさにその年に、日系移民であるコササファミリーがABCストア第一号店を誕生させたことも、日本とハワイ、アメリカ、世界の流れを象徴する出来事だといえるでしょう。

「日系移民の歴史」

このようにハワイでは日系移民とその子孫が数多いのですが、日本からハワイへの移住がはじまったのは明治元年のことです。当時のハワイはサトウキ

▼真珠湾攻撃
一九四一年、大日本帝国海軍が、アメリカ合衆国のハワイ準州オアフ島真珠湾にあったアメリカ海軍の太平洋艦隊と基地に対して行った攻撃。日本との戦争が始まると、アメリカ西海岸では日本人・日系人約一二万人が強制収容されたが、ハワイ在住の日系人のなかでも指導者とされる教育関係者やジャーナリストはアメリカの内陸にある強制収容所へ送り込まれた。

▼第四四二連隊
第二次世界大戦中のアメリカ陸軍が有した連隊戦闘団。ほぼ日系アメリカ人により構成される。アメリカ合衆国史上もっとも多くの勲章を受けた部隊としても知られる。

ビ産業が盛んで、プランテーション農場で働く労働者を海外に求めたのです。一九世紀末にハワイがアメリカの領土となり、一九〇七年には日米政府間の紳士協定が成立、さらに一九二四年のアメリカ移民法によって労働移民の入国が厳しく規制されるまでの間、おもに広島や山口、岡山などの中国地方から、約二二万人もの日本移民がハワイ列島に渡ってきました。当初は出稼ぎのつもりでやって来たものの、過酷な労働に対し賃金は安く、多くの人は帰国が叶わずハワイに定住することになります。移住者のなかには写真や手紙のやりとりで結婚を決め、日本から妻を呼び寄せて家庭を築く人もいました。こうしてやってきた日本女性は「写真花嫁」▼と呼ばれます。

一九四一年、真珠湾攻撃を経て太平洋戦争が始まるころには、日本人・日系人はハワイの人口の約四割を占めていました。しかし当時の法律によって、移民一世はどんなに苦労して働き社会に貢献してもアメリカ国籍を取得することができませんでした。いっぽうハワイで生まれ育ちアメリカ国籍をもつ二世の多くはアメリカ人としてのアイデンティティをもつことが多く、ひとつの家庭のなかでも世代間で大きな葛藤がしばしば起こりました。

第二次世界大戦では四千数百人以上の日系人が日系部隊に志願しますが、その内の二六八六人はハワイ出身の日系二世です。終戦後、彼らの多くは兵役についた者に与えられる特典を利用して大学に進学したり家を購入したりして社会的上昇を果たし、ハワイの社会や経済に貢献する役割を担うことになります。

▼デイビッド・イゲ
アメリカ合衆国の政治家。第八代ハワイ州知事。一九五七年生まれ。二〇一四年、沖縄にルーツを持つ初の州知事として就任し二〇二二年まで務める。

▼写真花嫁
一九世紀末から二〇世紀初めにかけてハワイやアメリカ西部に移住した男性と、写真や手紙のやりとりで結婚を決め、日本から移住した女性たちのこと。

「フィリピン系移民」

現在、ハワイの人口に占める日系人の割合は一七％で以前と比べると低く、いまはフィリピン系移民が白人に次いで二番めに多い約二五％を占めています。一九〇六年から三四年にかけて、約一二万人のフィリピン人がサトウキビ農場で働くためにハワイに渡りました。日本からの移民が少なくなってからも、フィリピンの政治的情勢もあり移住は続き、一九六五年にアメリカの移民法が大幅に改正されて以降は年間四万人がアメリカに移住し、その一割がハワイに定住しています。

戦後サトウキビ産業は衰退し、代わりに軍事産業や観光業が栄え、ホテルの清掃員や庭師などのサービス業に従事する労働者が増えていきました。ホテルの従業員の多くは労働組合に加入していて、経営側に賃金の値上げや労働環境の改善を交渉しますが、なかなか要求が通ることは難しく、ストライキに至ることもあります。日本からハワイ観光に行くと宿泊先のホテルで従業員がストライキ中だったといった話も、それほど珍しくはありません。

日系やフィリピン系の移民に限らず、ハワイにはアメリカ大陸、ヨーロッパ、そしてアジアから多くの移民が渡ってきました。人種や民族間の婚姻や交流も多く、ハワイは他民族・多文化が共存している土地として知られるようになるわけです。でも、そのような謳い文句からは見えない、ハワイの歴史と現在があります。

ネイティブ・ハワイアンの歴史

一七七八年にイギリスの船長ジェームズ・クック▼に率いられた船がハワイにやって来るまで、ハワイ列島の存在は西洋世界にこそほとんど知られていませんでしたが、約六〇万から六五万人のハワイ先住民（いまはネイティブ・ハワイアンと呼ばれます）が農業や漁業を営み、他の太平洋諸島と交易をしながら暮らしていました。クック船長到来以降は欧米から次々に船がやってきてさまざまな物資や動植物がもたらされ、植民者も流入するようになります。

クック船長が到来した当時のハワイ列島は三人の王によって分割統治されていましたが、一八一〇年にカメハメハ大王▼がハワイ王国を統一します。カメハメハは優れた外交手腕を持ち、ハワイに寄港した欧米の船から軍事顧問を迎え入れ、武器の知識や技術を学び戦いに利用したのです。

貿易や捕鯨船の補給基地として栄える一方、これまでハワイにはなかった天然痘やコレラなどの疫病が蔓延するようになり、ネイティブ・ハワイアンの人口は減少の一途を辿ることになります。一八二〇年に最初のキリスト教宣教師がハワイにやってくると、それから宣教師たちは宗教だけでなく欧米の価値観に基づいた生活様式をネイティブ・ハワイアンの人々に押し付けました。また

▼ジェームズ・クック
イギリスの海軍軍人、航海者、探検家。一七二八年生まれ。一七六八年にイギリス政府から南太平洋の未知の大陸探索を命じられる。一七七〇年、第一回めの航海で後のオーストラリアとなる大陸を発見し、一七七八年の第三回めの航海でハワイ列島を発見するが、一七七九年にハワイ島に戻った際に先住民との間にトラブルが起き命を失ったとされる。一七七九年歿。

▼カメハメハ大王
ハワイ王国初代国王。一七五八年生まれ。「カ・メハメハ」とはハワイ語で「孤独な人」や「静かな人」を意味する。一八一九年歿。

太平洋貿易の拠点となったハワイには白人の資本家たちもやってきて、鉄道を引いたり銀行をつくったりと次第に影響力を強め、ハワイ王国政府にも携わるようになります。

ハワイの西洋化、資本主義化は急速に進み、一八四八年の土地再分配によって土地の私有化が進むと、白人資本家たちは買い取った土地を次々と農場に作り替え、一八六二年までの間にハワイ全体の七五％が外国人の所有する土地となります。

さらに一八九三年にはアメリカの軍隊に支援された白人資本家たちが政治力・経済力のさらなる拡大を図ってクーデターを起こし、ハワイ王朝は転覆します。クーデターへの米軍関与は不正であると判断したクリーブランド大統領の反対にもかかわらず、一八九八年にハワイはアメリカ合衆国に併合されます。第二次世界大戦後には政財界のリーダーたちがハワイの政治的地位を強化するために立州化を求め、一九五九年にハワイはアメリカでもっとも新しい五〇番めの州となりました。

「ハワイは多文化主義で、あらゆる民族の人が入り交じって平和に暮らしている」それがハワイの謳い文句になっていますが、その背景には植民地化と資本主義化、そして軍事化によって、自らの土地や水源を略奪され、文化や生活様式を踏み躙られたり搾取されたり歪曲されたりしてきたネイティブ・ハワイアンの人たちの歴史と現在があることを理解しなくてはなりません。

「We are not American!」

一九六〇年代にアメリカ本土で公民権運動や先住民運動が盛り上がりを見せるようになると、ハワイでも植民地化により抑圧・差別されてきた歴史を問い直し、ネイティブ・ハワイアンの主権回復を訴えるハワイアン主権運動が起こります。

ネイティブ・ハワイアンへの正当な土地使用権の分配を訴えたり、観光業や軍事産業による土地開発に反対したり、ハワイアンの教育や雇用の正当な機会を要求するなどの運動が盛んになります。また、キリスト教宣教師により禁じられていたために使用者が激減していたハワイ語やハワイの伝統的な文化、伝統様式での農業や漁業の復興が訴えられました。

このハワイアン主権運動のシンボルとして、ハワイだけではなく世界中に知られた女性がハウナニ＝ケイ・トラスク▼さんです。彼女はハワイのオアフ島で育ち、シカゴ大学とウィスコンシン大学で政治学や経済学を学び、ブラック・パワー運動やフェミニズム運動に刺激を受けます。

資本主義と人種差別の相関関係を学んだのち、一九七七年にハワイに戻った彼女はProtect Kahoʻolawe ʻOhana（PKO）運動に参加します。これは第二次世界大戦中に米軍に接収され、戦後も軍事演習場として使用され続けてきたカホオラヴェ島を取り戻すために、運動家たちが乗り込み身を挺して砲撃を止めさ

▼ハウナニ＝ケイ・トラスク
ハワイ主権運動のリーダー、教育者、作家、詩人。一九四九年生まれ。ハワイ先住民運動指導者のひとりとして、国家内国家を目指した主権回復運動に取り組んだ。二〇二一年歿。

せた運動です。彼女は妹のミリラニ・トラスクさんとともに運動に参加し、やがてハワイアン主権運動の強力なリーダーとなります。
　彼女が行った抗議運動のなかでもっとも影響力を持ち、歴史に残る演説があります。ハワイ王朝が転覆されてから一〇〇年が経った一九九三年一月一七日、ハワイでは一万五〇〇〇人以上の人々が集まり抗議集会が開かれていました。彼女の演説はその抗議運動のクライマックスとして、ホノルルの中心部にあるイオラニ宮殿の円形広間にて行われました。ハワイアンの伝統的な衣装を身にまとった彼女は拳を振り上げ、断固とした声でこういい放ちます。

「I am not an American! I am not an American! I am not an American! I am not an American! I am not an American!」

「わたしはアメリカ人ではない」と間髪を入れず立て続けに五回繰り返したのち、彼女はさらに声を張り上げ「We are not American!」と四回繰り返しました。彼女が一息でそういって間を置くと、聴衆からは歓声や拍手が湧き起こりました。
　彼女は聴衆に向けて「主権とはなにか」を訴えました。主権とは、ハワイアンとしての誇りや気持ちの問題ではなく、自らの政府を持ち、自らの国家を持つことである、と。白人の価値観で押し付けられた社会構造に対し、奪われてしまった主権を取り戻すために闘わなければいけないと。彼女は、白人のアメリカ人やヨーロッパ人だけではなく、日系移民やその子孫も含め、ネイティブ・ハワイアンの土地や文化を奪ってきた社会構造全体に対して声をあげ、糾弾したのです。

彼女の抗議運動は多くのネイティブ・ハワイアンやその運動を支持する人々の尊敬を集めた一方で、彼女に対するバックラッシュもまたきわめて大きいものでした。

アクティヴィストであると同時に政治学者でもあった彼女はハワイ大学でも教鞭をとっていましたが、大学側は彼女の授業内容や服装、発話のスタイルまでも取り締まろうとし、不平等な授業の割り当てを行うなど明らかな差別的処遇をとりました。この処遇は彼女個人への攻撃ではなく、制度的差別であることを理解した彼女は、大学のような教育機関においても人種差別や性差別が行われていると公の場で糾弾し、大学側に対し不服申し立てを行いました。その結果、彼女はハワイ大学のハワイ研究センター長に任命され、研究業績によるテニュア▼を取得しました。

彼女は二〇二一年の七月三日に亡くなりましたが、彼女が身をもって示したハワイアン主権運動のレガシーはいまなお脈々と受け継がれています。

▼テニュア
終身在職権。教員の、自由で安定した教育研究活動を保障するための制度。

ハワイから「アメリカ」を考える五つの問い

ハワイから考える「アメリカ」というテーマでお話ししましたが、最後に日本に暮らすみなさんがハワイについて考えるときに念頭においてほしい五つの問いをお伝えします。

・ハワイは「アメリカ」なのか

ハワイがアメリカ合衆国の一部になるまで、そしてそれからの歴史を振り返って、ハワイを「アメリカ」の一部ととらえることにはどんな意味や問題点があるか。

・アメリカ合衆国の独立は記念・祝福すべきものなのか

現代においてアメリカ合衆国の独立を祝福しているのは誰で、具体的になにを祝福しているのか。アメリカ合衆国の独立を祝福しない人々がいるとすれば、それは誰で、どんな理由か。

・アメリカの「多文化主義」が前提としているものはなにか

多文化主義という言葉の陰に隠されてしまうものはなにか。「多文化」というカテゴリーにはすべての文化が対等に存在しているのか、それともそこから排除されたり周縁化されたりしている文化があるのか。

・日本からハワイに訪れる人に見えるもの、見えないものはなにか

日本からハワイを訪れたときに、見えるものや経験することと、今日お話ししたハワイの歴史や社会背景は、どんな関係があるか。日本からの観光客の目にはあまり見えない事柄があるとすれば、なぜそれが見えないのか。

・ハワイにおける日本人、そして日系人の位置付け、役割とはなにか

日本人や日系人はハワイとの関係をどう考えるべきなのか。日本からハワイを訪れる際に、どんなことを頭におくべきなのか。

みなさんがハワイやアメリカを訪れたり、かかわる機会があったときに、この五つの問いを持って接して欲しいと思います。

Q&A

――日本での政治運動となると議員に当選するための選挙運動がまず浮かびます。ハウナニ＝ケイ・トラスクさんの運動は選挙運動とは異なると思いますが、実際のハワイ社会にどういった影響を与えたのでしょうか。

彼女の運動のインパクトは、選挙という領域を大きく超えた、より広義の「政治的」なものです。

そして、研究者・教育者として彼女が与えた影響は計り知れません。

ハワイでは長い間ハワイ語が使用されていませんでしたが、彼女が牽引したハワイアン主権運動により、ハワイ語やハワイの歴史や文化を学ぶ学生はとても増えました。演劇学科ではすべてハワイ語の演劇が学生たちの手によって上演されたりもしています。いまのハワイ大学では「学びのための先住ハワイアンの場」となることを大学のミッションのひとつとして掲げていますが、研究・教育面でのそうした流れは、確実にハワイの社会の重要な一部になっていると思います。

わたしの思い出の授業、思い出の先生

中学・高校時代に好きだった科目が古文でした。よく意味もわからないながらも、古文のたおやかな字面に惹きつけられました。平安時代には歌を詠んで送るのが求愛の方法だったと説明されれば、自分が十二単を纏った姫のような気分になり、「ずむじすしむるましまほしさすらる……」とおまじないを唱えれば、下校時にバス停で待ち構えている学ラン姿の男子生徒ではなく、さらさらと和歌をしたためる麗しきおのこの胸のなかに飛んでいけるような気がしていました。

そんな錯覚を与えてくれた鎌田先生は、ちょっと浮世離れしたエレガンスを漂わせた女性でした。私たち女子中学生が古文をダシにして授業中恋愛談義で盛り上がるのに、先生はやさしく付き合ってくださいました。「伊勢物語」の単元が終わると、物語にヒントを得たエッセイを書こうということになり、クラスで文集を作るのを、先生は嬉しそうに手伝ってくださいました。

大学進学以降は、古文とはまるで関係のない分野に進みましたが、日本語という言語の長い歴史と文化への思いは、あの授業で培われたような気がしています。

わたしの仕事をもっと知るための3冊

吉原真里『親愛なるレニー　レナード・バーンスタインと戦後日本の物語』(アルテスパブリッシング)
吉原真里『不機嫌な英語たち』(晶文社)
和泉真澄・坂下史子・土屋和代・三牧聖子・吉原真里『私たちが声を上げるとき　アメリカを変えた10の問い』(集英社新書)

科学技術分野における
ジェンダード・イノベーション

佐々木成江

わたしの専門は分子生物学です。ミトコンドリアの研究を大学院の学生のころからずっと続けています。これまでに在籍していたお茶の水女子大学や名古屋大学では、女性のキャリア支援にもかかわってきました。

女性の研究者には、出産後に研究を諦めてしまう人も多く、わたしも子どもを産んでも研究を両立できるのかと悩んだ時期もありました。しかし、当時在籍していたお茶の水女子大学の研究室の教授の発案により大学に保育園を作ることになり、そのお手伝いをしたことをきっかけに、両立するためのしくみを自分たちで作ればいいと思うようになりました。名古屋大学に移ったときには、子どもが小学生になるので大学内に学童保育を、また、子どもを連れて大学に来られるように育児支援室や、病後児保育室も作りました。

では、研究者以外の女性の活躍について日本全体の状況としてはどうでしょうか。世界経済フォーラム▼が毎年発表しているジェンダーギャップ指数▼というものがあります。政治・経済・健康・教育の分野で男女平等になっているかを

ささき・なりえ
東京大学特任准教授、横浜国立大学ダイバーシティ戦略推進本部客員教授・学長特任補佐。名古屋大学、お茶の水女子大学等を経て、現職。名古屋大学では理学系研究科生命理学専攻准教授、お茶の水女子大学ではジェンダード・イノベーション研究所の設立に尽力し、同研究所の特任教授を務めた。内閣府男女共同参画会議の計画実行・監視専門調査会委員も務める。

スコア化したもので、日本は二〇〇六年に一一五ヶ国中七九位、二〇二三年では一四六ヶ国中で一二五位です。参加国数が増えていて、順位だけ見ても比較できないので、指数がどれだけ上昇したかをG7の国々と比較して見てみましょう。

二〇〇六年から二〇二三年までの指数を見ると、日本は〇・〇〇二の上昇です。二〇〇六年に日本と同じくらいだったフランスは、全体で一位の上昇で〇・一〇四、日本の約五〇倍です。日本はいまのペースだと男女平等になるには七〇〇年かかる計算になります。室町時代から現代までの期間がかかるということです。

なぜ女性の活躍が必要か

ジェンダーギャップ指数をなぜ世界経済フォーラムが発表しているのかというと、女性の活躍が経済に直結してくるからです。というのは、企業の取締役に女性がいる企業は、いない企業と比べると株式パフォーマンスが一・四倍高いことがわかっています。科学技術の分野でも、男性のみのチームよりも男女混合のチームのほうが、発明した特許の経済価値がほぼすべての分野で高くなることがわかりました。

これは女性が優秀ということではなく、いろいろな人の意見が入ることで生

▼世界経済フォーラム
グローバルかつ地域的な経済問題に取り組むために、政治、経済、学術等の各分野における指導者層の交流を目的とした独立・非営利団体。世界各国の千を超える企業や団体会員からの寄付金で運営されており、ダボス会議と通称される年次総会の開催のほか、数多くの比較調査を発表している。

▼ジェンダーギャップ指数
世界経済フォーラムが毎年発表している世界におけるジェンダー格差指数。政治・経済・教育・健康について、男女の間の格差を数値化したもので、平等であれば、一・〇〇〇、不平等であれば〇・〇〇〇に近づく。この数値から各国のジェンダー平等達成度の順位をつける。

まれる多様性の効果なのです。『女性研究者支援政策の国際比較』▼の序章にはこのように書かれています。「不平等をなくせば多様化が進む。そして、問題の発見と解決に多様な経験と多様なアプローチが存在することで、創造性は高まりイノベーションが生まれる。科学技術分野における女性の参画は数の上でも、質の上でも多様性確保のために必然なのである」。

ジェンダード・イノベーションとは

では科学技術分野ではジェンダーギャップをどう克服しようとしてきたのでしょう。アメリカでは一九八五年頃から、まずは女性の数を増やそうという活動が出てきました。しかし数が増えたとしても、そもそも男性中心に作られた環境では孤立してしまったり、活躍ができなかったりする。そこで二〇〇一年、組織のしくみや考え方を変えて、ワークライフバランスをとれるようにし、また、決定権を持てる女性リーダーを増やす取り組みが始まりました。

そして二〇〇五年に提唱されたのが、ジェンダード・イノベーションです。ジェンダードは「性差に基づく」、イノベーションは「知的創造や技術革新」という意味です。数、組織を整えた次は、知を整えようという考えです。たとえば、アメリカでは、一九六〇年頃に睡眠薬や妊娠中のつわり薬として使用されたサリドマイドが、服用すると胎児に奇形が生じてしまうことがわかり、

▼**G7**
先進七ヶ国首脳会議。世界の経済大国であった日本、アメリカ、イギリス、ドイツ、フランス、イタリア、カナダで構成される。経済成長や為替安定に向けた政策協調の場として設立され、幅広い政策課題について議論が行われる。

▼**株式パフォーマンス**
投資における運用成果や運用実績、または過去の値動きのこと。

▼**『女性研究者支援政策の国際比較』**
女性参画拡大政策の事業展開と課題について、日本と欧米諸国の統計データやインタビュー等で考察する一冊。河野銀子・小川眞里子編著、明石書店、二〇二一年。

一九七七年に「妊娠の可能性がある女性を薬の治験に参加させない」という通達が出されました。その後、この通達が廃止されるまでの十数年にわたって女性のデータがなく、一九九七年から二〇〇〇年に健康被害があるとして市場から撤退した薬では、男性より女性のほうが健康上のリスクが高いこともわかっています。いまでも、臨床試験では女性は妊娠出産の可能性があるので安全性への考慮や、月経周期によるデータのぶれを避けるために対象から外されがちです。また、動物実験でも同様にオスが使われてきました。しかしこれでは女性のデータが少ないために、女性の健康に不利益が出てしまいます。ジェンダード・イノベーションは、男性のデータも女性のデータもとり、その性差分析という視点を研究や開発に入れることで、イノベーションや新たな発見を生み出そうという考えです。

わたしは二〇一九年にジェンダード・イノベーションを知って、女性のデータが少ない、それはつまり科学的に真理を追究できないと危機感をもちました。科学者の責任としてジェンダード・イノベーションを広めなければと、取り組みを始めたのです。

なお、ジェンダード・イノベーションでは、ジェンダーとセックスの両方の性を区別して分析する必要があります。「ジェンダー」は、性別役割分担などの社会的・文化的に作られた性のことです。一方、「セックス」は男女の構造や機能などの生物学的な性のことです。個人はジェンダーとセックスの相互作用で成り立つので、両方を分析していかなくてはなりません。

男女で異なる医療

みなさんが薬を飲むとき、用量が年齢で異なるのは見たことがあると思いますが、男女で変えるというのは見たことがないと思います。ほとんどの薬は男女で同じ処方になっていますが、健康被害のリスクは女性のほうが二倍程度高くなっているという報告があります。

服用量が改善された例もアメリカであります。睡眠導入剤のゾルピデムの場合、薬が体内に多く残りやすい人の割合が女性のほうが男性より五倍程度多いことがわかり、自動車事故などのリスクが高まる可能性があるため、女性は男性の半分の服用量に変更されました。

一般的に心疾患は男性に多いというイメージがあると思います。冠動脈という太い動脈が狭まって血流が悪くなることで生じる狭心症は男性に多くみられ、造影剤検査をして診断をすることができます。しかし女性では、微小血管の異常による狭心症が多くみられ、細かい血管なので造影剤検査をしても映りません。症状も、男性が胸痛があるのに対して、女性は胸痛以外の歯や背中の痛み、嘔吐と異なる症状なこともあり、見過ごされてしまう。治療に効果的な薬も異なります。

反対に、骨粗しょう症は女性に多いというイメージがあります。しかし、男性のほうが発症が遅いだけで、骨粗しょう症による骨折の三分の一は男性です。しかも、股関節を骨折した場合の一年後の死亡率は、男性のほうが二倍高い。骨粗しょう症の検査は、女性には四〇歳から七〇歳までの五歳刻みで自治体などで実施されていますが、このデータから考えると七〇歳以上に関しては男性も検査対象に含めるべきだと思います。

このように男女ともにかかるさまざまな病気で性差があることがわかってきていますが、このことを知っている医師はほとんどいません。男性を基準にした診断や治療が女性に当てはめられて、見過ごされてしまっています。

見過ごされてきた女性ドライバー

性差が見過ごされているケースは、医療だけでなく工学分野にも及びます。自動車の衝突実験用のダミー人形のサイズは、国際基準として男性用は白人男性の中央値▼（一七五cm、七八kg）で設定されています。しかし女性用は全体の下から五％（一四五cm、四九kg）、つまりかなり小さい数値が女性の代表として使われています。ドライバー席への衝突実験をする場合も、男性用の人形を乗せることが基準になっています。

このように男性基準の実験や開発になっているために、同じような衝突の場

▼**中央値**
データの数値を大きさの順に並べたとき、その個数の中央に位置する値。平均値に比べて、極端な値の影響を受けにくい。

合に重傷を負うリスクが、男性乗員よりも女性乗員のほうが七三％高く、男性ドライバーより女性ドライバーのほうが四七％高いという報告があります。また、従来の三点式シートベルトは妊婦の腹部を圧迫しやすく、流産率が高まって胎児の外傷による死亡原因の一位となっています。

ようやく数年前に、スウェーデン国立道路交通研究所で、平均的な女性用のダミー人形が作られました。女性の研究者が力を入れて進めたものです。この人形は首の強度も男性用より弱くなっています。女性の事故を調べてみると、首の関節が男性より弱く、むち打ちが多いとわかったためです。妊婦についても、コンピュータモデルでシミュレーションをして、腹部とハンドルの間をできるだけ離す、シートベルトはお腹の真上ではなく、腹部と太ももの間にかけることが重要だとわかっています。

性差以外の要素も含めた交差分析

ここまで性別に注目した事例を紹介しましたが、ジェンダード・イノベーションでは性別だけではなく、複数の要因が重なり合い、交差していること（交差性）を考慮して分析する「交差性分析」をすることが重要だという流れになっています。長年、セックスとジェンダーは一致すると思われていましたが、そうとは限らず、セクシュアリティのちがいも考慮しなくてはいけません。また、ほかにも年齢や障がい、人種、民族、地域性、経済的状況なども同時に考慮して分析しなくてはならない、という考え方です。

先ほどの衝突実験でいうと、太っている人は痩せている人よりも事故のときの影響が大きくなり、また、高齢者は骨の密度が低いので骨折のリスクが高まることがわかっています。

ほかに身体の多様性を分析したものとして、アップルウォッチ▼は片手のジェスチャーで操作ができるのですが、これは腕が片方しかない人も使えるようにしようという発想から生まれました。ある視点を加えることで、みんなが使いやすい、みんなに優しいものが作られた、ひとつの大きな例だと思います。

性差を意識して製品を出す企業も増えてきていますが、性差を強調し過ぎる危険性もあります。

膝の人工関節全置換手術を受ける可能性は、女性は男性の三倍高くなっています。男女の膝の解剖学的なちがいもありますが、この差は身長で補正をするとなくなります。人工関節を男性用、女性用と区別して販売すると、背の高い女性に女性用を埋め込んだり、背の低い男性に男性用を埋め込んでしまい問題が生じます。さらにいえば、海外製品だと白人を対象としているので、より注意が必要です。アジアの人は白人より膝が小さいですし、足を組む、正座するなど、より複雑な膝の屈折が重要になる可能性もあるからです。性別だけでなく、人種や地域性も考える、交差性の視点が求められるという一例です。

▼アップルウォッチ
アップル社の開発する腕時計型コンピュータ製品。スマートフォンと同様にデータ通信などさまざまな機能をもつ。二〇一三年に発売された製品から、片手の指の動きなどで操作できる機能が備わった。

データの偏りが生むＡＩのバイアス

ジェンダーバイアスがとても持ち込まれやすい分野として、ＡＩ（人工知能）についてもお話をしたいと思います。

スマートフォンなどのＡＩアシスタントの音声は発売当初は女性であることが多くみられました。これに対してユネスコが二〇一九年に、女性が従順で人助けをしたがり、頼まれたらすぐに対応する秘書的な存在だというバイアスを助長してしまうと指摘をしました。

いまは音声を選べる製品もあり、男性女性という分け方にもなっていません。たとえば、第一音声、第二音声という表示になっています。男女どちらとも感じられないジェンダーレスの音声も選べるものもあります。このようにいろいろな選択肢を与えることが重要だと思います。

また、あるＩＴ企業がＡＩを用いた人材採用システムを作ろうとしたのですが、途中で女性が低く評価されることがわかり、開発がストップしました。ＡＩが機械学習▼を行うためにはデータを与えます。それまで女性があまり採用されてこなかったので、そのデータを学習したＡＩは女性を低く評価するようになってしまったのです。そもそもの学習用データ自体にジェンダーバイアスが含まれていることが原因でした。

自動翻訳でも同じような例があります。たとえば「わたしは外科医です」と

▼機械学習
コンピュータに大量のデータを読み込ませ、さまざまなアルゴリズムに基づいて分析をさせることで、そのデータに共通する特徴やパターンを学習させるデータ解析技術。この学習によって、同じような新しいデータに対して分類や予測などができるようになる。

いう日本語を、自動翻訳でフランス語にします。フランス語では、性別によって語形が変化するのですが、外科医ならば勝手に男性と判断して、男性名詞で翻訳されます。反対に「わたしは看護師です」を翻訳すると、女性名詞になってしまいます。

AIを用いた顔認証の精度の例も紹介しましょう。二〇一八年の段階で、男女の判別に関する精度は、白人男性が九九・七%ともっとも高く、次に白人女性が九二・九%。つまり、女性のほうで精度が低くなっていました。また、肌が浅黒い人だと、男性で八八%に下がります。さらに精度の低い組み合わせである、肌が浅黒い女性になると精度は六五・三%、もっとも不利益を被ってしまいます。これも機械学習させるデータに白人男性が多いために起きた問題です。現在はこれを見直してデータを追加することで、大幅に改善しています。

「まず差を調べる、そして埋める」

このように、ジェンダード・イノベーションはまず差があるかどうかを調べる。差があれば、そこを埋める技術や研究を進める。みんなに同じものを与えるのが「平等」だと思われるかもしれませんが、差があるところに同じものを与えても、いつまでも差は埋まりません。ジェンダード・イノベーションでは、この差を埋める「公正」という視点を非常に重要視しています。

いま、日本ではアンケートで性別欄をなくそうという話題が出ることがあります。ジェンダーマイノリティの方々を含む性別による差別を防ぐための動きですが、これは危険もともないます。政策はデータをもとにして改善をしていくことが多いので、性別の情報がないと、性別による差別が生じているという証拠を出せなくなってしまいます。性別を隠すのではなく、性別がわかっていても差別されない社会を目指すべきだと思います。ぜひこのことをみなさんも考えてください。

ジェンダード・イノベーションは、性差や交差性の視点をもちこむことで研究の卓越性を確保し、技術開発にもつながっていくことが期待されています。そして公正な製品やサービスが増えていくと、さまざまな人の生活の質の向上につながり、公正な社会の実現を目指せると思っています。

そのために自分たちは何ができるのかとよく聞かれます。みなさんは知識と教養を高めて、できるだけデータをもとに、見過ごされてしまっている、不利益を被っている人がいないかを常に意識してください。そのことで社会を変えていく後押しになるはずです。

Q&A

――最近、理工分野の大学入試で女子枠が設置されています。わたしの周りの男性には「差別だ」という意見が多いのですが、わたしは女性の数をまず増やすことが制度の改善にもつながるのでいい取り組みだと思っています。先生のご意見を聞かせてください。

東京大学に合格者を多く出している高校について調べたことがあるのですが、都会の中高一貫の男子校出身が圧倒的に多いことがわかりました。これは、歴史的に女性が大学に入学できなかった時代があったので、伝統進学校は男子校が多いのだと思います。塾は評判をあげるために優秀な先生をそれらの男子校受験のクラスに配置し、そこで男女の教育の格差が生まれます。また、女性がいちばん偏差値の高い高校に行こうと思っても、それは男子校だったりする。理系分野＝男子という状況や固定概念も、男子と比べて女子が気軽に理系に進めない要因の一つです。このような社会構造により、気が付きにくいですが、男子は知らないうちに下駄をはかされています。現段階では、それらの格差を埋めるために、女子枠の必要性はあると思います。「下駄を履かされたと後ろ指を差されるのでは」と心配する女子もいると聞きますが、そうではありません。自分の機会が広がったと思って、堂々と手を挙げてください。また同様に、都会と地方においても教育格差が広がっており、知らないうちに都会の人たちは男女ともに下駄をはかされています。「自分が知らないうちになにかしら下駄をはかされていないか」と意識することは、誰ひとり取り残さない公平な社会を実現するためにとても重要な視点です。

わたしの思い出の授業、思い出の先生

小学校五、六年生のときの担任の先生の算数と歴史の授業です。

算数の授業では、単に答えを出しただけではダメで、何通りの考え方で解けるかを重要視するやり方でした。さまざまな方向から考える力が付くので、研究にとても役立っていると思います。歴史は、教科書はほとんど使わず、NHKの「歴史への招待」という番組が教材でした。表面的な知識ではなく、なぜ歴史がそう動いたのか、その背景を知ることで自然と頭に入ってきて楽しかったです。その後の自分の学び方にも影響を与えた気がします。

わたしの仕事をもっと知るための3冊

小川眞里子・鶴田想人・弓削尚子編著『ジェンダード・イノベーションの可能性』（明石書店）

河野銀子、小川眞里子編著『女性研究者支援政策の国際比較』（明石書店）

黒岩常祥『ミトコンドリアはどこからきたか　生命40億年を遡る』（NHKブックス）

共生の不安を生きる

清水晶子

しみず・あきこ
フェミニズム理論・クィア理論の研究者。一九七〇年生まれ。東京大学大学院総合文化研究科教授。女性や性的マイノリティを含む多様な学生が学び合える場の構築を目指すプロジェクト、東京大学駒場キャンパスSaferSpace（KOSS）の運営に携わる。著書に『フェミニズムってなんですか?』、『ポリティカル・コレクトネスからどこへ』（共著）など。

「人類は共生が苦手」

みなさんは、「ダイバーシティ」や「インクルージョン」ということばを最近よく耳にしているのではないでしょうか。ダイバーシティは多様性、インクルージョンは包摂という意味です。自分と異なる人たちと同じ時間や空間を共有すること、さらにいえば、単に共有するだけではなく良い形で共有すること、つまりちゃんと共に生きていくということは、簡単に見えて、歴史的に見ると人類があまり得意にしてこなかったことのひとつです。グローバル化の進行につれて世界は縮小していくわけですが、そうなると、私たちが、この時代と、そしてこの小さい星とを、自分と明らかに異なる人たちと共有しているという感覚は、ますます強まらざるを得ません。けれども、その「共有」がどのようなより良い形でなされうるのか、共に生きていくということをどう考え、どう実践すれば良いのかについて、人類は必ずしもまだ答えを見つけていないのです。

わたしは大学でフェミニズム理論やクィア理論を専門にしています。人類は、どのような時代や文化においても、自分の身体性や性、欲望や愛情を、言葉やイメージを使いながら理解し伝達しようとしてきました。現在の私たちは自分の身体や性、欲望や愛情をどういう言葉やイメージ、どういう枠組みで理解しているのか、そこにはどういう歴史的な背景があり、社会的・経済的な土壌があるのか、どういう政治的な力が作用し、どのような変化が生じてきたか、というようなことを考えるのが、わたしの研究です。

ジュディス・バトラー▼というフェミニストの哲学者がいますが、この人は共生を「選び取られたわけではない近接性」ということばで説明します。

このことばが意味するのは、共生とは、「そのほうが便利だ、得だ、楽しそうだ」といった理由で選択するものではないということです。今日は、このバトラーがいう「選び取られたわけではない近接性」という観点から共生について考えてみたいと思います。

「ダイバーシティということばの指すもの」

まず、「多文化共生」や「ダイバーシティ」といったことばについて考えてみましょう。これらのことばは、さまざまな属性や文化背景を持った人たちが

▼ジュディス・バトラー
アメリカ合衆国の哲学者。一九五六年生まれ。主にジェンダー・セクシュアリティ分野の研究を行い、フェミニズム理論において大きな功績を残している。また、政治活動家として、フェミニズムやクィア団体の運動を支援している。著書に『ジェンダー・トラブル　フェミニズムとアイデンティティの攪乱』など。

社会を構成していることを指すものとして使われてきました。

ただ近年、こうしたことばは、ビジネスの文脈で使われるようになりました。企業が競争において優位に立つための資源として使えるような人材や発想の多様性を指して「ダイバーシティ」と呼ぶことが、増えているのです。イノベーションを生む、文化を豊かにする、そういう何か得になること、役に立つこととしてダイバーシティは語られがちです。

チャンドラ・タルパデ・モハンティ▼というフェミニズム理論の研究者は、こういう形で理解されるダイバーシティは「無害な差異」を言い換えたに過ぎない、といっています。ダイバーシティという表現で取り上げられるような差異というのは、基本的には無害なものに限られている、と指摘したんですね。多数派にとって都合の良い差異だけが取り上げられ、現在の社会的な制度や文化的なきまりごとを脅かすような差異は許されない、ということです。

また、同じくフェミニズム理論の研究者であるサラ・アーメッド▼は、このようなダイバーシティを「ダイバーシティのタイフード屋台モデル」として批判しました。まるで屋台で供されるタイフードのように気軽に食べに行くことができ、いつもと違ったスパイシーな料理だがお腹をこわすほどの刺激はなく、適度に消化しやすい形に整えられた、多数派による消費のために提供される差異だ、といったのです。

ダイバーシティが、特定の違い（差異）をもたないことになっている集団、

▼チャンドラ・タルパデ・モハンティ
インド出身のジェンダー学研究者。一九五五年生まれ。フェミニズム理論を専門とする。著書に『境界なきフェミニズム』。

▼サラ・アーメッド
イギリスのジェンダー学研究者。一九六九年生まれ。フェミニズム理論やクィア理論を専門とする。大学でのハラスメント行為に抗議して教授職を辞し、在野で研究・著作活動を続ける。著書に『フェミニスト・キルジョイ　フェミニズムを生きるということ』など。

すなわち多数派▼の利益のために動員されるのが、このモデルです。たとえば、異性愛が中心的な世界で、同性愛者が異性愛者にとって消費・消化しやすい形で提供される場合です。メディアに出演している「オネエ系」のファッションアドバイザーやメイクアドバイザーをイメージしてみてください。「こういうコスメを使ったらいい」などと異性愛者に対して役に立つ知識を提供してくれますよね。異性愛者や異性愛者中心社会が消費しやすい形で差異が提供されている典型例といえるでしょう。

そこにあるのは、まさに、多数派のためのダイバーシティに他なりません。けれども本来多様性というのは、ある集団や社会のなかに、物事の前提や理解、利益や好みなどを多数派と共有しない人々が混じり込んでいる状態を、指すはずです。だとするとそれは、多数派が当然のように共有してきた前提や様態や目的を、当然ではなく批判されうるものとみなすこと、つまりある種の相対化と、不可分であるはずです。

▼多数派
特定の社会において力を持っている側、中心的な位置を占めている側を多数派（マジョリティ）と呼ぶ。逆に、少数派（マイノリティ）というのは力を持っていない側、周縁に追いやられた側を指す。多数派は必ずしも数が多いとは限らず、少数派だから数が少ないとはいえない（例：階級社会において、貴族は特権階級であり、数が少ないがマジョリティであるといえる）。

「みんな違ってみんないい」の罠

すべての違いを同じように尊重すべきだという主張、いわゆる「みんな違ってみんないい」という多数派により主張されるスローガンには、ある種の罠があります。なぜなら、そういった違いのなかには、有利に働くような違いもあれば、命を脅かすほどに不利に働く違いもあるからです。

たとえば並外れた運動神経をもつとか、数学の天才であるというような違いは、社会で有利に働くことが多いでしょう。一方で、社会にとってあまりにも不都合であるとして、排除され隠蔽される差異もあります。近現代の社会は、最貧困層の人々や重い障害・疾病をもつ人々を隔離したり、監禁したりしてきました。また、現在アメリカ合衆国のいくつかの州ではトランスジェンダー▼の子たちが必要とする医療へのアクセスは政治的な力により困難になっています。性別肯定医療へのアクセスの有無は、トランスの子どもたちの自殺率に影響することがわかっており、このように、一〇代の子たちが二〇歳まで生き延びられるかにまで直接影響するような「違い」もあります。

そんな多様な違いがあるにもかかわらず、「みんな違ってみんないい」といってもなんの意味もありません。マイノリティが差異によって不利益を被っているなら、一度それを解消してからでないと、「みんな違ってみんないい」とはいえないんです。

ただし、不利益を解消することは、とくに不利益を被っていない多数派にとって不都合になりえる。そうした場面で、先ほどのタイフード屋台モデルにおけるダイバーシティが持ち出されます。つまり、既存の社会のあり方や考え方を変えて少数派の不利益を解消するのではなく、多数派に都合の良い差異だけを消費するのです。

▼トランスジェンダー
生まれたときに法的にわりあてられた性別と、性別の自認が一致しない人のこと。出生時にわりあてられた性別が男性だが性自認は女性である人を「トランスジェンダー女性」、出生時にわりあてられた性別が女性だが性自認は男性である人を「トランスジェンダー男性」と呼ぶ。

「ダイバーシティ」や「みんな違ってみんないい」ということばは、一見、共生に結びつくものだと思われるかもしれません。しかし、これまで見てきたように、往々にして多数派により都合良く使われてしまい、必ずしも共生につながるとは限らないのです。

感染拡大のなかで見殺しにされたのは誰か？

かといって、ダイバーシティとか共生とかを諦めて投げ出せば良いかというと、やはりそうはいきません。そのことを考えるために、歴史から一つの例を引きましょう。ＨＩＶ、エイズの感染拡大とそれに関連して立ち上げられた社会運動の話です。

エイズ（後天性免疫不全症候群）▼のアメリカでの感染拡大が始まったのは、一九八〇年代です。初期に発症した人たちは、特定のマイノリティに偏っていました。注射針を使い回してヘロインの静脈注射を打つ人たち（heroin）、男性の同性愛者たち（homosexuals）、血友病患者（hemophiliacs）、それからハイチ人（Haitians）です。これらの人々は頭文字をとって４Ｈと呼ばれました。

このため、エイズは当初特定の周縁的なコミュニティの病だとみなされ、政府も感染拡大に対する適切な措置をとりませんでした。未知のウイルスの犠牲者となった人々は、感染源としておそれられ、非難され、見殺しにされていき

▼**エイズ**（**後天性免疫不全症候群**）
ＨＩＶ（ヒト免疫不全ウイルス）に感染することで、普段は発症しないようなさまざまな疾患を発症しやすくなる病気。感染経路は、性的接触による感染、血液を介した感染、母親から子への母子感染の三つに限られている。現在は抗ＨＩＶ薬による治療法が確立しており、ＨＩＶ感染の早期発見・早期治療により、非感染者と同程度の寿命が期待できるようになっている。

ました。感染拡大の中心が白人中流階級の男性であれば、政府の対応があれほど遅れることはなかっただろうといわれています。

そもそもエイズの感染拡大の始まる少し前、一九七〇年代から八〇年代にかけて、アメリカでは同性愛者を「性犯罪者予備軍であり、危険で有害だ」とするキャンペーンが展開されていました。これを通じて醸成された同性愛者への偏見はエイズの感染拡大によりさらに強化され、ゲイのコミュニティは多くの人をエイズで失っただけではなく、同性愛者に向ける暴力（ヘイトクライム▼）の急速な悪化にも直面しました。

しかし、やがてゲイ・コミュニティのなかから、ウイルスと社会的な差別の両方から自分たちを守らなくてはならない、という運動が立ち上がってきます。これがいわゆるエイズ・アクティビズムです。ゲイ・コミュニティのなかのジャーナリストや科学者、医療関係者などを中心とした人々が仲間のために科学的な文献を読み漁り、ウイルスについての正しい情報の普及に尽力しました。そのようにお互いにケアをし合い支え合っていくのに加え、コミュニティの人々は最終的に政府の感染対策責任者たちとも協力し、エイズ患者たちの声を反映した感染対策を実現させる力になりました。

これがエイズ・アクティビズムの一つの側面だとすると、もう一つの側面は、同性愛者に対する社会の偏見や差別を批判するものです。「死んだとしてもとくに問題のない有害な存在」だと思われていることに対抗して、生存の権利を

▼ヘイトクライム
特定の人種や民族、性別・性的指向、宗教、障害などの属性への憎悪や差別感情から行われる、暴力・中傷などの犯罪行為。

主張するのです。ＡＣＴ ＵＰというエイズアクティビズム団体のメッセージに「沈黙＝死（silence=death）」というものがあります。これは、声を上げずに黙っていたら私たちは死んでしまう、という当時のゲイ・コミュニティの切実な認識をかなり正確に表しているといわれています。

「マイノリティの声を聴くこと」

エイズ・アクティビズムは声高に権利を主張することを特徴としましたが、それは、同性愛者の権利擁護を訴え、異性愛者を中心とした社会を批判する動きにつながっていきます。これがクィア・ムーブメントです。

このクィア・ムーブメント初期の有名なリーフレットに「Queers Read This」と題されたものがあって、そのリーフレットには、「わたしは異性愛者が嫌いだ（I Hate Straights）」という文章が載っています。これは、同性愛者は大変な思いをしているのに、異性愛者であるわたしの友人は、その声に耳を傾けようとしない、と訴えている文章です。もちろん背景にはエイズのことがあります。

この文章は、「黙って耳を傾けろ（tell them to shut up and listen）」という呼びかけで終わります。この呼びかけには、自身の主張に耳を傾けてもらえなかったマイノリティと、そもそも主張を聞いていないことすら意識していないマジョリティとの経験の違いが現れているといえるでしょう。

マイノリティが生き延びるためには、すでに脅かされ奪われている生命と権利を取り戻す必要があります。そして、マジョリティが「あなたが同性愛者であっても構わない、みんな違ってみんないいよね」というためには、まずはマイノリティ側が被っているそのような権利侵害を解消しなければなりません。マイノリティ側の「あなたはわたしの話を半分も聞いていない。異性愛者は嫌いだ」というような敵対的な要請にも耳を傾ける必要があるかもしれない。

面倒臭い話なのですが、先ほどもちょっといったように、かといってじゃあもう一緒に生きていくのは諦めて別々にやっていきましょう、というわけには、なかなか行きません。なぜなら、マイノリティはすでにマジョリティと同じ社会で生きているからです。

クィア・ネーションという団体が掲げた「私たちはここにいて、私たちはクィアだ。それに慣れることだ（We're here, we're queer, get used to it.）」という標語があります。これは「異性愛者はわれわれ（クィア）を脅威とみなしているかもしれないが、最初からずっと同じ場所に私たちはいるんです。そのことにいまさら気づいて私たちを怖いとか不都合だとか思ったとしても、どうすることもできませんよ。諦めてください」という抗議です。それはマイノリティ側からの存在の宣言でもありました。

まさにバトラーが「選び取られたわけではない近接性」ということばで表現したように、共生は望んで選び取るものではなく、私たちはすでに、自分たちとは違う存在（他者）と共に同じ社会で生きているのです。

「不安と共に生きていく」

バトラーは、社会的動物であるヒトは存在の根源において他者に依存しているといっています。一方で、他者は「わたし」の存在を脅かす力をもつため、人間はそもそも「根源的な傷つきやすさ（ヴァルネラビリティ）」を抱えざるを得ない存在です。「わたし」がコントロールできない他者が、「わたし」の存在を左右する。これは大きな不安を呼び起こします。人間は時に、自分のそういった傷つきやすさを否認するために、自分を傷つける可能性のある他者をあらかじめ暴力的に排除してしまう、とバトラーは指摘しています。

自分たちを排除しかねない人々と同じ社会で生きていく不安は、同性愛者にとっては日常のものでした。マイノリティは、多数派が自分を殺すかもしれないと身をもって知りつつ、それでも多数派とともに同じ時と場所を共有して生きていかざるを得ない。先に挙げた標語のなかでクィア・ネーションが要求しているのは、多数派もその不安の一端を担え、ということです。私たちはその恐怖や不安を引き受けて生きているのだから、共生を可能にするためにあなたたちもそうすべきだ、と。

不安と共に生きることは大きなストレスがかかります。日常生活のなかで何らかの危険を感じて回避しようとした結果、惨事に至らなかった、ということもあるでしょう。実際に回避すべき危険と、共に生きていくべき根拠のない不安。これを見分けるのはしばしばとても難しいことです。それでも私たちはできるだけ、それを判別するための訓練を積んでいく必要があります。そして人類がまだ見つけていない、不安を抱えつつも他者と共生していく方法を見つけなくてはなりません。

最後に、私たちが毎日を生きていくためのガイドとして、わたしの好きなＳＦドラマの登場人物がよく口にしているセリフに少し変更を加えてみなさんにお伝えしたいと思います。

「Be kind, be brave, and be awkward.」これがそのセリフです。kindは優しいこと、寛大であること。寛大さとは、自分とは異なる、敵かもしれない人たちに対しても、自分たちに向けるのと同様の気持ちを向けることです。これは共生において絶対に必要なスタンスです。

そしてそういう意味でkindであるためには、相手が自分の存在を脅かすかもしれないという不安に絡め取られないよう、brave（勇敢）でなければなりません。

awkwardはわたしが付け足したものです。awkwardとは、人を気まずくさせるような不器用さ、ある種の厄介さを指します。社会が要求する振る舞い方に自分を合わせずに不器用に生きることを選ぶのがawkwardです。

kindでbraveであるということは、同時に、私たちをawkwardな状態に置くことにつながります。「なぜ私たちを脅かすかもしれない人たちを大切にするのか?」と問われたときに「人を排除するような振舞いは親切(kind)ではないからだよ」と答える人は、なんだかすごく奇妙(awkward)ですよね。

でも、その「変な人っぽさ」を捨てないでください。何をするのがkindでbraveなのかを常にぎこちなく探し続けていくのがawkwardであるということ。この三つのことばは、どれも、不安に負けずに他者と共生していくには必要なものだと思います。

優しくあってください、勇敢でいてください、そして不器用でぎこちない存在であることを恐れないでください。

Q&A

——現代の、マイノリティを尊重する社会の流れは、いつから生まれたのでしょうか? たとえば、かつて同性愛者は性犯罪者予備軍と呼ばれていたとのことですが、いつ転換があったのでしょうか。

現在、マイノリティを尊重する社会になっているかは、どの国においてもすごく微妙なところです。しかし、同性愛者に関していうと、はっきり潮目が変わったのは一九九〇年代です。

このころには、東西冷戦が終わりアメリカとイギリスで保守政権がリベラルな政権に代わります。そのときに、同性愛者に対する政府の態度が少しずつ変わっていき、女性の権利向上についてもさまざまな対応がなされていきました。二〇〇〇年代に入ると、婚姻の平等（同性婚の法制化）が世界に広まっていき、アメリカでも制度化されるようになります。

わたしの思い出の授業、思い出の先生

個別に思い出のある授業というのはとくにないのですが、折に触れて思い出す先生方は何人もいらっしゃいます。「今日はこれ以上学校にいるのが嫌なので帰ります」と申し出たのに対して、「寄り道せずに帰って」とだけいって信頼して許可をくださった高校の先生。「わたしは専門違いだけれども、大事そうな話だからね」といって、フェミニズム理論の当時最先端の文献講読の授業をしてくださった大学の教授。そのときに読んだのが、今回の授業でも触れた哲学者、ジュディス・バトラーによる著作でした。抽象的な議論ばかりしたがる大学院生のわたしに対して「その議論は具体的にどういう状況にかかわるの？　どういう背景があるの？　どういう政治的な意味があるの？」と、「地に足のついた議論」のフェミニズムにとっての必要性を根気強く叩き込んでくれた、留学先の英国での指導教官。どの先生からも、個別の授業内容のあれこれより先に、フェミニストの研究者として生きていく上での原則的な姿勢を、教えていただいたように思います。

わたしの仕事をもっと知るための３冊

清水晶子『フェミニズムってなんですか？』（文春新書）
清水晶子・ハン・トンヒョン・飯野由里子『ポリティカル・コレクトネスからどこへ』（有斐閣）
トニ・モリスン著、大社淑子訳『青い眼がほしい』（ハヤカワ epi 文庫）

第4章

人類の過去・現在・未来

災害と天皇

九世紀の日本の危機から現代を考える

片山杜秀

かたやま・もりひで
政治学者、音楽評論家。一九六三年、宮城県生まれ。慶應義塾大学法学部教授、同大学教養研究センター所長、水戸芸術館館長、三原市芸術文化センター館長。主な著書に『音盤考現学』『音盤博物誌』（共にサントリー学芸賞受賞）、『未完のファシズム』（司馬遼太郎賞受賞）、『尊皇攘夷』『近代日本の右翼思想』『大楽必易』など。

最近の日本は災害がとても多いですよね。二〇二四年も能登半島地震や豪雨、多くの災害がありました。異常気象も深刻です。そこで、過去に災害が多発した時代の日本のありさまを知っていただきたいと思い、今日の講義のテーマとしました。いま起きていることを考えるための歴史のなかのちょっとした参考例のつもりです。

注目するのは、清和《せいわ》・陽成《ようぜい》・光孝《こうこう》・宇多《うだ》と四代の天皇がいた平安時代初期。清和天皇が即位したのが西暦八五八年、宇多天皇が退位したのが八九七年ですから九世紀後半です。この約半世紀には、災害だけでなく、それに絡み合うようにさまざまな出来事が集中的に発生しました。日本の歴史の流れもそこでひとつ大きく変わったといってよいでしょう。

平安時代にはやたらに藤原という名字の人が出てきますね。とにかく藤原ばかりでしょう。こんなにも藤原が増殖したのは、藤原氏が他の有力な貴族たちを政治の中枢から追い出してしまったからなのですが、これも九世紀に起こったことに関係があります。

では、このわずかな期間に日本をどんな災害が襲い、それがその時代の価値観によってどう解釈され、どのような政治的変化が起きたのでしょうか。

災害続きの清和天皇時代

まず清和天皇▼について。戦国時代や武士の歴史に詳しい方は、「清和源氏」という由緒正しい武家の血筋のことをご存じでしょう。源氏とは、皇族が臣籍に降下する、つまり皇族から外れて一般の貴族になるときに与えられる姓のひとつです。古代中国で皇帝の一族が臣籍降下するときに「源」という姓を与える習慣があり、日本もそれを真似したのですね。天皇の子どもや孫、ひ孫たちをみんな皇族にしたままだと、際限なく増えてしまいます。皇族を皇族らしくもてなすことが無理になる。地位もお金も足りない。そこで、皇族を貴族に格下げする仕組みができたのです。

同じ源氏でも、どの天皇の血筋かで異なります。清和天皇の孫から始まる清和源氏の血筋はその後、鎌倉幕府を開いた武家の棟梁・源頼朝へつながりました。江戸時代に至るまで「清和源氏」には由緒ある武家というイメージがつき、そう名乗りたいがために、極端な場合は系図をお金で買ったり、ゼロから捏造したりする武家までいたんですね。

▼清和天皇
八五〇年生まれ。文徳天皇の第四皇子。母は藤原良房の娘で文徳天皇の女御・明子。良房の後見により三人の兄を退けて生後八ヶ月で立太子、八五八年即位。これにより、外戚の藤原良房が政治の実権を握ることとなった。八七六年譲位、八八〇年崩御。

その清和源氏の先祖の清和天皇は父の文徳《もんとく》天皇▼が若くして崩御したために、わずか九歳で即位しました。元号はそれまでの「天安」から「貞観《じょうがん》」に改元されます。この元号は、中国・唐王朝の太宗《たいそう》▼の時代に用いられたものです。その治世は大いにうまくいって、「貞観の治」とよばれ、理想的な統治の象徴として日本でも有名でした。清和天皇の時代も素晴らしい時代になるようにと、この中国の元号を頂いたのです。ところが、日本の貞観はそんな期待を大きく裏切るものでした。

まず貞観三（八六一）年、異常気象による旱魃《かんばつ》で全国的な食糧危機が起きます。貞観五（八六三）年には激しく咳き込んで死んでしまう伝染病「咳逆病《しわぶきやみ》」が流行し、大勢の死者が出ました。これを新型インフルエンザの一種だったとする説もあれば、咳がひどいということで最近では新型コロナと結びつける学者もいます。さらに同年、越中・越後（現在の富山県と新潟県）で大地震が起きます。「谷が山となり、山が谷となった」とされる、地殻変動を伴う大災害でした。そして翌年の貞観六（八六四）年、富士山が「貞観の大噴火」▼を起こしました。これは現在の山梨県側、静岡県側の両方に溶岩流が駆け下って火事を起こし、田畑を火山灰が埋める大災害となりました。富士山が大噴火したら大変なことになると、いまの日本の社会もとても警戒していますね。それが発生したのです。同年、九州の阿蘇山も噴火しました。

貞観八（八六六）年には、「応天門の変」という政変が起きます。応天門とい

▼文徳天皇
八二七年生まれ。仁明天皇の第一皇子。母は藤原良房の妹・順子。八四二年に承和の変で当時の皇太子・恒貞親王が廃されたのち、変の解決に貢献した伯父の良房に推されて立体子、八五〇年即位。これにより良房の影響力が強まり、文徳天皇は鍾愛していた第一皇子・惟喬《これたか》親王を後継にできず、惟仁親王（後の清和天皇）を立太子させざるを得なかった。八五八年、突然の病で崩御。

▼太宗
五九八年生まれ。唐の第二代皇帝。初代皇帝・高祖と共に唐の創建者とされる。律令制度を整備し、科挙制を確立して広く優秀な人材を登用するなど優れた政治力を発揮した。六四九年歿。

▼貞観の大噴火
八六四年に発生した、文献記録に残るうちでは最大規模の富士

う都の重要な門が放火された事件で、犯人とされたのが大納言・伴善男《とものよしお》▼です。伴一族は、藤原氏と争う大貴族でした。その一族の棟梁である伴大納言や彼に近しい有力者たちが、藤原氏を追い落とそうと応天門に放火したとされたのです。これは今日では、藤原氏が政敵をまとめて片付けるために仕組んだ陰謀だったといわれています。けれど、確たる証拠はありません。歴史の謎ですね。ともかくこの事件により、藤原氏の対抗勢力がかなりまとまって失脚し、都から追われることになりました。こういう政変が起きるのには、天変地異が続くことが関係していたともいえるでしょう。天変地異は、後でまた述べますけれど、天が人の世に怒っているから起きるのだというのが、古代の世の中での普通の考え方でした。日本の政治を変えなければ天変地異が続く。伴氏が思って放火したとしても、あるいは藤原氏が思って陰謀を張り巡らしたとしても不思議ではないわけです。

さて、今度は貞観九（八六七）年です。再び阿蘇山が噴火。翌年には播磨《はりま》と山城（現在の兵庫県と京都府）で大地震が起こりました。地震考古学的にはマグニチュード七以上、山崎断層▼が動いた地震ともいわれます。都《みやこ》がだいぶ揺れ、多くの建物が倒壊したなどの記録も残っています。同年末には、先の地震に連動する摂津地震がありました。つまり今日の大阪の地域を大地震が襲ったのですね。

そして貞観一一（八六九）年を迎えます。五月二六日のことです。「貞観地震」が発生しました。岩手県から茨城県にかけての太平洋側を激甚災害が襲う。

山の大噴火。大量の溶岩が流れ出し、北麓にあった広大な湖の大半を埋め、西湖と精進湖に分断。また、この溶岩流の上に一一〇〇年の時を経て現在の青木ヶ原樹海ができるなど、周辺の地形を変えるほどの大災害だった。

▼伴善男
八一一年生まれ。平安時代の貴族・政治家。仁明天皇に重用され、善愷《ぜんがい》訴訟事件で同僚の貴族五人を弾劾し失脚させたのち急速に出世、大納言に至る。応天門の変で子の中庸《なかつね》とともに捕まり流罪。八六八年歿。

▼山崎断層
岡山県東部から兵庫県南東部にかけて、八〇キロメートルにわたって分布する活断層帯。八六八年の地震以来大きな地震を起こしていないとされる。

二〇一一年の東日本大震災とよく似た大地震です。だから東日本大震災は貞観地震以来の千年に一度の大地震といわれました。やはり津波が酷かった。陸奥《むつ》（現在の東北地方）の国府の多賀城が水面下に没したと記録にあります。東北地方で当時いちばんの町が見渡す限り海になってしまったというのです。それ以外の各地も津波に襲われ、多くの人命が失われました。

さらに翌月六月には、新羅《しらぎ》▼の海賊が九州を荒らし、大宰府《だざいふ》▼で略奪を行った「貞観の入寇《にゅうこう》」がありました。新羅は当時の朝鮮にあった国のひとつですから、いわば海外からの侵略行為といえます。この出来事は朝廷に非常に深刻な対外的危機感をもたらし、防衛力を強化する方向に政治の舵が切られることになりました。海賊といっても、それをきっかけに本格的に新羅が国家全体で日本を侵略しようとするかもしれない。その前兆ではないかと疑われたのですね。すると西日本の防備を固めねばならぬ。大変ですよ。日本は海岸線が長いですから。人手も物資やお金も沢山要りようになります。国家財政には大負担です。

そんなこんなで混乱している九州の肥後《ひご》（現在の熊本県）を、新羅の襲撃があった翌月の七月に巨大台風が襲います。阿蘇では前述のように大噴火が続き、積もった大量の火山灰が土砂崩れや土石流を起こして、より甚大な被害になったといいます。肥後からは税が取れなくなるほどになったのですね。みんな流れて埋もれてしまった。東北関東は大地震と大津波。東海は富士山大噴火。都のあたりも大地震。九州は阿蘇の噴火と海外からの侵略と風水害。ちょっとの間

▼**新羅**
朝鮮半島南東部にあった古代国家。高句麗、百済との三国時代を経て、七世紀中頃までに朝鮮半島中部以南をほぼ統一、のちの国家の祖型となった。九世紀は飢饉や農民、豪族などによる反乱が頻発し国力が低下。九三五年、高麗により滅亡。

▼**大宰府**
奈良・平安時代、対外防備と九州諸国の行政管理、外国使節の接待、貿易管理などを司るため、現在の福岡県太宰府市に設置された役所。古くから大陸との交通の要地だった。

にもう大変の累乗ですよね。

それから後は？　二年後の貞観一三（八七一）年、出羽国《でわのくに》の鳥海山▼が大噴火します。東北の太平洋側は貞観地震。日本海側は火山噴火。出羽ではこの噴火がきっかけで、治安が乱れます。天変地異はなおも続く。翌貞観一四（八七二）年には、日本全国にまたも「咳逆病」が大流行します。菌やウイルスが発見される一〇〇〇年前の話ですが、病気にはうつるものがあることは人間は経験としてわかっている。その病原はとりあえず「物の怪」と呼ばれていたのですが、新しい伝染する病気が流行るのはどこかから病原が来たからだと当時の人々は考えていた。当たっていたと思いますが、貞観一四年の咳逆病は渤海《ぼっかい》▼使によって病原が持ち込まれたと推測されました。日本と友好関係にあった渤海という、朝鮮半島の付け根の東側に広がる大陸の大きな国から、京の都に外交使節がやってくる。この人たちが病気を持ってきてしまった。新型インフルエンザや新型コロナがまた来てしまった。応天門の変で伴一族を追放した藤原良房《よしふさ》▼もこのとき、この病で亡くなっています。

災害が起こるのは天皇に徳がないから

大変な災害や伝染病が立て続けに襲った。それらが近年の日本を襲っている出来事とけっこう重なっていることがわかっていただけたと思います。古代の

▼鳥海山　山形県と秋田県の県境にまたがる標高二二三六メートルの活火山。出羽富士、庄内富士とも呼ばれる。多くの噴火で畏れられ、山岳信仰の対象となった。

▼渤海　大祚栄《だいそえい》が六九八年に建国し、現在の中国東北部から朝鮮半島北部、ロシアの沿海地方にかけて存在した国。唐や周囲との交易で栄え、日本へは七二七年から使節の派遣を開始。九二六年、契丹（遼）により滅亡。

▼藤原良房　八〇四年生まれ。八四二年の承和の変により皇太子となった甥の道康親王（のちの文徳天皇）が天皇に即位すると、娘の明子を入内させ、生まれた皇子が清和天皇となると外戚として権力を掌握。応天門の変をへて臣下で初の摂政となる。八七二年歿。

日本にとって大きな打撃です。朝廷のトップにいる天皇はどうしたか。清和天皇は、貞観一八（八七六）年、まだ二〇代半ばの若さで、わずか九歳の息子に皇位を譲ることになりました。

清和天皇の退位の理由は伝わっていません。しかし、有力な仮説は立てられます。たぶん当たっていると思うのですけれど。「天譴《てんけん》論」で考えるのが妥当ではないでしょうか。前提としては「帝徳論」をわからないといけません。「帝徳論」は中国の儒教思想から来ています。「皇帝（天皇）というものは天の正義を地上に実現するべく、天に許されて権力を振るえる位についている」という考え方です。もし皇帝に徳が足りなくて真に正義を行えていなければ、天は皇帝を厳しく譴責《けんせき》する。つまり、徳がない天皇は地震や台風、疫病、侵略、政治の乱れといったかたちで天の怒りを受ける。そして、これが当時の人々の常識であり、この時代を考える上での大きなポイントなのです。

東洋西洋問わず一九世紀頃まで、自然災害が起こるのは、地上の人間の良くない行動や世界の秩序の狂いに、天が怒ったためだと考えるのが普通でした。自然科学が発達した二一世紀のいまでも、こうした考え方は人間にけっこう根強く残っています。でも今日だと自然科学的に考えるのが普通で、天譴といわれても、おかしいだろうとなりますよね。しかし古代日本で「天譴論」は、みんなの信じる、とても強い考え方だったのです。しかも「帝徳論」とは、皇帝の徳の有無ですべてを解する理屈です。良いことも悪いことも全部が皇帝、日本の場合は天皇の責任となるのです。たとえば「臣徳論」というのがあって、皇帝の下の臣の徳の有無で良いことも悪いことも起きるのだという理屈が信じられる世界を想定するとどうなるでしょうか。疫病の流行も地震も噴火も、藤原氏が天皇を差し置いて勝手な政治をしたがるから、天が怒ったというロジックが成り立ちます。ならば、清和天皇は退位する必要はなかった。何が起きても天皇は無傷ですね。でも現実の古代の日本は違いました。徳の有無を問われるのは頂点に立つ天皇であり、その下の臣ではなかった。清和天皇もその価値観を信じていましたから、日本に変事が起きたのを、自分に徳がないせいだと思い詰めてしまったのです。

清和天皇は大災害が起きると、「自分に徳がないせいで、みなさんに迷惑をかけてすみません」という詔《みことのり》（天皇の言葉）を発しました。すべて自分が悪いと真剣に信じていたからです。藤原氏や他の貴族たちには傷がつきません。どんなに政治をほしいままにしても、策略で政敵を追放して政治や国を乱してもです。すべては天皇の責任ですから。そして、悪いことが起きるたびに責任を問われれば、天皇の位にいづらくなっていく。

こうして清和天皇は、若くして幼い息子に譲位せざるを得なくなったのでしょう。ただ、これを歴史的に完全に証明することはやはり難しい。清和天皇の考えや感情のわかる日記や手紙は残っていません。何より、日本の中心たる天皇が徳がないからやめたなどということは、日本の歴史にとって非常に不利な情報です。天皇に失礼に当たるし、こんなに不幸なことは後世に書き残すべきではないと考えられたのだと思います。当時の肝心なことは恐らくわざと後世に伝えられていないのです。

清和天皇は退位して上皇となったのち、三〇歳で出家し、現在の関西地方にあたる丹波、山城、大和、河内、摂津など、しかも当時の天皇が行かないような山のなかを巡って、断食など非常に厳しい苦行をしました。天に赦《ゆる》しを請うて徳を積み、せめて子の陽成天皇の治世は良い時代になるよう祈ったのでしょうね。

「謎多き退位　陽成天皇」

さて、陽成天皇▼の時代です。父の清和上皇が山中で厳しい修行を行っていても、貞観から元慶《がんきょう》と元号が変わっても、天変地異は容赦ありませんでした。元慶二（八七八）年九月二九日、関東大震災と似たタイプで同規模と考えられる相模・武蔵地震が現在の東京や神奈川に大被害を与え、元慶四（八八〇）年には現在の島根県を出雲地震が襲います。この出雲地震から間もなく、清和上皇は崩御してしまう。上皇は無茶な修行で体を壊し、いつ死んでもおかしくないような状況でしたが、そこに地震が相次ぎ、自分がどんなに修行をしても何も変わらないという強い失望や心労が重なって亡くなったのだと思います。

▼陽成天皇
八六九年生まれ。清和天皇の第一皇子。母は藤原基経の妹・高子。生後三ヶ月ほどで立太子、八七六年即位。八八四年の突然の退位は、不和だった基経の陰謀などといわれるが理由が明らかでない。和歌を好み、小倉百人一首に「筑波嶺の峰より落つるみなの川　恋ぞつもりて淵となりぬる」所収。九四九年崩御。

元慶二〜三（八七八〜九）年にかけては今度は「元慶の乱▼」です。出羽国で起きました。朝廷により奴隷労働をさせられていた蝦夷《えみし》の人たちの大規模な反乱です。さきほどの鳥海山の大噴火のあとの、東国の社会的不安や情勢の不安定と結びついて起こった反乱でした。地震や噴火といった災害は旱魃や飢饉も同時に引き起こし、社会のひずみが抑えられなくなっていたわけです。

その後ようやく、大地震はしばし途絶えます。が、元慶八（八八四）年二月、摂政・藤原基経《もとつね》▼に追いやられるように、陽成天皇は突然退位してしまいます。この理由も正しくは伝えられていません。しかし、陽成天皇の乳兄弟《ちきょうだい》にあたる源益（＊読み方はみなもとのまさる、すすむ諸説あり）が宮中で撲殺された事件が原因というのが、歴史学者の間の有力な説です。実際、陽成天皇の退位はこの三ヶ月後です。血や穢《けが》れをもっとも忌む宮中で殺人事件が起こっただけでもとんでもないのに、それに天皇自身がかかわっていたとなれば、徳のなさを証明するような出来事だからです。退位には十分な理由づけになります。

この事件そのものは、陽成天皇が殺したのではないか、あるいは陽成天皇の意を汲んだ何者かが犯人ではないか、などいろいろな説があり真相は藪のなかです。天皇の周囲に天皇のあずかり知らぬいざこざがあって、陽成天皇は単に責任を取らされただけと考えることもできましょう。いずれにせよ、殺人にかかわるような天皇はいけないということで、陽成天皇は退位を余儀なくされました。

▼元慶の乱
八七八年、出羽国（現在の山形県と秋田県）で、旱魃による不作にもかかわらず農民から収奪を繰り返すなどの朝廷の苛政に対し、蝦夷の捕虜が起こした反乱。鎮圧は苦戦するも藤原基経らの手によって終息した。

▼藤原基経
八三六年生まれ。藤原長良の三男だったが、男子がいなかった叔父・藤原良房の養子となり、その死後、陽成天皇を廃し光孝天皇を擁立して絶大な権力を有する。日本史上初の関白として政治の実権を握る。長男でのちの左大臣・時平は菅原道真を左遷した中心人物。八九一年歿。

突然の崩御　光孝天皇

次に即位したのは光孝天皇▼です。清和天皇の父・文徳天皇の弟にあたり、八八四年に即位したとき既に五〇代半ばでした。藤原氏が陽成天皇の血筋に継がせないことを強く意図して、光孝天皇を連れ出してきたのだといいます。

ところが即位から三年の仁和《にんな》三（八八七）年七月三〇日、日本は仁和地震に見舞われます。この地震はかつては歴史のなかで軽視されがちだったのですが、二〇一一年の東日本大震災後に資料の検証が改めてなされ、とてつもない大災害とわかってきました。東海・東南海・南海に及ぶ大地震が起こったと推定され、京の都が揺らいだとき、信濃《しなの》（現在の長野県）でも大災害が発生していた記録もみいだされます。現在の日本がもっとも恐れ、もしも発生すれば壊滅的な打撃を受けると予想される南海トラフ地震が発生したと見て間違いないでしょう。つまり、東日本大震災に匹敵する貞観地震から一八年後に、南海トラフ地震と同規模の仁和地震が起こったということです。

そして地震後一ヶ月足らずで、光孝天皇は突如崩御してしまいます。理由を記した書物等は残されていません。地震発生前は何事もなく歌会や宮中の催しをこなしているので、前から病気だったというわけではなかったのでしょう。天譴論に苛まれての心労か、地震で重傷を負ったのか、諸説ありますが根拠はなく、真相はわかりません。

▼**光孝天皇**
八三〇年生まれ。仁明天皇の第三皇子。陽成天皇の突然の退位により、藤原基経に強く推されて即位。宮中行事の再興に努めたほか、諸芸に優れた文化人だったとされる。小倉百人一首に「君がため春の野に出でて若菜つむ　我が衣手に雪はふりつつ」所収。八八七年崩御。

しかも光孝天皇は、まだ正式に跡継ぎが決まっていませんでした。皇太子を立てていなかった。光孝天皇自身は、ある程度役目を果たしたら清和天皇・陽成天皇の血筋に戻すのがよいと考えていたようです。それを世間に示すために、子どもたちを臣籍に降下させて皇位継承者になれないようにしていました。藤原氏としては、殺人を犯したかもしれず、しかも退位に追い込んだことを猛烈に恨んでいる陽成天皇の皇子には天皇を継がせたくない。そこで半ば強引に、すでに皇族から外れていた光孝天皇の長子・源定省《みなもとのさだみ》を皇族に復帰させ即位させます。

「天皇中心の国家を取り戻す　宇多天皇」

現在、皇族が足りないということで、昔皇族だった人を復帰させようとか、それはいけないとか議論されていますが、ひとつの前例がここにあるのですね。皇族から外れて普通の人にいったんなった方が皇族に戻って天皇になった。これが宇多天皇▼です。ただ、アクロバティックな形で即位したために、貴族たちからは「源氏のくせに」と侮られる。「しめた」とほくそ笑んでいるのは藤原氏です。われわれの力で天皇にしてやったのだと。こうして天皇の権威は弱まり、相対的に藤原氏の力が強まることになりました。

しかし、当の宇多天皇は藤原氏の思惑がよくわかっていて、自身の立場にコ

▼宇多天皇
八六七年生まれ。光孝天皇の第七皇子。臣籍降下していたが、光孝天皇の突然の崩御により基経ら藤原氏に推され即位。八九一年、基経の死により親政を開始。律令に則った政治を行い、その治世は「寛平《かんぴょう》の治」と呼ばれる。八九七年、醍醐天皇に譲位。九三一年崩御。

ンプレックスもあったことで、かえって立派な天皇になろうと努めました。そして、強まる一方の藤原氏の力を抑えるべく、菅原道真《すがわらのみちざね》▼を自身の腹心とします。藤原氏に対抗できる大貴族がみな倒されていたなか、唯一頼りになりそうな非藤原の大物貴族として彼が居たわけです。菅原道真はのちに「学問の神様」と崇められるようになるほどですから、圧倒的に頭が良く、文章も上手で漢文などの知識も豊富。当時の日本の最高のインテリかつ政治的センスを持った人でした。宇多天皇はこの菅原道真とタッグを組むことで、清和天皇時代から落ちていくばかりだった天皇の権威を取り戻し、藤原氏にゆがめられる一方だった、天皇を頂点とする律令《りつりょう》▼体制としての中央集権国家を取り戻そうとしたのです。

そのためにも宇多天皇が菅原道真や藤原一門に命じたのが、『日本書紀』から数えて六番めになる日本の国の正史、『日本三代実録』▼の編纂です。朝廷が中心となって正しい歴史を後世に伝えることは、中国歴代王朝の重要な国家事業で、これができているとまともな国家として認められるというのが、当時の「国際社会」の常識でした。正史を編纂することで、中国や朝鮮、渤海などに対して、日本が立派な文明国であると示し続けられるというわけです。じつは今日お話しした災害の日付などが一〇〇〇年以上経ったいまもわかるのは『日本三代実録』のおかげなのです。「三代」というのは清和・陽成・光孝という三代の天皇の時代のこの国の正しい歴史の記録ということで名付けられているのですね。

▼菅原道真
八四五年生まれ。平安時代の貴族、学者、政治家。宇多・醍醐天皇に重用され、右大臣に昇進。当時、異例の出世を遂げたことで藤原氏や他の貴族たちの反感は大きく、九〇一年、左大臣・藤原時平の讒言《ざんげん》で突如大宰府に左遷、九〇三年に当地で歿。死後、祟りとされる異変が起きたことで復権し、天満天神や学問の神様として信仰の対象になった。

▼律令
中国の制度を参考に、七世紀後半から日本で成立、実施された国家の法体系・制度。身分制度、税制度、土地制度を定め、天皇を中心とする中央集権的な国家機構を基幹とする。

九世紀という転換点

しかし結局、宇多天皇は藤原氏の圧力に押され、早めに皇太子に天皇の位を譲らざるを得なくなりました。早々に隠居させられてしまったということですね。菅原道真も失脚させられました。宇多天皇の時代を最後に、律令体制による中央集権国家は崩壊に向かいます。『日本三代実録』を最後に公的な歴史書も作られなくなりました。日本の歴史もまた、公ではなく、主には個人の日記やお寺の記録といった「私《し》」が紡ぐものとなります。

こうして天皇中心・中央集権国家を守ろうとする時代が終わったことで、その後の日本はどうなったでしょうか。極端にいえば藤原氏という巨大なファミリーが日本を私物化する時代になり、それに張り合ったのは元天皇の上皇たちや寺社で、そしてその後は、貴族や上皇や寺社の財産を守るべく武力や警察力を担った者たち、つまり武士の時代に突入していくのです。

じつはこの武士たちの源流にいるのが源氏や平氏、つまり臣籍降下した皇族たちです。最初にお話しした、清和天皇に連なる「清和源氏」が残っている理由もこれです。臣籍降下した元皇族たちは、藤原氏が朝廷の高い位を独占していて都にいても浮かぶ瀬がない。それで地方でお寺や藤原氏などの荘園を守る仕事につきます。国家の正式な軍隊や警察ではなく「私」に雇われたガードマンみたいなものですね。藤原氏にこき使われているともいえますが、土地を守

▼『日本三代実録』
九〇一年成立。古代日本の律令国家が編纂した正史であり、『古事記』『日本書紀』をはじめとする六国史の一つ。編者は藤原時平、菅原道真など。内容は、干支のほか日にちも併記し、祥瑞や災異、詔勅など政治文書も掲載するなど六国史のなかでももっとも詳しく、史書として整った体裁を取る。

るために戦闘力を上げていくうちに、上皇や藤原氏を凌ぐような力をつけていく。そうしてついに出てきたのが平清盛です。

つまり、みんな「私」なのです。財産、土地、権力を私物化し、ただ「私」を守るためだけに他人の権力を奪っていく。その果てにあるのが鎌倉幕府です。そして、ここで打ち立てられた武家の時代が江戸時代まで続くことになるのです。

この体制を変えようとしたのが、明治維新の王政復古▼です。王政復古とは、途絶え続けていたかつての律令制を取り戻すこと。だから、大蔵省など役所の名前を律令制から取っています。ただし、律令はそもそも古代中国の政治・法制度です。明治の日本が真似したのは古代中国ではありません。もちろん近代西洋です。だから王政復古は文明開化でもある。近代西洋をモデルにして律令時代のような天皇中心国家を取り戻す。これが明治維新なのです。

政《まつりごと》を私物化したいという藤原氏の欲望が、上皇や武家に転写されて、天皇は飾り物になって、そのあとの日本の歴史は動いていった。九世紀がその大きな転換点だった。そういうことです。

しかもそれは、自然災害が人間の営みというよりも支配者の徳の有無とダイレクトにつながっていたからこそという、当時の世界観とも密接に結びついていました。集中的に天変地異が起きたがゆえに、天皇の権威はどんどん落ち、藤原氏が力をつけることになった。日本のような災害多発国に、自然災害が起

▼王政復古
武家・幕府勢力の政治関与を終わらせ、政権を再び天皇及び朝廷に戻すこと。一八六八年一二月九日の大号令、戊辰戦争での勝利を経て、明治政府は「五ヶ条の御誓文」で新国家建設の方針を示し、古代王政への復帰を理想として「祭政一致」を掲げるなどした。

きるのは皇帝の徳のなさゆえと考える「帝徳論」を応用することにそもそも無理があったのですね。天皇の権威と権力を護るということを優先しようと考えれば、「帝徳論」は破綻を運命づけられていた。具体的には災害多発時代の九世紀後半に日本の国家のありようの転換がはっきりと促されてしまった。「帝」が退いて「臣」がうまくやってしまったわけです。

そして、この集中的な災害という点において、九世紀と現代の日本は極めてよく似ています。こんなにも大きな地震や気候の異変が続くのは、日本では九世紀以来といってもよい。ただし、人間の常識は変わっていません。いま、災害が続くのは天皇に徳がないからだと考える人はいたとしても、ほんの少しのはずです。

しかし、自然災害が人間の不安を高めたり異常な選択をさせたりして、人間世界の危機と重複すること自体は変わっていません。だからこそ、この九世紀の出来事を一つのモデルとしてみなさんに知っていただきたいのです。異常な災害や危機が続いたとき、人間はどういう行動を取るのか。九世紀日本の災害と危機は、日本の現在と未来を考える上で一つの重要な物差しになるはずです。これからは、みなさんの時代ですから。

Q&A

——戦前の日本が軍国主義に突き進んだのは、『日本三代実録』と同じく日本の正史である『日本書紀』、それから正史ではないけれどそれに類する書物である『古事記』を政府が利用して、天皇を神格化したことが影響しているのではないでしょうか。

そもそも日本が明治維新を始めたのは、ペリー来航という外圧によって侵略の危機にさらされたためです。藩が各地にあり、士農工商という武士が支配階級の身分制度があったのですが、欧米列強に対抗すべく、四民平等、廃藩置県、中央集権といったそれまでとまったく違う体制をつくった。無理矢理にでも日本全体を統一して国民の力を結集しなければならなかったのです。

イギリスやフランスは自国や国民の内在的なテンポに合わせて、共和制や立憲君主制という仕組みになったわけですが、日本では国民の発展段階がまだそこまで行っていなかった。一人ひとりに自由や人権があるという思想も、日本の普通の人にはまだまだよくわからなかったし、国に取り入れるにはまだ早いと明治政府も考えました。

そこで天皇を中心とする中央集権的な政治モデルとして、古代の律令制の時代を求めたのです。明治政府が描く政治のモデルは、日本の過去のなかにはその時代しかなかったともいえます。よって「王政復古の大号令」を出し、天皇の下で国民は平等であるというロジックを使って、国民の力を結集しようとしたわけです。

天皇中心の国家にするために『日本書紀』や『古事記』が根拠になったのは、

天皇が神の子孫だと書かれているからです。だから「日本は神の子孫が治める特別な国、西洋にも負けない！」ということになる。特別な伝統を強調することは、一人ひとりの自尊心を高めて日本国民が統合することにもつながります。

ただし、これがある程度うまくいっていたのは明治のうちまででしょう。大正になるころには大正デモクラシーというくらいで、自由主義や民主主義や個人主義や人権というものを多くの日本国民がそれなりにわかってくる。天皇中心というのとの軋みが大きくなってくる。するとこれからどうなるか。天皇と民主主義を日本は両立させられるのか、それともさせられないのか。ちょうどそういうタイミングで昭和になってすぐ、一九二九（昭和四）年から世界大恐慌が起きます。各国は生き残るために攻撃的にもなり、ついに第二次世界大戦になだれ込みます。日本は中国、アメリカ、イギリス、ソ連など、大国ばかりを戦争の相手として想定していたのですが、人口や資源や工業生産力を考えれば勝ち目がない。そこで、国民のやる気を増大させ日本の力に下駄をはかせるために、明治政府が国民を統合するために用いたロジックの神話的な部分を、極大化していったわけです。「日本は天皇という神の子孫が治める国。神国だから絶対に負けないのだ」と。その果てにあったものは何か。玉砕と神風特攻隊ですね。

「日本は神国だ」という神話の絶対化は、明治にタネとして仕込まれ、昭和に爆発した。理性よりも神話的熱狂に頼るしかない。一度、そっちに舵を切って国民を洗脳してしまうと、国家としてはもう引き返せません。今更、日本は神国ではなかったとはいえないでしょう。このロジックは一度回り出すと止めることができないのです。誰がどう見ても負けだと認識できるくらいに酷く負けないと終われない。だからアメリカが原爆を落とし、ソ連が参戦するまで、やめられなかった。

ただ、今日のお話の文脈でいうと、天皇に徳があれば国は自然の問題も含めてうまく治まるというのと、日本は神国だから戦争に負けないというのは、重なるところもなくはないですが、だいぶん次元の違うことですね。古代に日本の正史とされるのは『日本書紀』から『日本三代実録』までの六つの書物なのですが、一番めの『日本書紀』は神話に遡るので神がかってもいますが、二番めはいつどこで何があったかという淡々たる本ですから、天皇を政治の中心として歴史を記述するからといって、神国として夜郎自大《やろうじだい》化するということでもないと思います。むしろ『日本三代実録』はなぜこうもひどいことばかり起きたのかとびっくりするほどのつらい本ですからね。だからそこで正史が書かれなくなったといえるのかもしれませんが。

わたしの思い出の授業、思い出の先生

Q1：思い出の授業を教えてください

小学校三年生のときの担任でもあった小宮市郎先生の「国語」の授業。

Q2：その授業が記憶に残っている理由はなんですか？

文章を書く喜びを教えてくれました。

Q3：その授業は人生を変えましたか？

物書きとして生きることになったので、やはり人生を変えた、あるいは作ってくれたといえると思います。

わたしの仕事をもっと知るための3冊

片山杜秀『平成精神史　天皇・災害・ナショナリズム』（幻冬舎新書）

片山杜秀『皇国史観』（文春新書）

片山杜秀『尊皇攘夷　水戸学の四百年』（新潮選書）

ホロコースト以降の世界

武井彩佳

たけい・あやか
歴史学者。専門はドイツ現代史、ホロコースト研究。一九七一年生まれ。早稲田大学第一文学部史学科卒業。同大学文学研究科史学専攻博士課程修了。二〇二三年より、学習院女子大学副学長。著書に『戦後ドイツのユダヤ人』『ユダヤ人財産はだれのものか　ホロコーストからパレスチナ問題へ』『歴史修正主義　ヒトラー賛美、ホロコースト否定論から法規制まで』など。

「ホロコースト研究とは」

わたしの専門は「ホロコースト研究▼＝Holocaust Studies」です。ただし、ホロコースト研究と一口にいってもいろいろな研究の仕方があり、歴史学、政治学、法学、社会学、文学、考古学など、あらゆる学問分野からのアプローチが可能です。たとえば政治学は、ナチズム台頭の背景や当時の国際関係などを明らかにし、法学では、戦後に起こったホロコースト関連の裁判を詳しく見ていきます。少し珍しく感じられるのは考古学でしょうか。考古学というと、昔の遺跡などを発掘するようなイメージがあるかもしれませんが、ホロコースト研究における考古学では地中レーダーやドローンなどの最新機器を使って、強制収容所の跡地などを調べたりします。技術の発展とともに登場してきた分野です。

そのなかでわたしは歴史学▼からホロコーストを研究しています。歴史学では、六〇〇万人のユダヤ人の殺害という事実そのものに取り組んでいる研究者も多いのですが、わたしが扱っているのはホロコースト以降の世界、ホロコーストが戦後に与えた影響についてです。

現代の日本に住むわれわれは、ホロコーストをつい、遠い場所で昔に起こったことと考えてしまいがちです。しかしじつは、戦後世界はホロコーストから多大な影響を受けて成り立っています。ですので、ホロコーストを研究することで、現代社会を理解するためのたくさんの鍵が手に入ると考えています。

「パレスチナ問題を例に」

では具体的に、ホロコーストは国際社会にどんな影響を与えたのでしょうか？　いまもイスラエルによる攻撃が続く、パレスチナ問題を例にお話ししたいと思います。

一九四八年、ユダヤ人国家であるイスラエルの建国をきっかけに、アラブ人たちが故郷を追われてパレスチナ難民▼となりました。以降のイスラエルとパレスチナの対立を、「パレスチナ問題」と呼びます。

この中東の地にはむかし、ユダヤ人の国がありました。しかし約二〇〇〇年前、ローマ帝国によって国が滅ぼされると、ユダヤ人たちは世界に離散していきました。これを「ディアスポラ」といいます。離散したユダヤ教徒のうち、

▼**ホロコースト**
第二次世界大戦中にナチス・ドイツ政権とその協力者が行った、ユダヤ人などに対する組織的な迫害や大虐殺のこと。約六〇〇万人のユダヤ人が犠牲になった。ユダヤ人のほかには、ソ連軍捕虜や、スラブ人、ロマ（ジプシー）、政治犯、心身障害者、同性愛者なども迫害の対象とされていた。

▼**歴史学**
過去の出来事を、文書や物などの史料を用いて研究し、浮かび上がらせていく学問。

▼**パレスチナ難民**
一九四八年のイスラエル建国とその後に続く戦争により発生した。ヨルダン川西岸やガザ、シリアやレバノンなどの近隣諸国に逃れ、現在その数は約六〇〇万人。

キリスト教が根を張るヨーロッパに暮らしていた人々は、異教徒として次第に差別や迫害を受けるようになります。そんな反ユダヤ主義から逃れるべく、ユダヤ人の間では一九世紀より、かつての地に戻ろう、自分たちだけの国を創ろうとする「シオニズム運動」▼がさかんになりました。パレスチナには、ユダヤ教、キリスト教、イスラム教、それぞれの聖地であるエルサレムがあります。そのため、三つの宗教の信者たちにとってパレスチナは特別な場所となっており、一部のユダヤ人もここに「戻る」ことにこだわったのです。

二〇世紀になると、ユダヤ人の流入は増え続け、さらに多くのユダヤ人がパレスチナへと戻っていく決定打となったのは、ナチス・ドイツによるユダヤ人迫害でした。移民のユダヤ人と、長きにわたってパレスチナで暮らしていたアラブ人。両者は衝突を繰り返しました。一九四七年、ついに国連によってパレスチナ分割決議▼が採択、その翌年にイスラエルが建国され、最初のパレスチナ難民が発生します。

▼シオニズム運動
シオニズムの語源シオン（Zion）とは、エルサレムの丘を指し、さらにイスラエルの地を意味するようになった。それは旧約聖書で神がイスラエルの民に与えたという「約束の地」であるため、ユダヤ人はその聖地への帰還を熱望した。

世界でもっとも長引く難民問題

ここまでで一旦、ホロコーストが原因の一つとなってパレスチナ難民が発生したという、基本的な流れが押さえられたかと思います。

とはいえ、そこから七五年も経っているにもかかわらず、なぜパレスチナ難民はいまだに「難民」のままなのでしょうか。難民とは、戦争や迫害を避けて他国に逃れた人々のことを指します。難民は、自国の問題が解決すれば国に戻ったり、自国が戻れる状態になければ他国に移住したりするのが一般的なので、本来であれば一時的な存在のはずです。ところが、パレスチナ難民は七五年もずっと難民のままで、これは非常におかしな状況なのです。

さらに、その長い年月の間に、人数もどんどん膨れ上がっています。イスラエル建国の時点で約七〇万人だったパレスチナ難民は、二〇二四年現在では六〇〇万人ほど。現在ガザで攻撃を受けているのは、三世代、四世代めの難民となります。

「複雑化の背景」

なぜここまでこの難民問題はこじれ、長引いてしまっているのか。イスラエルがパレスチナ難民に帰還を許さないなどの要因を挙げることもできますが、事情はもっと複雑です。とくに「ホロコーストや戦争が戦後の世界へ与えた影響」という点から考えてみると、パレスチナ問題複雑化の背景には次の三要素が絡んでいるといえるのではないでしょうか。

一つめは、ホロコーストに対する罪悪感もあり、欧米諸国がイスラエルをユダヤ人のために必要な存在としてみなしてきたことです。この罪悪感とは、ヒ

▼パレスチナ分割決議　第一次世界大戦後のパレスチナは、国際連盟からの委任を受けたイギリスによって統治されていた。しかし、ユダヤ人の流入が増大し、ユダヤ人とアラブ人の衝突が手に負えなくなったイギリスは、委任統治を放棄。その後の一九四七年一一月、国際連合総会の決議に基づいて、パレスチナはユダヤ人とアラブ人の地域に分割され、エルサレムは国連に管理されることとなった。分割は、アメリカのバックアップがあったことや、ホロコーストへの同情などの事情から、ユダヤ人に有利な形で進められた。それに納得しなかった近隣アラブ諸国がイスラエルに宣戦布告し、第一次中東戦争が始まった。

トラーの台頭を許したとか、戦時中に積極的にユダヤ人を助けようとしなかったとか、そういった類のものに限りません。キリスト教中心の社会における、長い反ユダヤ主義の歴史に対する罪悪感も含まれます。

キリスト教はユダヤ教の一派として始まった宗教ですが、神であるイエス・キリストをユダヤ人が磔刑に処したとして、キリスト教徒は中世からユダヤ人の迫害と追放を繰り返してきました。近代になると、こうした「宗教的な反ユダヤ主義」のなかから「人種主義的な反ユダヤ主義」が登場します。それは、ユダヤ人を宗教集団というよりは一つの〝人種▼〟として「劣等なもの」と位置づけ、排除してもかまわないと結論づける思想です。ヒトラーはそんな思想を結晶化させた人物ですので、ヨーロッパ社会は、彼のような独裁者の台頭にある程度の責任を負っています。

二つめは、パレスチナ問題が、第二次世界大戦後の冷戦構造や、各国の政治経済的な思惑による介入と絡み合っていたことです。冷戦下でソ連は、アラブ諸国を支援していました。一方欧米諸国はソ連に対抗するため、中東での拠点であるイスラエルとの結びつきを深めました。一九四八年のイスラエル建国以降、周辺諸国と何度も戦争が起きますが、たびたび部外者であるソ連や欧米諸国が便乗したことで、争いは混迷を極めました。とはいえ、冷戦も一九八九年には終結しています。それにもかかわらず、パレスチナ問題には解決の兆しもありません。

▼人種
ユダヤ人は人種とはいえないが、ヒトラーはユダヤ人の遺伝的な特徴があるとし、「ユダヤ人種」の根絶を訴えた。しかし結局のところ、ユダヤ人であるかどうかはユダヤ教の信仰と関連して定義されており、その理論は破綻していた。

背景となる三つめの要素は、テロが発生するようになったことです。冷戦後、イスラム世界では、イスラム教徒がイスラエルや欧米勢力によって世界的に抑圧されているという認識が強まっていきます。たとえば、二〇〇一年のアメリカ同時多発テロの首謀者であるビン・ラディンは、そういった認識から過激化した人物の一人です。

「イスラエルはなにかにつけてホロコーストを持ち出し、自分たちの行為を正当化している」「欧米社会は、人権だ、民主主義だというくせに、イスラエルがやっていることを黙認しているのはなぜだ」。こうした不満は、ヨーロッパにおけるイスラム教徒の移民社会にも波及していきます。ドイツにはトルコ系が、フランスにはアラブ系の移民が多く暮らしており、こうしたコミュニティのなかから、いわゆる「ホームグロウン・テロリスト」が生まれてくるようになりました。移民の二世代め、三世代めがテロを起こすようになったのです。

このように、中東戦争から世界を巻き込む現代のテロまで。これらのすべてとパレスチナ問題はつながっており、パレスチナ問題とホロコーストもまた深く関連しています。私たちはホロコースト以降の社会の連鎖のなかに生きているといえるわけです。

「人道に対する罪」概念の誕生

ホロコーストは、国際人道法▼が戦後に大きく発展する要因にもなりました。一九四五年から、ナチス・ドイツの戦争犯罪を裁く国際軍事裁判、ニュルンベルク裁判▼が始まりましたが、ここで「人道に対する罪（Crime against humanity）」という重要な犯罪概念が生まれました。ホロコーストのあとから、国際社会は深刻な人権侵害を伴う国家的犯罪をどうやって裁けばいいのか長く議論してきました。人道に対する罪には、ホロコーストなどのジェノサイド、民間人の奴隷化、国外追放、拷問、集団レイプなどが該当し、時効はありません。また、こうした非人道的な犯罪を犯した「個人」を裁くため、二〇〇三年、オランダのハーグに国際刑事裁判所▼（International Criminal Court: ICC）が設置されました。

ＩＣＣの設立に尽力した人に、ベンジャミン・フェレンツ▼という弁護士がいます。二〇二三年に一〇三歳で亡くなったのですが、国際人道法や戦争犯罪の世界では、知らない人はいない人物です。彼はニュルンベルク裁判後の軍事裁判のひとつ、行動部隊《アインザッツグルッペン》裁判の主任検察官として、二七歳という若さでホロコースト犯罪を裁きました。行動部隊とはナチスの移動虐殺部隊のことで、東欧を中心にユダヤ人を銃殺して回った凶悪な組織です。フェレンツ氏は、行動部隊裁判の後も、平和な世界の創造に人生をかけて取り組みました。

つまりホロコーストがきっかけで、人道に対する罪やジェノサイドを裁くしくみができたのです。最近ＩＣＣによって逮捕状が出された例として、ロシ

▼国際人道法
武力紛争の際に適用される国際ルール。人間の尊厳の保護を目的とし、戦闘の手段や方法を規制し、犠牲者を保護する。

▼ニュルンベルク裁判
一九四五年から四六年にかけて、ドイツのニュルンベルクで行われた裁判。ニュルンベルクは、ナチ党の党大会が毎年開催されていた場所であり、また、ユダヤ人排斥のためのニュルンベルク法が制定された場所でもあった。二四名(うち一人は欠席裁判)の被告の審理が行われ、一二名のナチス指導者に死刑判決が下された。

▼国際刑事裁判所（ＩＣＣ）
一九九八年の国際刑事裁判所ローマ規程により設置。日本は二〇〇七年に加盟。二〇二四年

アのプーチン大統領が挙げられます。プーチン大統領による戦争犯罪の嫌疑には、ウクライナの占領地域から子どもたちを連れ去ってロシアで養子に出したことも含まれますが、いまだ逮捕にはいたっていません。また、イスラエルのベンヤミン・ネタニヤフ首相やイスラム組織ハマスの幹部などにも、パレスチナ問題をめぐる戦争犯罪容疑で二〇二四年の五月に逮捕状が請求されました。

ホロコーストの物語化

さて、ここまでは政治や法律などの面からホロコーストの影響を見てきましたが、文化に及ぼした点ではどうでしょうか。

『アンネの日記』『マウス』『X-MEN』『進撃の巨人』……。ホロコーストを題材とした作品は、世界中に数多く存在します。とくにホロコースト関連の映画は、毎年のように日本でも公開されていますよね。「ナチもの」「ホロコーストもの」は一種のジャンルとして市場を形作っていて、わたしのような研究者が映画を見てレビューを寄稿することもあります。これまでに世界中で作られたホロコースト映画は、劇場公開されたものに限定したとしても、四〇〇本を優に超えるのではないでしょうか。

なぜこれほどまでにたくさんの作品がいまも生み出され続けているのか。六〇〇万人もの人が殺された凄惨な歴史が、なぜ文化的な創造につながるのか。

現在の所長は赤根智子氏。

▼**ベンジャミン・フェレンツ**
アメリカの弁護士。一九二〇年、トランシルヴァニア地方(現在のルーマニア)で、ユダヤ人の家庭に生まれる。幼いころにアメリカに移住。ニューヨーク市立大学やハーバード大学で法学を学び、アメリカ陸軍に入隊した。第二次世界大戦後は、軍の戦争犯罪捜査部門に転任し、戦争犯罪の証拠収集などにかかわる。その後ICCの設立に尽力した。二〇二三年歿。

それはホロコーストが、文明社会、さらには人間をも徹底的に破壊した前代未聞のおぞましい犯罪であり、一連の出来事がわれわれに「生きることとの意味とは何か」という究極の問いを、たえず投げかけてくるからだと思います。それらを前にした人間は、何かを表現せずにはいられなくなるのではないでしょうか。

そのようにして作り出された作品は、人の心をゆさぶるだけでなく、ホロコーストという歴史的惨事をいま一度世に知らしめる役割を果たします。すると、歴史を詳しく知らない人たちも、自然とホロコーストのイメージを持つようになる。歴史が文化のコードになる。悲劇がインスピレーションを生んでいるのです。

「ホロコースト・ツーリズム」

強制収容所のなかでも犠牲者数が多く、もっとも名の知れたアウシュヴィッツは現在、年間二〇〇万人近くが訪れる観光名所となっているのをご存じでしょうか。とくに夏のアウシュヴィッツは、ディズニーランドより混んでいるのではといわれるほどです。入り口の監視塔から中に引き込まれた線路のイメージは有名ですよね。貨物列車で移送されてきたユダヤ人が、ガス室へと「選別」された場所です。建物の前はフォトスポットになっていて、いつも観光客

▼プーチン大統領が逮捕されない理由

ICCは令状を執行することのできる警察組織を持っていないため、本来であれば被疑者のいる国に、もしくはICC加盟国に、被疑者を逮捕する義務があると定めている。しかし強制力の欠ける決まりである。また、ロシアが非加盟であるように、ICCから逮捕状が出されるような人物が国家で重要なポジションに就いている国は非加盟国であることが多い。このため、なかなか逮捕にこぎつけられないのが現状である。

が群がっています。

多くの人が亡くなったところでそんなことをしてもいいの？と思う方もいるかもしれません。戦争や災害などの悲劇に見舞われた場所を回ることは「ダーク・ツーリズム」といって、れっきとした観光ジャンルの一つです。そのなかでも、ホロコーストにまつわる記念碑や博物館や強制収容所を訪れることを「ホロコースト・ツーリズム」と呼びます。ダーク・ツーリズムの目的は、歴史を学び、風化を防ぎ、二度と同じことを繰り返さないようにすることです。また、それらが観光資源になり、地元で雇用を生み、経済を回しているということも重要なポイントです。そうして次世代に記憶を継承していくことを、ドイツでは「想起の文化」と呼び、それ自体も研究の対象になっています。

歴史を「書く」幸福

政治や法律から、文化まで。ホロコーストが戦後世界に与えた影響は、多大なものでした。ホロコーストを理解することで、現代社会に起こるさまざまな現象をも読み解くことができる。その魅力に取り憑かれてわたしはいまも研究者を続けていますが、ここまでの道のりは、決して平坦なものではありませんでした。最後に、研究を続ける理由となった奇跡のような体験と、この仕事のやりがいについてお話しして、講義を終わりにしたいと思います。

▼**ベンヤミン・ネタニヤフ首相**
建国後まもなくの一九四九年、イスラエルで生まれる。マサチューセッツ工科大学やハーバード大学で学ぶ。一九九六年、歴代最年少で首相に就任。現在まで合計で三度首相を務め、通算任期は一五年と歴代最長である。二〇二三年一〇月七日、パレスチナのイスラム組織ハマスがイスラエルを攻撃。これを受けて、ネタニヤフはハマスの拠点であるガザ地区へ報復攻撃を実施。イスラエル側の死者数は二〇〇〇人近く。ガザ地区では四万人以上が亡くなっている（二〇二四年現在）。

▼**『アンネの日記』**
ユダヤ人の少女アンネ・フランクによる日記。ナチス・ドイツの占領から逃れ、オランダのアムステルダムに身を潜めた二年間のことが綴られている。二〇〇九年、ユネスコによって世界記憶遺産に登録された。

わたしがホロコースト以降の世界を研究しようと大学院に入学した一九九〇年代の半ばには、じつはまだホロコーストという学問分野は存在すらしていませんでした。大学院の入試で、「ホロコーストを生き延びた人たちがその後どうなったのかについて研究したい」と志望動機を伝えたところ、そんなものは歴史研究ではない、戦後史はまだ「歴史」になりきってはいない、といわれてしまったくらいです。とにかく一からすべてを自力で開拓する必要がありました。どんな史料をどう調べればいいのか。日本にはほかに研究者がいないので、尋ねられる人もいません。それどころか、史料がそもそもどこにあるのか探し出すという根本的なところから取り組まなければなりませんでした。たったひとりでヨーロッパの文書館を駆けずり回る日々。そんななか、とある運命的な出会いがありました。

　わたしは当時、殺されたユダヤ人たちが遺した財産の行方について博士論文を書くことにしていました。▼一般的に財産相続では、家族などの相続人か、相続人がいない場合は国庫に財産が渡ります。しかし、ホロコーストでは一家全員が死亡していることも多く、とはいえ、ユダヤ人を迫害した当の加害国であるドイツが、被害者の財産を受け取ってもいいのかという倫理的な問題もありました。これに関する資料がイスラエルの文書館にあると聞き、九〇年代末、わたしはイスラエルへと飛び立ちました。当時、イスラエルの文書館では、財産関連の史料が十分に整理されておらず、未公開のものも山積みでした。しか

▼『マウス』
アート・スピーゲルマンによるアメリカの漫画。一九九二年、漫画作品で初めてピューリッツァー賞を受賞。邦訳の副題のとおり、「アウシュヴィッツを生きのびた父親の物語」である。作中のキャラクターは集団ごとに動物で描き分けられており、ユダヤ人はネズミ、ドイツ人は猫で表現されている。その着想は、ナチス・ドイツのプロパガンダに由来する。実際に、ユダヤ人をネズミ化して描いたポスターなどが存在する。

▼『X-MEN』
マーベルコミックス刊行のアメコミに登場するヒーローチームおよび彼らが登場する作品シリーズ。登場人物のマグニートーは、ホロコースト生存者という設定で、特殊な能力を持つミュータントによる世界の支配を望んでいるため、ヒーローであるX-MENの宿敵となっている。

し偶然にも、わたしがイスラエルに渡ったタイミングでちょうどそれらにアクセスできるようになり、わたしは歴史の研究者として、世界で最初にその史料に目を通すという幸運を手にしたのです。

わたしは無我夢中で毎日毎日、朝から晩まで資料を読み耽りました。はじめはやみくもに読んでいるだけでしたが、だんだんと、いつ誰がどこで何をしたかという基本的な事実が見えてきて、さらに調査が進むと、なぜそうなったのか、そうならない選択肢はあったのか、ということまで判断できるようになりました。それはまるで巨大なジグソーパズルのピースを埋めていくような作業で、徐々にパズル全体の絵柄が浮かび上がってくることに、心から充足感を覚えました。研究があまりにも楽しくて、毎日早く朝にならないかなと思っていましたし、夜中に興奮で目覚めるほどでした。

教科書に書かれた歴史を学んでいる高校生のみなさんにとって、歴史とは、過去の姿がそのまま事実として、自然に現れたもののように感じられるかもしれません。しかし実際のところ歴史も、誰か作者がいるわけです。もちろん作者が一人、ということはありません。大勢によって過去が「解釈」され、書き換えられたり書き加えられたりしながら、歴史は未来へとリレーされていく。しかしそのスタートラインには、「最初に書きはじめる人」がいます。相続人不在のユダヤ人財産の行方というテーマでは、わたしがまさにその「最初の人」となりました。歴史家冥利に尽きる、忘れがたい経験です。世界で初めて、自

▼**『進撃の巨人』**
諫山創による漫画およびそれを元にしたメディアミックス作品。作中に登場するキャラクターの名前、服装、腕章、壁の内側に住んでいる設定など、ホロコーストをイメージさせるシンボルが随所に使用されている。

▼**ユダヤ人が遺した財産の行方についての博士論文**
『ユダヤ人財産はだれのものか　ホロコーストからパレスチナ問題へ』（白水社、二〇〇八年）として書籍化されている。

分だけに過去が姿を現してくる。それをこの手で文章に起こす。自分が、歴史を「書く」人になる。こんなにもやりがいのある仕事は、他にありません。

Q&A

——ホロコーストで亡くなったユダヤ人の財産は、結局どうなったのでしょうか？

国によって処理のされ方は大きく違っていました。ドイツでは前述の通り、相続人不在の財産が国庫に入ってしまうと加害者が被害者の財産を奪ったことになるため、まずはユダヤ人団体に、そこから生き残ったユダヤ人へと分配されていきました。ドイツ以外の国では、相続人が生存してさえいれば、ある程度返還されました。しかし問題はやはり、相続人不在の財産です。結局、戦後に返還を求める人が現れなかったという理由で、大半は国庫や社会に吸収されてしまいました。詳しくは『ユダヤ人財産はだれのものか　ホロコーストからパレスチナ問題へ』というわたしの著書に載っていますので、よかったら読んでみてください。

わたしの思い出の授業、思い出の先生

Q1：思い出の授業を教えてください

大学一年生のとき、ポーランド史が専門の教授のクラスで、ロシア革命に関する文献を読んだ。

Q2：その授業が記憶に残っている理由はなんですか？

きわめて寡黙な先生で、目をつむって腕組みをしてほとんど喋らないため、寝ているのか、思考しているのかわからず、学生は黙って先生の発話を待ち続けた。何分も沈黙した後に先生がボソッと話す内容がやたらと深く、それゆえに感動もひとしおだった。

Q3：その授業は人生を変えましたか？

この授業がきっかけでロシアに関心を持ち、ソ連が崩壊したばかりだったが、極東からモスクワまで、シベリア鉄道で一週間かけて大陸横断の旅をした。ロシア社会は混乱しており、食べ物も少なかったが、人々は温かかった。モスクワからその足でポーランドに行き、初めてアウシュヴィッツを訪問した。当時のアウシュヴィッツは草が伸び放題で、野原に有刺鉄線が張りめぐらされているような状態で、とても世界最大の殺害現場には見えず、イメージと実際の落差に衝撃を受けた。これがきっかけでホロコースト研究の道に進んだ。

わたしの仕事をもっと知るための3冊

武井彩佳『〈和解〉のリアルポリティクス　ドイツ人とユダヤ人』（みすず書房）

武井彩佳『歴史修正主義　ヒトラー賛美、ホロコースト否定論から法規制まで』（中公新書）

ダン・ストーン著、大山晶訳『終わらぬ歴史　ホロコースト』（みすず書房）

ツルツル人間、私たちは幾何学の奴隷か？

稲垣諭

突然ですが、オノマトペを集めた二つのグループから、どちらが好きか選んでみてください。第一グループは「ツルツル／すべすべ／さらさら／モチモチ／ふわふわ／ゆるゆる」、第二グループは「ガサガサ／ベトベト／ガリガリ／ゴリゴリ／キビキビ」。いろいろなところで質問をすると、前者のグループを選ぶ人が多いです。不思議ですね。

もしかすると、人間はツルツルへと向かっているのかもしれない。「ツルツル人間」になりたがっているのかもしれない。今日はそんな問いから始めたいと思います。「え、どういうこと？」と戸惑われるでしょうか。

わたしは現代ドイツ哲学の現象学という分野を専門にしていて、リハビリテーション医療や精神医療、最近では進化論やジェンダー・セクシュアリティ、人間の「道具」の問題にも関心をもっています。こういうと、いろいろなことに関心があるように見えますが、究極的には人間というものを知りたいんです。

なぜいま、人間は「ツルツル人間」になりたがっているといえるのか。エト

いながき・さとし
北海道生まれ。東洋大学大学院文学研究科哲学専攻博士後期課程修了。文学博士。自治医科大学総合教育部門（哲学）教授を経て、現在、東洋大学文学部哲学科教授。専門は現象学、環境哲学、リハビリテーションの科学哲学。著書に『大丈夫、死ぬには及ばない　今、大学生に何が起きているのか』『壊れながら立ち上がり続ける　個の変容の哲学』『絶滅へようこそ　「終わり」からはじめる哲学入門』『「くぐり抜け」の哲学』など。

ムント・フッサール▼という哲学者が晩年に書いた『幾何学の起源』▼という短いエッセイを出発点に、考えてみたいと思います。

現象学とはなにか

フッサールは現象学という哲学を創始した人です。現象学とは、簡単にいうと、「私たちはつねにどこかの視点から物事を見ていて、世界はその視点のなかに現れてくる」という考え方をします。たとえば、この絵▼（**図1**）を見てください。男性がソファーみたいなものに寝そべっています。足、手が見えますが、右側に山みたいなものも見えますね。これは鼻です。つまりこの絵は、左目から見た世界です。私たちは普段、この鼻が見える世界で物事を見ているんですよね。あたかも客観的に物事を見ていると思っているけど、必ずどこかの視点からでしか物事が見えない。「視点拘束性」がある。

ということは、身長の高さ、鼻の大きさ、視力によっても見える世界は違うし、誰も同じ世界を見てないはずですよね。それなのに私たちは同じ世界を見ていると信じて疑わない。視点を忘却している。ある視点から見る世界は、すべて価値に色付けられています。多数派・少数派はあっても、中立的な見方は存在しない。そういうことに気づかせてくれるような学問が現象学です。

人はそれぞれどのくらい異なる世界を見ているのか。それがわかるひとつの

▼エトムント・フッサール
一八五九年、当時のオーストリア帝国（現チェコ共和国）生まれの哲学者。数学基礎論から出発し、厳密な学としての哲学を探究するに至る。ハレ大学、ゲッティンゲン大学などで教鞭をとる。ハイデッガー、メルロ＝ポンティ、サルトルなど、後世の哲学に与えた影響は数知れない。代表的な著書に『論理学研究』『イデーン』などがある。一九三八年歿。

▼『幾何学の起源』
一九三六年に書かれた手稿。哲学者のジャック・デリダがこの手稿を翻訳、解説をつけて出版した。邦訳版は青土社から刊行。

例に、脳梗塞で左片麻痺の患者さんに描いていただいた自画像があります。左は、急性期、脳梗塞で手術をした一週間後ぐらいに描いてもらったもの。右は、リハビリテーションをして三ヶ月後の自画像です▼（**図2**）。

左の自画像には目や左手がない。それに対して、右の自画像は、正面を向いていて、顔があります。筆致も細かくなっています。この方は右利きなので、麻痺と関係なく絵は描けるはずだったのですが、急性期には描けていないものがあったということです。リハビリ後になると、手も描けていますね。しかも、濃く描かれています。リハビリでは左手の指の麻痺の回復をはかることをしていたので、患者さんの意識が集中して、このような自画像になったのかもしれませんね。

このとき患者さんはどんなふうに世界を見ていたのか。現象学はそういうことを探究できる学問なんです。

人間は幾何学に支配されている？

このような哲学を提唱したフッサールが書いたのが、冒頭で触れた『幾何学の起源』です。幾何学とは、図形や空間の性質を研究する数学の一分野です。英語ではgeometry。geoの語源は地理、場所、土地、metryは測る、計測するということ。つまり土地を計測することが、幾何学のもともとの概念です。

▼**図1**

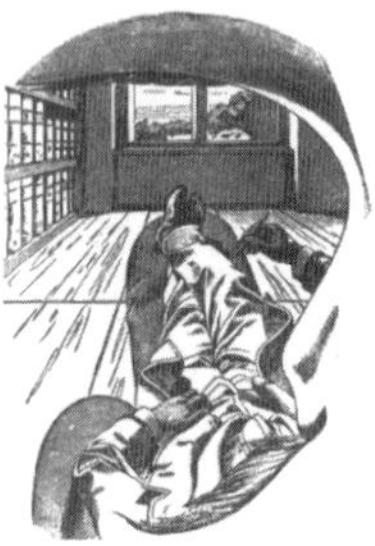

出典：*Ernst Mach, Analyse der Empfindungen Zusammenfassung,* 1992.

▼**図2**

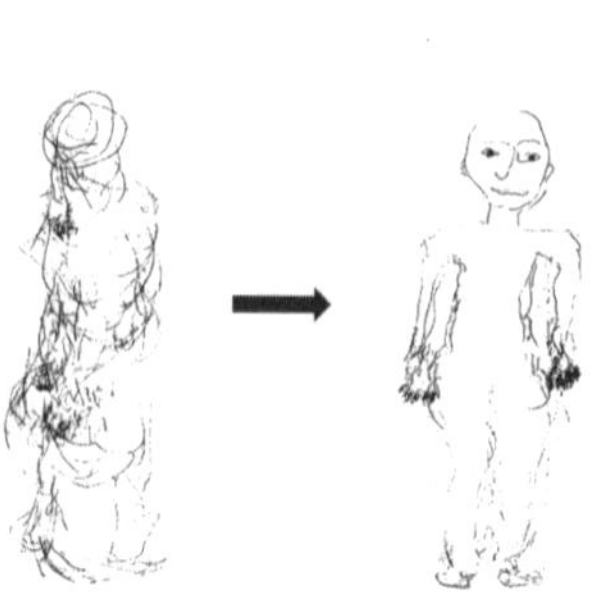

フッサールいわく、「人類は道具の制作プロセスを通して、現実世界には存在しない幾何学を発見したのだ」。さらにその発見によって、われわれ人間はこの幾何学に縛られるようになったのだ、と。どういうことでしょうか。

人類は、さまざまな道具、たとえば石器などをつくるなかで、「ここを削るともっと綺麗な平面になる」と気づくことになりました。そうして、理想的な直線や完全な平面、角や円といった概念が生まれていきます。

たとえば、いまから約三〇〇〇年前、紀元前一〇五〇年頃〜九〇〇年頃につくられた原幾何学様式土器▼があります（図3）。ここには完全な円形に近い文様が描かれています。もっと遡ると、七〇万年前の石器にも、対称的なドロップ形をしているものがあります（図4）。考古学者によると、手に持った石で左右交互に打って、この形にしていたようなのです。これはもう、他の動物にはほぼ見られない人類特有の行為といえますよね。つまり、幾何学に縛られることで、人間は徐々に人間になったとフッサールは考えます。

ですが、こうした幾何学図形は「現実には存在しない」ものなのです。古代エジプトのエウクレイデス▼が著作『原論』で体系化したユークリッド幾何学の定義によると、点は幅をもたない位置、線はその集積だとされています。現実世界で幅をもたない点や線を描くことはどうしたって不可能ですから、現実に幾何学図形は存在しないことになる。にもかかわらず、私たちはそれがあたかも存在するかのように、幾何学の理想的な形を発見します。そして、その理想

▼原幾何学様式土器
ギリシャ草創期の土器。直線や半円、波線などの単純で連続的な模様が描かれているのが特徴。次第に幾何学図形へと発展したと考えられている。

▼図3 紀元前九七五〜九五〇年頃の土器

的な視覚像に私たちの行為が縛られるようになっていくのです。

これは歴史的な話ですが、いまの私たちも幾何学に支配されていると考えられる例はいくつもあります。たとえば、野菜。曲がったものや歪んだものは規格外として市場に流通できなくなります。これは制度として決められているからという理由もありますが、私たちもそうした曲がった野菜を買いたがらないでしょう。シンメトリーを好みがちです。西洋の公園なんかも、丸や四角などを使い、シンメトリーで整備されています。

「毛のないツルツルの身体を求めて」

現在、ますますこの幾何学図形のような視覚像を、私たちは理想的だと考えるようになっているのではないでしょうか。そして自分の身体をも、ツルツルした幾何学図形のようにしたいと思っていないでしょうか。

たとえば、多くの人が脱毛していますね。夏になると、SNSや電車の中吊りで「毛の処理、大丈夫ですか？」と煽る広告を目にすることが増えています。脱毛圧力、ツルツルへの圧力です。

しかし、こうした自発的な脱毛が一般社会に広まったのは二〇世紀頃からです。一八世紀までのヨーロッパでは、体毛や髭こそ男らしさの象徴だとして肯定的に受け取られていました。脱毛はもともとアメリカの先住民の習慣

▼図4

▼エウクレイデス
古代エジプトの数学者、天文学者。ヘレニズム文化の中心地、アレクサンドリアのムセイオンで研究。「ユークリッド幾何学」を完成させ、「幾何学の父」と呼ばれる。そのほか、光の反射の法則を発見し、それを『カトプトリカ（反射視学）』という著作にまとめた。

で、毛をなくすなんて知能が低いと考えられていたのです。そうした価値観が一九二〇年代以降に変化してゆき、アメリカの女性たちの間で脱毛が盛んに行われるようになります。毛があるほうが身分や知能が低いとみなされるようになる。結果、脱毛は、下層階級や移民の人たちと中産階級とを区別するための手段となりました。脱毛が階級や衛生観念と結びついていくようになっていく。いまでは日本でも、高額なお金をかけて脱毛するのが当たり前になりました。

このように脱毛に励む、いまの人類の理想的な視覚像は、iPhoneのようなものなのではないでしょうか。iPhoneはツルツルです。でこぼこのない、CGのような見た目・身体が理想とされるようになっていないでしょうか。肌の色むらをなくし、毛穴を消し、顔の非対称性を消していく。現に、生身の人間ではなく、CGで作られた人間が登場するCMも出てきました。

七〇～八〇年代は「言語」で理想を語っていましたが、現在は「視覚像」で理想を語る世界になりました。ここでの問題点は、視覚メディアで表現された理想と自分とを重ねていくことです。自分の身体と、ツルツルしたCGの身体とのズレに延々と苦しむようになってしまう。

「道具になりたい」

さらに、こういえると思います。「人間はiPhoneのような見た目になったほうがよいのだ」というメッセージを超えて、「人間は道具のようになるべきだ」というメッセージが発せられているのではないか、と。

道具は、人間の力だけではできないことを可能にするものです。たとえば、カーナビは、はじめて訪れた地でも迷わず目的地まで私たちを誘導してくれます。運転している人がナビの指示を間違っても、怒らず繰り返し指示をしてくれる。人間だったら辟易してしまうことにも耐えられる。

ですが少し考えてみると、みなさんは機械と同じようなことを要求されたことはないですか？ さまざまな問題に答えられるようになれ。へこたれてはいけない。自分の能力を絶えず高めていくことが必要だ。こういうメッセージは教育のなかに組み込まれていますよね。広く人の役に立つことが理想とされるなら、それはiPhoneになることを求められているのと同じです。

ほかにも、「あの人、スペック高いよね」とか「物事を見るときの解像度が高い」といったいい方もコンピュータから転用された表現です。怪我をしたアスリートを「故障者リスト」に入れるのも同様のことです。人間の能力をコンピュータや機械の性能に当てはめようとしている。このように、道具の存在が人間の理想像をつくり変えていくということが起こっています。

▼図5

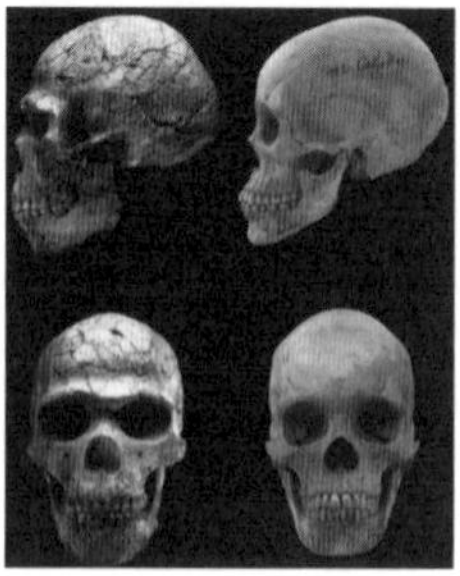

出典：Robert L. Cieri, Steven E. Churchill et al., "Craniofacial Feminization, Social Tolerance, and the Origins of Behavioral Modernity," *The University of Chicago Press* Journal 55-4, 2014.

自己家畜化

では、生物である人間が道具になるとしたら、どのような存在になるのか。道具のような生物、それが家畜です。猫、犬、牛、豚などがそうですね。こうした動物たちと同じように、人間は家畜化しているのではないか、とわたしは考えています。ただし人間の場合は、誰にも飼われていないから、自分で自分を家畜化する方向へと向かいます。これを「自己家畜化」と呼びます。

人間が家畜化していると仮定できる理由はいくつかあります。まず、脳の大きさです。野生動物より家畜動物のほうが脳のサイズが小さくなりますが、人間も時代をくだるにつれ、脳の容量が減っています。この図（**図5**）は、一万年前から八万年ぐらい前のホモ・サピエンスの頭蓋骨（左）と、現生人類の頭蓋骨（右）の比較です。頭蓋も丸みを帯び、顎の大きさも小さくなっています。比べると、全体的にでこぼこがなくなり、ツルツルに近づいていませんか。

もうひとつは、攻撃性の減退です。進化心理学者スティーブン・ピンカー▼は、『暴力の人類史』という本のなかで、現在は有史以来、もっとも暴力の少ない時代だといっています。イスラエルのパレスチナ侵攻や、ロシアのウクライナ侵攻をはじめ、現在も酷い暴力が振るわれていることは確かですが、それでも全体的には減少傾向です。とりわけ日本は殺人の発生率が世界的にみて少ないのです。日本（人口一〇万人あたりの発生件数）は〇・二～〇・三件、韓国は〇・六～〇・

▼スティーブン・ピンカー
認知科学者、実験心理学者。研究領域は、視覚認知、心理言語学など。スタンフォード大学、マサチューセッツ工科大学で教鞭をとる。進化心理学の第一人者として知られ、米国で数々の受賞歴をもつ。著書に『言語を生みだす本能』『思考する言語』『21世紀の啓蒙』など。『暴力の人類史』では、先史時代から現代にいたるまでの七〇〇〇年の歴史を追い、神経生物学など多角的なアプローチから人間の暴力について問うている。

七件、ドイツ、イギリス、フランスが一・〇～一・六件くらい。それに対してアメリカは約五・〇件なので高いですね。▼

物騒な世の中になったといわれますが、むしろ少なくなったから一件一件の犯罪が目立つんです。たとえば、少年による刑法犯の数も犯罪の減少傾向を示すデータがあります。時間軸で見ても、一九七九年から現在まで、一時的に増加することはありますが、やはり減少傾向です（図6）。犯罪化しないような暴力はあるかもしれませんが、統計的にはそういえます。

動物の攻撃性には二種類あって、このどちらもが人間では減退していくのかもしれません。ひとつはリアクティブ・アグレッション（反応的攻撃性）といいます。これはとくに野生動物に見られるような、カッとなって我を忘れるような攻撃性です。犬などには残っていますが、人間は失いつつあります。

もうひとつは、プロアクティブ・アグレッション（計画的攻撃性）。これは、冷静になったうえで相手をどのように攻撃したら効果的か、計画を練って実行するような攻撃性です。こうした攻撃性は動物にはほとんどみられません。人間にはこの計画的攻撃性があるから、反応的攻撃性が抑えられているともいえます。奇襲など相手の隙を突くもの、集団で謀略を巡らせたりする行為、またはリンチやいじめ。SNSの炎上にも似た構造があるでしょう。

あるいは、死刑制度もその一種ですが、世界的に見ると、死刑を撤廃している国も増えています。ということは、計画的攻撃性も減退しているのではない

▼世界の殺人の発生率
『犯罪白書』令和五年版より。

▼図6 少年による刑法犯 非行少年率の推移

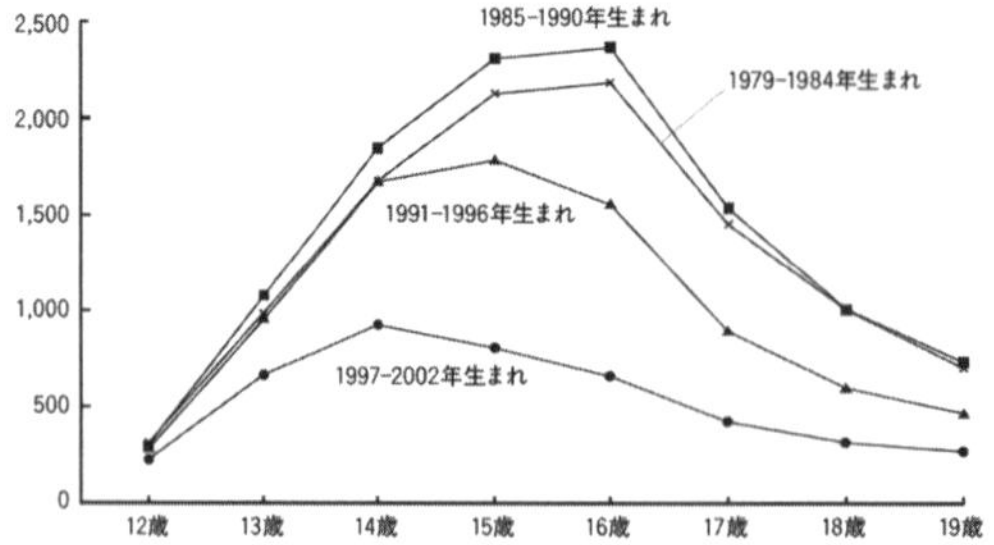

か、という仮説も浮かびます。こうした事象を集めていくと、人間の攻撃性は弱まっている、つまり家畜に近づいているのではないか、と考えることができると思います。

幾何学に縛られた人間は、iPhoneを理想像として自己を「ツルツル人間」にし、さらには道具、家畜になっていく。みなさんはこのように「人間は道具だ、家畜だ」といわれたら、耐え難い嫌悪感を抱くことでしょう。

しかし考えてほしいのは、なぜそもそも道具や家畜という言葉にネガティブなイメージを抱くのかということです。それは、私たちが道具や家畜をこれまでどのように扱ってきたかということと地続きのはずです。侮蔑的で暴力的で差別的な、人間のおぞましい行為とその歴史が、家畜や道具という概念やイメージに絡みついているのです。

ＡＩの発展によって、私たちがＡＩのための道具にされてしまう未来もありえるでしょう。そのなかで、私たちが道具や家畜にしてきたことが、自分たちに翻って突きつけられている。

「ツルツル人間」へと進んでいる私たちは、それぞれ別の鼻を持って見ている世界で、どのように生きていくべきなのか。そう問いを開いて終わりにします。

Q&A

——人間が家畜や道具に酷いことをしていたというお話がありましたが、現在でも言葉の暴力や物理的な攻撃、差別は続いていますよね。それをなくすことはできるのでしょうか。

ゼロになるかというと、難しい問題だと思います。でも確実に減らしていけるし、諦めてはいけない。

たとえば、会社などで仕事ができる人を「あいつは使える」といった言葉で表したりするじゃないですか。こうした言葉からは、その人がどういうふうに道具を使ってきたかが透けて見える。道具を使えるものと使えないものに分けて、使えないほうを処分してきたんだな、といった具合に。

さらに危険なのは、道具や家畜に対して行ってきたようなことを人間にしてしまうことです。たとえば、ペットなどの伴侶動物は去勢手術をすることが多いですね。しかも、私たちは彼らペットの同意を得ずに去勢している。こういう強制的な去勢を障害のある人に対して行ったのが優生思想▼です。

哲学的な態度とは、「ペットに繁殖機能があると一緒に生活するのが難しい、でも人間の都合で勝手に去勢することは許されるのだろうか」と立ち止まって考えてみることです。

こうした葛藤を持ち続けてください。哲学は答えを出すことではなく、問いを持ち続けられるかどうかが重要な学問です。その都度、答えが出るか出ない

▼優生思想
人類の質的向上を目的に、優良な遺伝形質を保存・改良することをめざす思想で、障害者や遺伝性疾患の患者などを「劣った遺伝子」とみなした。日本では、一九四〇年に国民優生法が制定され、戦後の一九四八年の「優生保護法」制定以降、強制不妊手術が実施された。一九九六年に優生保護法が母体保護法に変わり、優生条文も削除されるが、この法律が憲法違反であると判断されたのは二〇二四年七月になってのことである。

かという微妙な隙間を、くぐり抜けていかなきゃいけない。暴力をすべてなくそうとするのは難しくても、どうすれば少しでも減らせるかを考えてみてください。

わたしの思い出の授業、思い出の先生

ぼくはもともと青山学院大学の法学部に在籍していたのですが、法学の勉強は全然せず、バンド活動ばかりしていました。当時の青学のゼミの先生は、いま、早稲田大学の総長になっている田中愛治先生で、無党派層の政治行動分析を行っていました。とても気さくで温和な先生でしたので、そんな偉い先生になってしまうとは、とびっくりもしています(笑)。

卒論を執筆するころに田中先生に「哲学の勉強がしたいので、政治学では卒論書きたくないんですけど……」と正直に伝えると、田中先生は「稲垣はやりたいことをやるのが一番いいタイプだと思う」と目をまっすぐ見つめて「卒論を書かなくていい」と快諾してくれたのです。いま振り返ってみると、そういう恩師の何気ない信頼行為が、人生の大きな分岐点になりうるのだなと思えます。大学在学中は一般教養の「哲学」(清水禮子先生)や「法哲学」(先生の顔もお姿も思い出せるのに名前は思い出せない……!)の講義だけは、なぜか面白かったのを覚えています。

わたしの仕事をもっと知るための3冊

稲垣諭『絶滅へようこそ　「終わり」からはじめる哲学入門』(晶文社)
稲垣諭『「くぐり抜け」の哲学』(講談社)
稲垣諭『大丈夫、死ぬには及ばない　今、大学生に何が起きているのか』(学芸みらい社)

第5章

創造のまなざし

建築という対話

光嶋裕介

ぼくは建築家ですが、建築というものがなんなのか正直わかりません。二〇年前、建築家になろうと思った大学生のときもわからなかったし、いまもはっきりとはわからない。でも、この「わからない」というのはすごくいいことだと思っています。世の中には答えがあることのほうが少なくて、わからないからこそ考える余地が生まれるからです。

建築はひとつの言語のようなものです。たとえば、appleは日本語に翻訳するとリンゴですね。でも、実際にはぼくにとってのappleとあなたにとってのリンゴの認識は少しずつ違っています。完全なる翻訳はできません。

建築も翻訳しようとすると、絶対に不完全になってしまうのです。でもその不完全な翻訳のなかで、どういうことが考えられるかを問いたい。ぼくがそのためにしていることが、スケッチです。自分の目で世界を見て、スケッチを描く。スケッチでなくても、写真を撮ってもいいし、そのとき思いついた詩を書いてもいい。なにかに突き動かされて言葉にできないものを絵にしてみるのは、

こうしま・ゆうすけ
一九七九年、アメリカ・ニュージャージー州生まれ。建築家、一級建築士。早稲田大学理工学部建築学科卒、同大学院修了。博士（建築学）。ドイツの建築設計事務所で働いたのち二〇〇八年に帰国し、独立。二〇二四年まで神戸大学特命准教授、早稲田大学、大阪市立大学非常勤講師を歴任。建築作品に内田樹氏の自宅兼道場「凱風館」や、「旅人庵」「森の生活」など。著書に『これからの建築スケッチしながら考えた』『つくるをひらく』『建築という対話　僕はこうして家をつくる』など。

ひとつの創造的翻訳行為だといえます。

ぼくにとって、建築のわからなさは、「なぜこんなところに柱があるんだろう」「なぜこの窓はこんな形をしているのだろう」「なぜこの素材を使ったのだろう」「なぜあそこのベニヤ板に穴を開けているんだろう」といった具体的な疑問から生まれるものです。生活してみると、あの柱はどうしてこちら側にはないんだろうかと考える。たとえば、そこに柱があったら、歩くのに邪魔だったり、声が通りづらかったりすることがわかります。だからその柱をなくそうとする。でも、その柱をなくすと、柱と柱の距離が遠くなるので、天井を支える梁《はり》が大切になってきます。荷重で折れたら困るので、その梁を大きくして、受け止める柱は太くしなくてはならない。そうすることで、こんどは窓との関係も変わってくる。耐久性だけでなく、音の聞こえ方なんかにも関係してきます。こんなふうに、建築はいろんなことを考えてつくらなくてはなりません。

「スケッチによる対話」

最初にお見せするのは大学二年生のときに描いた、ウィーンの聖シュテファン寺院▼とハース・ハウス▼でのスケッチです（**図1**）。一九九九年七月二八日、一一時五二分に完成しています。これまで人生で何枚もスケッチを描いてきましたが、このスケッチだけは日をまたぎました。七月二七日に描き始めるも日

▼図1　ウィーンの聖シュテファン寺院とハース・ハウスでのスケッチ

が暮れてしまい、完成しなかったので、次の日の朝もう一度行って描き切ったのです。

スケッチをしながら考えていたのは、この寺院のゴシックと呼ばれる建築様式に対して、目の前にあるハース・ハウスというショッピングモールのような建築の対比の意味することがなんなのか。歴史的に古い中世の荘厳なイメージに対して、円柱や四角いルービックキューブのような、いささか品のないガラスが鏡みたいに反射する強烈なコントラスト。昔から続いているものと、新しいものをぶつけるのは重要かもしれないけれど、大聖堂とショッピングモールをぶつけていいいんだろうか？と思いながらスケッチしたのを覚えています。寺院と似たような調和のとれた材料、あるいは調和のとれた形の建築をつくることは絶対にできたはず。でもこの建物をつくったハンス・ホラインという建築家は「ウィーンはずっと革命をして、どんどん新しいことをやってきた。芸術においても、建築においても、聖シュテファン寺院を乗り越える建築はいまこうなんだ」という想いで壊れたような建築を、彼の哲学として建てたのです。それを見た二〇代のぼくは、これはやめたほうが良かったんじゃないかな、と思いました。聖シュテファン寺院はモーツァルトのお葬式をやったような、とても由緒ある教会で、その目の前にこんなふうなショッピングセンターをつくるなんて……と。でも二〇年以上経ったいまは、ハンス・ホラインの気持ちが少しだけわかるような気がしてきました。

▼聖シュテファン寺院
オーストリアの首都ウィーン旧市街の中心地に立つゴシック様式の大聖堂。聖シュテファン大聖堂とも呼ばれる。一二世紀にロマネスク様式の教会として建設が始まり、オーストリア公ルドルフ四世の命で一四世紀にゴシック様式の教会に改築された。

▼ハース・ハウス
オーストリアの建築家ハンス・ホラインが設計したガラス張りの現代建築。一九九〇年にショッピングセンターとして建設された当時は、大聖堂の前に相応しくないという批判もあったが、現在ではハンス・ホラインの代表作とされている。

▼ハンス・ホライン
オーストリアの建築家。一九三四年生まれ。五六年にウィーン美術アカデミーの建築科を卒業後、アメリカに渡り、イリノイ工科大学とカリフォルニア大学バークレー校で建築を学ぶ。

二枚めは、ドイツのベルリンに初めて行ったときに感動したカイザー・ヴィルヘルム記念教会▼のスケッチです（**図2**）。戦争で壊された教会で、これを再建して復興させようというコンペが開かれました。コンペで、ほとんどの建築家たちは被災した教会を壊して、同じようなものをつくったり、まったく新しい教会をつくったり、あるいはこれを元通りに直す、というプランを提案しました。でも、コンペに勝ったのは、壊れたままの状態にして、隣に教会を再建するというプランでした。ドイツ人にはナチスによるユダヤ人迫害の負の経験がありますから、戦争は絶対してはいけないことをよくわかっている。だからこそ、人間の愚かさを、壊れた建築を通して見せ続けるべきだと。その代わり、ミサができるように、隣に小さな教会をつくって対比させた。形を変え、素材を変え、対比させることで、もとの教会が壊れていることがより引き立つと考えられてつくられたのが、この教会なのです。

ぼくはスケッチしながら、建築というのは人間の「記憶の器」なんだと思いました。この教会はドイツ人の記憶の器だけれど、日本から訪れた建築学生としても確かなメッセージが伝わり、とても惹きつけられました。

「自然と人間」

衣食住は人間が生きていく上でもっとも必要なものといわれます。それでは、

六四年にウィーンで設計事務所を開設。二〇世紀後半のポストモダニズム建築を代表する建築家として知られる。二〇一四年歿。

▼カイザー・ヴィルヘルム記念教会 ドイツの首都ベルリンに立つロマネスク様式の教会。ドイツ帝国の初代皇帝ヴィルヘルム一世を讃える目的で一八九五年に造られた。第二次世界大戦下の空爆で大きく破壊されたが、戦争の記憶を後世に残すため、そのままの形で保存されている。

▼図2　カイザー・ヴィルヘルム記念教会のスケッチ

家のはじまりってなんなんでしょうか。

アメリカの哲学思想家、ヘンリー・デイヴィッド・ソロー▼が、森のなかに自分で建てた小屋があります。ウォールデンという湖がある森にセルフビルドで小屋を建てて、一人で住みました。そこで、家の始まりとはなんなのか、人間が生きるってなんなのだろう、と考えたことが『森の生活▼』という本で読めます。

人間が地球上で生きるためには、住まう場所を自らつくらなければなりません。そのためには、いろんなことを想像してつくる必要があります。多くの人が、家は森から始まったんだと考えています。森に生えている木に梁をかけ、屋根をかけて、雨をしのぐ安全な場所をつくったのではないか。あるいは、洞窟から始まったのだと考える人もいます。洞窟は雨をしのげても、入り口からしか光が入ってきません。光のある場所で小屋をつくるためには木が必要、だったら森に行けばいい、というふうにして、プリミティブハット（原始的な小屋）という考え方が生まれました。

二〇世紀アメリカを代表する建築家、フランク・ロイド・ライト▼に、「落水荘▼」という滝の上に建てられた住宅作品があります。これもソローの森の小屋と同じ発想でつくられています。建築に必要な石は、もともと地球にあるものです。コンクリートも地球を材料にしていますし、木はもちろん森そのもの。建築家たちは、自然と建築物をどう調和させるかを考えて、自分たちの哲学をもとに構築するものを、自然と対比させながらつくります。建築は動かないけ

▼ヘンリー・デイヴィッド・ソロー
アメリカの思想家、作家、自然学者。一八一七年生まれ。ラルフ・ウォルド・エマーソンの影響を受け、自身の思索や哲学を実践するためにウォールデン湖畔で自給自足の生活を送った。著書に『森の生活』『市民の反抗』など。一八六二年歿。

▼『森の生活　ウォールデン』
ソローの故郷であるボストン近郊、ウォールデン湖畔に自ら建てた小屋で、二年二ヵ月にわたり自給自足の生活をした体験記。資本主義社会が拡大する当時のアメリカにおいて、自然のなかに身を置きながら思索を深め「どう生きるべきか」を追究した。「シンプルライフ」や「ミニマリズム」の元祖ともいわれる一冊。岩波文庫、講談社文庫、角川文庫、小学館文庫など邦訳多数。

れど、自然は風が吹いて動き、光も水も動く。動いている自然と動かない建築がどう調和するかを考え続けるのです。

モダニズムの建築家、ル・コルビュジエの代表作「サヴォア邸」は、フランク・ロイド・ライトと違って、自然と調和するのではなく、自然から独立することを目指してつくられました。

二〇世紀初頭には飛行機ができて、科学技術の発展による産業革命で人間が急速に成長して物事のスピードがどんどん速くなった。建築だって機械のようにどんどん進化し成長するべきだと考えたのがモダニズムの始まりです。コルビュジエは「大地から建築は自律するべきだ」と考えました。だから、柱で持ち上げた四角く白い箱をつくるべきだと考えたのです。それがサヴォア邸です。でも、四角い箱をつくって持ち上げたのはいいけれど、それでは室内に上がれないので階段をつくった。その箱の下の部分が緑に塗られているのは、きっと森のなかに白い箱が浮いているようにしたくて、近い色でカモフラージュしたのでしょう。この建物はパリ郊外のポワシーという場所にあるのですが、パリとの交通手段は車しかありません。それで、敷地のなかをフランスのシトロエンが通り、玄関まで雨に濡れないで車が寄せられるようにしなくてはいけなくなった。どんな設計にも理由があるんです。自然と人間の関係性は建築を考える上で、貴重なアイディアのひとつだといっていい。

▼フランク・ロイド・ライト
アメリカの建築家。一八六七年生まれ。八七年からシカゴのルイス・サリバン建築事務所で建築を学び、九三年に独立。二〇世紀美術館建築の傑作のひとつとされるニューヨークのグッゲンハイム美術館など、多数の名作を含めて生涯約四〇〇件の建築を手掛けた。一九五九年歿。

▼サヴォア邸のスケッチ

「つくりながら生きること」

家とは何か。建築とは何か。それを考えると、そもそもの「つくる」ということに行き当たります。服だって昔の人間は動物から皮を剥いだり、藁を編んだりして自分たちでつくっていた。食べ物だっていまはお金を払えば買えるけれど、昔はそうじゃない。基本的には人間はすべてのものを自分たちでつくらないと生きていけない。だから建築家は、常につくることを前提に考えている。でも、考えてほしいのは、なにかをつくるということは、なにかを壊しているということでもあります。プラモデルだったら、与えられたパーツがある。でも建築をつくるということは、プラモデルと違って、パーツからつくらなくてはなりません。そのパーツは地球を壊してつくっています。この地球に対して謙虚な感覚をちゃんと持たないといけません。

スペインのバルセロナに、ガウディ▼がつくったサグラダ・ファミリア▼という、建築があります。未完の建築として世界的に有名ですが、二〇二六年についに完成するといわれています。ガウディの没後一〇〇年でサグラダ・ファミリアがついに完成というストーリーが欲しいのでしょう。いまもこの建築はつくり続けられています。完成していないのに、つくり始めて一〇〇年以上経っているから、修復しなくてはいけないところが出てくるわけです。人間でいうとこれから生まれようとしている赤ちゃんなのに、もう老人でもあるという、わけ

▼落水荘
アメリカ、ペンシルベニア州南西部の町ミルランにある邸宅。一九三六年から三九年にかけて、フランク・ロイド・ライトの設計により、実業家エドガー＝カウフマンの私邸として建設された。滝の上に居住空間をつくった自然と一体の作品で、ライト晩年の代表作のひとつ。

▼ル・コルビュジエ
フランスの建築家。一八八七年、スイス生まれ。フランク・ロイド・ライト、ミース・ファン・デル・ローエとともに二〇世紀を代表する「近代建築の三巨匠」と呼ばれる。建築の代表作にサヴォア邸、ロンシャンの礼拝堂など。一九二七年に「近代建築の五原則」を発表。近代建築理論を導いたほか、「現代建築国際会議（CIAM）」の主唱者として都市計画案を多数提案。著書に『建築をめざして』『都市設計』など。一九六五年歿。

のわからなさ。古いところを直しながら新しいところをつくっているにもかかわらず、ガウディ自身が「俺は森のような建築をつくろうとしているんだ」とコンセプトを言葉で伝えなくても、入った瞬間に誰もが「この柱は木みたいだね」「枝が広がっているようだ」「木漏れ日みたいだね」という、森のような豊かな世界観がちゃんと伝わってきます。建築は、そのくらい強い言語であり、豊かで総合的なものなのです。ぼくはそれをスケッチすることによって、ガウディと対話してきました（**図3**）。

世界を知るために

もうひとつ重要なのが、「真似をする」ということ。一般的には学校では真似をしちゃいけないといわれますが、つくることは真似をすることから始まります。なにかをつくる上で、完全なオリジナルなんてものは存在しません。真似というと抵抗があるかもしれないけれど、古いものから影響を受けてそれをみんなでパスしながら繋いでいくという感覚です。

アメリカに、イタリア系移民のサイモン・ロディアという人がいました。彼は、自分でサグラダ・ファミリアみたいなものをつくっちゃったことで有名です。拾ってきたコカ・コーラの瓶や、鉄くずなど、ゴミのなかから使えそうなものを集めて、誰にも頼まれてないのに、三〇年もの歳月をかけてひたすら塔

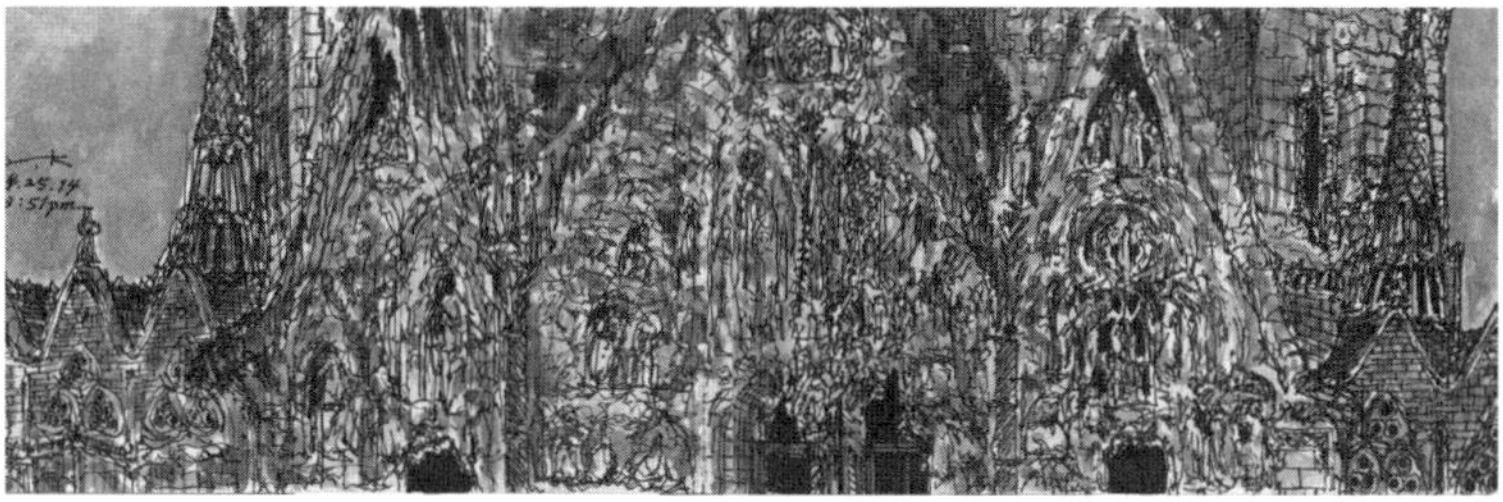

▼図3　サグラダ・ファミリアのスケッチ

をつくりました。ロサンゼルスのワッツというすごく治安の悪い地域で、路上生活者もたくさんいます。そこで、決して裕福ではないサイモン・ロディアが、誰に依頼されたわけでもなく、四二歳のときに突然「ワッツタワー▼」をつくろうと思った。三三年かけて、七〇いくつのおじいちゃんになるまでずっと。三〇メートルもあるタワーを、足場もなく上ってつくったのですが、もちろん違法建築です。ぼくも見に行ったのですが、一人のおっちゃんが趣味でつくるレベルのものでは到底ありません。もはや、美的にどうこうではなく、そこに込められた狂気的な想いの強さがヒシヒシと伝わってくる。おそらく彼はサグラダ・ファミリアの現物を見たことがなかったと思いますが、たぶんポストカードかなにかで見て、俺もつくってみようといって実際にやってのけた。建物としても危険なのですが、修復されながら観光名所になっています。

真似してつくることは、世界を知っていくことでもあるのです。オリジナルでないことを心配するより、みんなでつくり、みんなで考えること。そこでは「つくる喜び」を感じることがとても大切なのです。そのためには世界をよく見て、不完全な翻訳を楽しみながら続けるしかない。だからぼくは建築をつくりながら、スケッチを続けています。

建築とはなんなのか。ライトやコルビュジエが考えたように、自然と建築というふたつに分けると、自然側がわからなくて、建築がわかるというふうに考えがちです。でもじつは、自分のなかにも身体というもうひとつの自然があり

▼アントニ・ガウディ
スペインの建築家。一八五二年生まれ。一八七四年、バルセロナの建築学校に入学。在学中からビリャールやフォントセレなどの著名な建築家の仕事を手伝い、実務を学んだ。一八八三年、前任者のビリャールから引き継ぎ、バルセロナのサグラダ・ファミリア教会の設計責任者となる。この仕事は彼の死に至るまで続いた。一九二六年歿。

▼サグラダ・ファミリア
スペイン・バルセロナに建築中のカトリックの教会堂。一八八二年、民間カトリック団体のサンホセ協会が貧しい人々のための教会として建設を計画し、フランシスコ・ビリャールが無償で設計を引き受けたものの、翌年に意見の対立から設計者を辞任。後任として、当時無名だったガウディが設計を引き継いだ。ガウディは一から設計を練り直し、ライフワークとしてその建

ますよね。物を食べるとき、口のなかに入れるまでは意識できても、飲み込んでから排泄するまでは何が起きてるのかほとんどわからない。医者でも、身体がどうなっているか全部わかっている人はいないでしょう。そういった身近なところにある「わからなさ」を大切にする心と感性を育んでいくことで、この多様な世界との豊かな対話のきっかけを自分でみつけていってほしいと思っています。

建築と対話することによって、自分の世界に対する見方を鍛えることは、自分で世界が変えられるという希望につながると、ぼくは信じています。

Q&A

——「地球を壊してつくる」ということに対して、先生は建築のサステナビリティについてどのように考えていらっしゃいますか。

いまサステナブルやSDGsについて認識が広がっていることはとてもいいなと思うし、グレタ▼さんみたいに発信する人がいるのは大事だと思います。

でも、サステナビリティを考えるうえですごく難しいのは、地球を壊して都市をつくっていること、建築でも同様のことが行われているそのサイクルを俯瞰してどう考えるかという難しさです。

ソローの「森の生活」の考え方は、そのサイクルを小さく小さくしようということでした。サイモン・ロディアなんてゴミとして捨てられていた瓶などを

設に取り組んだ。あまりにも壮大かつ微細な造りのため、かつては着工から完成まで三〇〇年と予想されていたが、工事が加速化し、ガウディ没後一〇〇周年の二〇二六年に完成予定。

▼ワッツタワー
ロサンゼルスのスラム街、ワッツ地区にイタリア移民のサイモン・ロディアが四二歳のころから三三年をかけて建設した塔の総称。ガラスや陶器、貝殻、タイルなど身近な廃材を利用し、華やかな装飾が施されている。塔は一番高いもので約三〇メートルの高さがある。目的は不明で、なぜ塔を造るのかと問われたロディアは「何か大きなことをやるべきだと思った」と答えたという。

使って、ガウディみたいな建物をつくってみせた。なので、ソローは地球をほとんど壊していないし、地球を壊した商品のゴミを使ったという意味においては、ロディアも結果的にサステナブルに地球と関与している。サステナブルを考えるときにサステイン＝維持する状態だから、何を維持するのかという話になってきます。自分が住んでいる地域なのか、自分の住んでいる国なのか、いや自分さえよければいいんじゃないよな、とアジアぐらいまで広げて考えるとか、北極・南極の氷が溶けていることと自分は無関係といえるのか、とか。他者への想像力の解像度をもっと高くしないといけません。

たとえば高層ビルをつくるとき、関与している人間はとても多い。何千人の職人さんから何万人の人たちです。仮にホテルだとすると、そのホテルに泊まった人、ホテルで働いている人だけがそのビルに関与しているわけではなく、ビルの前を通ったり、ただ見るだけでも、既にそのビルと関与していると思うのです。そういうふうに複雑なまま世界を丁寧に考えると、サイクルの大きさにもよるし、誰がどこまでサステナブルかというのはものすごく難しい問題です。

ひとついえるのは、人間の行為のなかで、もっとも地球を壊していることは戦争だということです。ロシアでもウクライナでもパレスチナでもガザでも、戦争が地球を圧倒的に壊していることは間違いありません。

そもそも、地球はすごく長い時間をかければ取り返しがつくけれど、戦争によって奪われた人の命は取り返しがつきません。その意味で、ダブルで破壊し

▼グレタ・トゥーンベリ
スウェーデンの環境活動家。二〇〇三年生まれ。地球温暖化が要因と思われる異常気象への対策が行われないことに警鐘を鳴らすため、二〇一八年八月にひとりで国会議事堂前に座り込み「Strike for Climate」（気候変動のためのストライキ）を行った。

ている最悪な状態。ロシアのウクライナ侵攻のときに声を上げたり、いま世界中の学生たちがガザに声を上げていることは、「地球を壊すな」というメッセージでもあると思います。

最近、広島と長崎に落とされた原子爆弾がどのようにつくられて使われたのかということを描いた映画『オッペンハイマー』▼が公開になりました。もう七〇年以上前の話だから関係ないというわけではなくて、日本人はまさに当事者。それと同時に、放射能の話でいうと、人災天災としてのフクシマの話でもあり、チェルノブイリの話でもある。生きていることは、いつだって地球とかかわり続けることにほかなりません。

サステナブルであるということは、どういう視野でその循環を見るのかによって大きく変わってきます。でも、ぼくは他者とともに生きること、想像してつくることをどうするか考えるのがサステナブルであると思います。答えはひとつではありません。

でも、絶対的な答えがないから考えなくていいのではなくて、自分なりの答えを実践しながら失敗しても調整していくことが大事なのだと思います。つまりは諦めないでみんなでしぶとく考え続けていきましょう。

▼『オッペンハイマー』
クリストファー・ノーラン監督、キリアン・マーフィー主演の映画。二〇二三年公開。世界初の原子爆弾を開発した「原爆の父」として知られる理論物理学者ロバート・オッペンハイマーを題材とし、第二次世界大戦下、世界の運命を握った天才科学者の栄光と没落の生涯を実話に基づき描く。第九六回アカデミー賞で、作品賞を含む七部門を受賞。

わたしの思い出の授業、
思い出の先生

高校生のときに、美術の授業で土を使って鶏の彫刻をつくったのをよく覚えています。ピカソの彫刻やアフリカの彫刻を参照しながら、土を触るのがとにかく楽しかった。押したら凹み、向こう側が膨らむ。可塑性がある素材にワクワクした。授業では何回かでそれぞれが鶏を土で完成させるだけだったが、ぼくは美術部ということもあって、最後に写真を撮って壊すのではなく、石膏で型をとり、石膏彫刻をつくることに挑戦させてもらった。成績とか、受験とかに関係なく、自由に「制作（つくる）」することの楽しさを教えてもらったのが、この美術の先生。ぼくが将来についてあれこれ考えているときも「建築は芸術の頂点なんだ。だって、絵画や彫刻は美しくても人の命を守るのは、建築だけだ」ということをいわれて、僕の建築家への夢は動き始めた。

わたしの仕事を
もっと知るための3冊

光嶋裕介『増補 みんなの家。　建築家一年生の初仕事と今になって思うこと』（ちくま文庫）
光嶋裕介『ここちよさの建築』（NHK出版）
光嶋裕介『建築のはじまり　光嶋裕介の旅とスケッチ』（左右社、近刊）

矛盾の効用　常識を崩すための方法論

小坂井敏晶

こざかい・としあき
一九五六年、愛知県生まれ。一九八一年よりフランス在住。一九九四年、パリ社会科学高等研究院修了。長らくパリ第八大学心理学部准教授を務め、二〇二二年に退官。著者に『異文化受容のパラドックス』『民族という虚構』『社会心理学講義〈閉ざされた社会〉と〈開かれた社会〉』『矛盾と創造　自らの問いを解くための方法論』など。

「常識は最大の敵である」

考える上で一番大切なことは豊富な知識や情報ではありません。知識こそが理解の邪魔をする。常識と距離を取ることが一番大切です。ところが、これがまた一番難しい。常識を崩した後で知識をどう再構築するか。その際に役立つのがパタン、つまり型です。多様な材料やテーマを貫くパタンに注目して矛盾を解きます。しかし頭だけでは考えられません。慣れた思考枠を崩すのはとても苦しい。アイデンティティが壊れる恐怖があるからです。でも、そこから逃げたら深い考えには至らない。これが今日のお話しで皆さんに一番伝えたいことです。

知識の獲得とは、空の箱に新しいものを入れるようなことではありません。記憶と呼ばれる箱にはさまざまな要素がすでにいっぱい詰まっている。そのままでは余分の空間がないので、要素を並べ替えたり、知識の一部を捨てなければ、新しい要素は箱に詰め込めません。

こんな話があります。ある夜、散歩していると、街灯の下で捜し物をする人に出会います。鍵を落としたので家に帰れず困っているという。一緒に探しますが、落とし物は見つかりません。そこで、「この近くで落としたのは確かですか」と確認すると、「落としたのは他の場所だが暗くて何も見えない、だから街灯近くの明るいところで探している」という答えが返ってくるというオチです。

この街灯の光は常識の喩《たと》えです。われわれは探すべきところを探さずに、慣れた思考枠に囚われている。常識のなかでも特に厄介なのが倫理観や道徳です。感情に流されていては、人間の本当の姿は見えません。知識の不足が問題なのでなく、逆に、知識の過剰が理解を邪魔する。常識という先入観が邪魔をする。

「矛盾と格闘せよ」

では、どうしたら常識を疑えるでしょうか。それには矛盾に注目すると良いでしょう。学問分野を横断する学際的研究の重要性がよくいわれますね。しかし、それはさまざまな分野の学者が集まるおかげで情報が増えるから重要なのではありません。異質な見方のぶつかり合いを通して、矛盾に気づくからです。そして矛盾との格闘から新しい発想が生まれる。これが学際的アプローチの最大の利点です。

天文学者ヨハネス・ケプラー▼の例を挙げましょう。惑星運動に関するケプラーの三法則▼は、近代的意味における天文学最初の法則です。ケプラー以前の学者にとって惑星運動の研究とは、周転円と呼ばれる円形の歯車を組み合わせて惑星の動きを描写するだけでした。それは地動説を唱えたコペルニクスも同じです。コペルニクスは、地球の周りを太陽と他の惑星が回るという従来の天動説を覆し、理論値と観測値との誤差を飛躍的に小さくしました。しかし歯車を組み合わせる発想自体は変わっていません。

今でこそ天文学は物理学の一分野になっていますが、近代になるまでは、神が定める天の運行と、不完全な人間世界に起きる出来事が違う性質の現象だと信じられていました。したがって同じ原理で説明できるとは考えられていなかった。ケプラーはタブーを犯し、物理学の法則で天文学の現象を説明しようとしました。そのとき、それまで誰も疑問に思わなかった矛盾に初めて気づきます。

惑星の公転周期、そして太陽から惑星までの距離は当時すでに正確に知られていました。太陽から離れるにつれて、惑星の公転周期は当然長くなります。ところがよく注意すると、遠くの惑星は長い距離を回っているだけでなく、その速度も遅いことに気づきます。たとえば、土星が太陽を一周する距離は、木星が太陽を一周する距離の二倍です。ところが、一周する時間は二倍にならな

▼ヨハネス・ケプラー
一五七一年生まれ。ドイツの天文学者。病弱であったが、聖職者を目指して神学科に進学。そこで天文学に出会い、コペルニクスの地動説に傾倒していった。卒業後は、聖職者ではなく数学と天文学の教員になり、研究を続ける。「ケプラーの法則」を唱えたことでよく知られ、その功績は、のちにニュートンによる「万有引力」の発見につながった。一六三〇年歿。

▼ケプラーの三法則
①惑星は、太陽を焦点の一つとする楕円軌道を描く（＝楕円軌道の法則）②惑星と太陽を結ぶ線分が単位時間内に通過する部分の面積は一定である（＝面積速度一定の法則）③惑星の公転周期の二乗は、軌道長半径（楕円軌道の長い方の軸の半分）の三乗に比例する（＝調和の法則）。

い。なぜなのか。

太陽から何らかの力が出ていて、その力が惑星を動かしている。しかし、遠くの惑星に達するまでに、力は次第に弱くなる。だから、太陽から遠く離れた惑星の速度は遅くなる。これがケプラーの見つけた答えでした。

当時の天文学者の仕事は歯車の組み合わせにすぎませんでしたから、ケプラーのような疑問は誰も抱かなかった。天文学の現象を物理学の手法で解こうとして初めて起きる疑問です。これが学際的アプローチの効能です。

「矛盾の解き方」

次に、矛盾をどう解くか。アインシュタイン▼の例を取り挙げましょう。一九世紀末、光の性質▼に関してニュートンの粒子説とマックスウェルの電磁波理論が対抗していました。こういう矛盾にぶつかったとき、どうすべきか。次の三つの解法が可能です。

もっとも初歩的でつまらないやり方は、ニュートンかマックスウェルのどちらかが正しくて、他方がまちがいだと考えるアプローチです。こんな発想からは画期的な理論は生まれません。次のやり方は、現象を条件ごとに分類し、異なる説明をそれぞれに適用するアプローチです。ある条件ではニュートン理論を適用し、他の条件ではマックスウェル理論を使う。喧嘩しないように棲み分

▼一周する時間
だいたい、水星は三ヶ月、金星は七ヶ月、火星は二年、木星は一二年、土星は三〇年である。

▼アルバート・アインシュタイン
一八七九年生まれ。ドイツ生まれのユダヤ人。理論物理学者。五歳頃までほとんど話すことができなかったが、早くから数学の才能を見せ、微分積分も独学で習得した。スイス連邦工科大学を卒業後、スイスの特許庁に就職したことで時間ができ、研究に没頭できた。「相対性理論」が有名だが、「光量子仮説」の発見で一九二一年にノーベル物理学賞も受賞している。ナチス・ドイツから逃れるため、アメリカに亡命。一九五五年歿。

けするわけです。だが、これもつまらない。こういう安易な妥協的解決でなく、当然視されている前提を疑う方が斬新な新理論を生みます。アインシュタインは、それまで誰も手放さなかったエーテルの存在を切り捨て、絶対時間と絶対空間という常識を放棄して、時間も空間も伸び縮みすることを示し、矛盾を解きました。

ニュートンも同じです。「リンゴが落ちる」事実と、それに真っ向から反する「月が空から落ちてこない」事実との間に矛盾がないことを示し、異質な二つの現象をたった一つの法則で捉えました。三メートルの高さにリンゴを持ち上げて手を離せば、地面に落ちる。一〇〇メートルの高さのビルから落としても同じです。では、月の位置までリンゴを持っていって手を離したらどうだろうか。これがニュートンの疑問でした。リンゴの落下と月の浮遊に別々の法則を当てはめる解決は、現象を条件ごとに分類する解法にすぎません。それではつまらない。ケプラーが現れる以前には、天と地の出来事が分けて考えられていました。ニュートンも、その常識を捨て、物理学の手法で矛盾を解きました。先入観を捨てる大切さが伝わったでしょうか。

▼**光の性質**
光は粒子なのか波なのか。もし波ならば、音波と同じように光は真空で伝わらないはずだが、実際には真空にしても光などの電磁波は伝わる。したがって、「エーテル」という別の媒質が存在するはずであると考えられていた。しかし、アインシュタインはエーテルの存在を否定し、光は波ではなく光量子であると示した。

「日本における異文化受容」

さて、常識を壊した後、知識をどう再構築するか。それには型が役に立ちます。

『異文化受容のパラドックス』▼で、私がどのように型を利用したか示しましょう。

日本は〈閉ざされた社会〉であり　かつ、〈開かれた文化〉だと丸山眞男▼はいいます。人の交流という意味では、日本社会は外部に対して閉じている。外国人は日本に少ないし、外国に住む日本人も少ない。しかし文化は貪欲に外国の情報を受け入れてきた。古くは中国から、そして明治以降は西洋からたくさんの知識を学びました。

社会は閉ざされているのに、文化は開かれている。この矛盾の解き方は、いくつか考えられます。矛盾しているように見えるのは、二つのうちのどちらかの理解が誤っているからかもしれません。日本社会は本当に閉じているのかと考え直し、社会が外部に開かれている事実を証明するデータを集める。閉ざされているようにみえても、それは見かけだけであり、実際には開放的だと証明できれば、開かれた社会が開かれた文化を持つわけですから、矛盾は消えます。あるいは反対に、日本文化の開放性は表面的な次元に限られ、文化の中心部は閉ざされていると考えればよい。そうすれば、閉鎖社会に閉鎖文化が宿るわけだから、矛盾はやはり解消される。

しかし他の解き方はできないでしょうか。普通は開放と閉鎖とを反対概念として捉えますが、じつは相補関係にあるかもしれない。私はこう考えました。そのとき、免疫がヒントになりました。脊椎動物には免疫があり、外から来る異物から身体を防御しています。生物は何でも無条件に取り入れるのではない。

▼**『異文化受容のパラドックス』**
小坂井敏晶著、朝日選書、一九九六年。

▼**丸山眞男**
一九一四年生まれ。政治学者。父はジャーナリストの丸山幹治。東京大学法学部卒。東大ほか、ハーバードやオックスフォードでも教えた。主著に『日本政治思想史研究』『現代政治の思想と行動』『日本の思想』『戦中と戦後の間　1936−1957』『「文明論之概略」を読む』など。一九九六年歿。

自己破壊の危険がある異物はフィルタにかけて排除しながら物質・情報・エネルギーを外界から受け入れる、つまり外部に対して自己を閉じながら同時に開いている。閉鎖のおかげで開放が可能になっている。

同様に日本社会は閉ざされているのにもかかわらず、文化が開くのではない。逆に、社会が閉ざされるからこそ、文化が開くのではないか。私はこう考えました。

さて、日本の免疫システムをどう理解するか。日本は古代から、中国や朝鮮の強い影響を受けてきました。近代になってからも欧米からたくさん学んだ。とはいえ、〈日本的なもの〉がまったくないわけでもない。日本文化の材料はたしかに外から来ました。しかし、日本に入る際に修正を受け、大幅な変容が起きる。仏教はその代表例ですし、日本語の漢字、京都や奈良の寺院も、もとは中国や朝鮮のコピーです。

この〈日本的〉修正パタンを、丸山は「バッソ・オスティナート（執拗低音）▼」という音楽用語を使って表現しました。「変化のパタン自身に何度も繰り返される音型がある」（「原型・古層・執拗低音」、一九八一年）。日本文化を奏でる「主旋律」は外国からやってくる。だが、そのまま響かないで、日本文化の「低音部」に執拗に繰り返される「音型」によって変質をこうむり、異なる響き方をする。

この「バッソ・オスティナート」を私は免疫の構造に翻訳し、日本の異文化受容について再考しました。「音型」のままだとブラック・ボックスになり、

▼バッソ・オスティナート（執拗低音）
一定の音型を繰り返す音楽技法。

そのメカニズムがわからないからです。執拗に繰り返される音型があるというだけでは、それがどのようにして外来要素を変質させるのかわからない。内部機構を明らかにするため、私はメカニズムあるいはプロセスに注目したのです。

民族の同一化

この考えを『民族という虚構』▼に引き継ぎました。外部から異文化が入ってきて文化が変化しても、民族は同一性を保ちます。しかし、それはおかしいでしょう。変化すれば同じでありえないし、同じなら変化できないはずです。このパラドクスをどう解くか。ここでも古典から型を学びました。

「テセウスの舟」と呼ばれるギリシア時代から議論されてきた謎があります。漁師が魚を捕りに行くための木の舟がある。舟はだんだん傷んできます。だから時々、新しい板で修理しなければならない。修理を繰り返せば、いつかはすべての材料が交換される。そこで疑問がおこります。これは最初の舟と同じ舟なのか。毎日使ってきたのだから同じ舟のような気がする。だが、最初の舟を構成していた材料はすべて取り替えられてもう残っていない。それでも同じ舟といえるのかと。

こう考えてみましょう。目の前で舟を破壊し、燃やしてしまいます。そして新しい材料で、前の舟と同じ構造の舟をその場で建造します。この場合、舟の

▼『**民族という虚構**』
小坂井敏晶著、東京大学出版会、二〇〇二年。増補版はちくま学芸文庫、二〇一一年。

連続性は感じられませんね。元の舟の復元コピーにすぎないのは明らかです。ところで一〇〇年かけて徐々に材料を替えようが一瞬で替えようが、すべての材料が新しくなった事実は同じです。そして、どちらの場合も舟の形は維持されている。だから形の上でも材料に関しても、二つがたどったシナリオは変わらない。

しかし心理的には違う気がします。すべての部品が交換されても、交換の期間が十分長ければ、同じ舟だと感じます。同一性がモノ自体に備わる性質でなく、心理的錯覚であることが、こうしてわかります。同一性を保証するのは舟の材料でもなければ、形でもない。民族の血縁や文化の同一性も同様です。異なる状態を人間が同一化する。これが同一性の正体です。

部品が入れ替わる舟と同様に、集団もメンバーが交代します。それにもかかわらず、集団が同一性を保っていると感じるのは、メンバーが一度にすべて交換されず、少しずつ連続的に置換されるからです。毎日誰かが死に誰かが生まれていますが、日々交換される日本人の割合は総人口の〇・〇〇二%ほどにすぎません。ある状態から次の状態への移行が滑らかに行われるおかげで、日本人と呼ばれる集団の同一性が維持されるわけです。

丸められた白いスカーフが純白の鳩に変わる手品がありますね。すり替えられたにすぎないのに、本当に変わったと錯覚する。それは、手品を見ている観客によって、スカーフと鳩が同一化されるからです。集団におけるメンバーの交換はゆっくりで変化に気づかないから同一性が保たれる。手品は変化が一瞬だから、驚くわけです。

絶え間ない同一化が、民族や国民が連続する錯覚を生む。そうわかってから、集団責任の正体もわかりました。大日本帝国の戦争責任を戦後生まれの日本人が負うというとき、何が起こっているのか。

空間軸にいったん視点を移しましょう。殺人事件が起きる。犯人が日本人（あるいは中国人・ユダヤ人・黒人など）だという理由で、他の日本人（中国人・ユダヤ人・黒人）に責任があるとはいいません。差別によくある詭弁ですが、この責任転移のからくりは同一化です。個人の行為が日本人（中国人・ユダヤ人・黒人）というカテゴリーの〝特性〟として認識された後、加害者とは別の人間に拡大解釈されるわけです。

今度は時間軸をみましょう。世代間の責任転移も、同一化が原因です。ある時点における共同体・国家、次の時点における共同体・国家、そしてさらに次の時点の共同体・国家……という世代群を一つの集合に括り、「日本」という固有名詞の下に同定する。こうして世代間で責任が転移します。

「名誉白人としての罪悪感」

さて、今日一番お話ししたかったのは、日本の西洋化を解明する道のりがいかに大変なものであったかということです。私自身のアイデンティティに大きく関わっていたからです。

黒人やユダヤ人など差別される人々が白人に劣等感を覚えたり、憧れたりする現象がよく知られています。ストレートパーマをかけたり、肌を漂白する黒人もいます。自分に不利な美意識を受け入れるのは、白人への抜き差しならない劣等感があるからです。「名誉白人」という表現もありますね。アパルトヘイト（人種隔離）政策を採っていた南アフリカ共和国で「準白人」として日本人が扱われ、日本人自身が率先して、そう振る舞った歴史があります。支配に抵抗する代わりに、支配者の論理を踏襲して仲間になろうともがき、抑圧される人々を白人と一緒になって差別する者のことです。

これは他人事ではありません。明治以降、日本は西洋に仲間入りしたいと願ってきました。福沢諭吉の『脱亜論』が有名ですね。彼の弟子・高橋義雄は『日本人種改良論』（一八八四年）において「日本人の劣等な人種的特徴を白人との混血を通して改良すべき」だと説きました。初代文部大臣の森有礼は、日本語を廃止して英語を公用語にすべきだといい、作家の志賀直哉は「国語問題」で、日本語を廃止してフランス語を国語にせよと力説しました。英語ができないと劣等感を持ったり、ニューヨークやパリに憧れる日本人がいるでしょう。小顔で綺麗だとか、脚が長くて八頭身でプロポーションが良いともてはやします。頭が大きく、胴長の方がかっこいいと、どうして思わないのでしょうか。整形手術を受けて二重まぶたにし、鼻を高くする人もいる。

西洋への憧れや劣等感は従来、抑圧や支配で説明されていました。経済および軍事力を背景にした西洋の脅威が、憧れや劣等感の原因とされていた。私も初めのころはそう考えていました。ところがフランスに住んでさまざまな国の人々と話すうちに、そのように説明する無理に気づきました。日本のテレビ広告には白人が多く登場し、日常会話にも西洋起源のカタカナ語が飛び出します。私が移住した当時、フランスで放映されていたアニメのほとんどが日本製でした。顔が白人化しているので、名前を変えるだけでフランス製のアニメになりました。この事実を紹介するとフランス人も他の外国人も一様に驚きます。「日本は西洋によって一度も支配されたことがない国なのに、なぜ西洋化が起きるのか」と。奴隷として酷使されたアフリカの黒人、二〇〇〇年の長きにわたって差別され続けるユダヤ人、一三二年間フランスに支配されたアルジェリア人、一九一〇年から一九四五年まで日本の植民地にされ、氏名を無理やり変えさせられ、自分の言葉の使用を禁止された朝鮮人など、世界中の被支配民族の状況と、日本は比較すべくもありません。日本は植民地にならなかっただけでなく、逆に植民地を持った国です。そんな国は世界中を見回しても西洋の国以外では日本しかありません。もし抑圧や支配によって異文化受容が生じるなら、それらをほとんど被っていない日本は、西洋文化を世界でもっとも拒否した国のはずです。

それでも多くの本は、この現象を支配で説明します。なぜか。まず、日本人は西洋にしか関心を持ちません。テレビや本の討論で比較されるのはいつもアメリカかヨーロッパです。政治でも経済でも学校制度に関しても西洋とだけ日本を比べます。文明国は西洋と日本だけだという暗黙の了解が透けて見えます。アメリカに原爆を落とされたわけですし、西洋と日本だけを切り取れば当然、日本が犠牲者に映ります。

しかし、支配に原因を求める態度にはもう一つ深い理由があります。白人への劣等感を支配の産物と捉えるなら、黒人もユダヤ人も日本人も犠牲者であり、自分は悪くありません。ところが自ら積極的に選択した結果、名誉白人になったと認めると、自分が悪いことになってしまいます。

フランスに住み始めたころ、私には西洋への憧れと同時に反発する心理がありました。私はフランスに住む前、北アフリカのアルジェリアに一年間住み、石油コンビナートで通訳をしました。その後フランスに行ったのですが、一九八〇年代のフランスでは日本人は人気があり、私は名誉白人として扱われました。また、無意識にそうあろうとする自分に苛立って、人種差別反対集会にも参加していました。しかし、アフリカやアジアに同一化する自分自身の偽善にも気づいていました。あるとき、西アフリカ・マリ出身の友人がポツリといいました。「お前はいいなあ。俺も金持ちの国に生まれたかった」。この一言は強烈に効きました。一発でダウンを奪うテンプルへの豪快なヒットというより、時間が経つにつれて効果を増す重いボディブローでした。

日本の西洋化の問題に違う角度からアプローチするためには、それを支配では説明できない事実に、まず気づく必要がありました。これは外国にいれば、誰でも気づきます。しかし、それだけでなく、名誉白人としての罪悪感を乗り越える必要がありました。これが難しかった。私はフランスに住みだしてからもアルジェリアに二回行き、合計で二年半住みました。旧植民地で実際に生活し、理想と現実の落差を知ったおかげで考えが変化しました。アルジェリア人もじつは自由や平等を求めているのではない。支配されるのが嫌なだけで、国内で権力を握って支配側にまわった者は同じ搾取を繰り返している。そんな事実に気づいたとき、罪悪感が薄まったからでしょうか、今まで見てきたものが違う意味を帯びて迫ってきました。目から鱗が落ちた感覚でした。

先入観を捨て、見えた答え

私の勉強の仕方を説明しましょう。私はパリの社会科学高等研究院で一〇年間学生をしました。この学校は普通の大学と違い、授業のない学校です。セミナーはありますが、出るかどうかは自由です。必須単位は一つもありません。専門も曖昧です。指導教授と相談しながら論文を書くだけの勉強です。この学校には入試がありません。小学校を出ていなくても無試験で入学できます。ただし、入るためには研究計画書を書いて指導教授を見つける必要があります。私は計画書を三つ用意しました。一つ目は、第三世界で失業が生じ、移民が先進国に流れるプロセスの検討でした。二つ目は、フランス社会で移民が生きる姿を経済面だけでなく、社会関係や心理の動きも含め、多角的に探る研究です。ベトナム人に化けて移民の単純労働者として働こうと計画しました。残る三つ目が、『名誉白人』西洋人に対する日本人の劣等感」と題した、すでにお話ししたテーマです。

どのテーマにも興味がありましたが、最終的に第三のテーマに照準が定まりました。あとの二つについては「他の学者から借りた言葉で語るだけで、お前はどこにいるのだ。そんな魂の入らない研究には価値がない」という友人もいましたし、「差別を研究するならば、フランスの問題よりもなぜ、お前は日本での朝鮮人差別にぶつからないのか」と指摘する友人もいました。批判はもっともでした。三番目の計画書だけが私自身の言葉で綴られていました。

慣れ親しんだ思考枠から抜け出すためには、研究対象だけ見ていても駄目です。問題に向かう人間の生き方が変わる必要があります。人文・社会科学では多くの場合、研究者自身が研究対象に含まれます。女性差別を研究するのはたいてい女性です。人種差別を研究するのは、多くが外国出身者です。研究活動が自分探しにつながっているからです。だからこそ、思考枠を崩すのが難しい。研究によって自分の考えを正当化しようとする。自らの存在を正当化する基盤が危うくなるから、考えを変えられない。支配概念で考える枠組みを捨てられないのも同じです。

我が子を失って悲嘆にくれる若い母親の物語があります。思考枠の変化がどう起きるかを、この話から考えましょう。「赤ん坊を生き返らせて欲しい」。母親は会う人ごとに訴えていました。人々は同情し、「ガウタマ・シッダールタという高僧に頼めば、奇跡を起こしてくれるかもしれない」と勧めます。気を取り直した母親は死んだ子を抱いて釈迦に会いに行く。「それは気の毒な話だ。赤ん坊を生き返らせてあげよう。村へ帰って芥子《けし》の種を二、三粒貰ってきなさい」と釈迦がいいます。母親は喜んで走り去ろうとしますが、そのとき、釈迦が付け加える。「ただし、芥子の種は、死者を一度も出したことのない家から貰ってこなければならない」。半狂乱の母親には、釈迦の言葉の意味はまだわかりません。

村の人々は喜んで彼女に芥子の種を差し出します。ところが死者を出したことのない家という条件に対しては「とんでもない。うちは父や母だけでなく、娘も亡くしている」、そんな答えしか返ってこない。最初のうちは母親も希望を捨てずに尋ね歩きますが、家から家を駆けめぐるうちに、釈迦の言葉の意味が分かってくる。「人は、生き物は、いつか必ず死ぬ」。ほとんど村をまわったころには狂乱が消え去り、心の平安を取り戻したといいます。

この話には重要な教訓が三つあります。これも型の話です。一つ目は、悟った後では「こんな当たり前のことが、どうしてわからなかったのか」と当人も訝《いぶか》るほど答えは自明だった。二つ目は、単に頭で考えるだけでは答えに到達できない。実際に身体を動かし、積極的に努力して初めて悟りが開く。釈迦がすぐに答えを教えたのでは受け入れられなかった。そしてもっとも大切な三つ目は、求める救い、つまり子どもの復活を願う心がまさしく問題を生んでいた。答えこそが問題だった。無理な解決を諦めたとき、同時に苦悩が消え、救われる。

私が直面した「名誉白人」の問題でいえば、支配に原因を求める答えが先に出ていた。自己防衛でした。この先入観を捨てることで、本当の答えが見つかった。最初に求めていた答えが思考の邪魔をしていた。釈迦の出した謎解きが袋小路から母親を連れ出し、解放する。これが本当の理解であり、本当の教育です。

「自分自身と向き合うことと、その困難」

「変われば変わるほど、元のまま」というフランスの諺《ことわざ》があります。新しい知識を得ても既存システムの内部に変化が留まるうちは、堂々巡りを繰り返す。どうすればシステム自体、思考枠自体を変化させられるか。考えるとはどういうことか、わかったでしょうか。

創造、創造と巷《ちまた》がやかましい。どうしたら独創的な仕事ができるかという問いは出発点からして、すでに的外れです。独創的なテーマやアプローチを求める人は他人と比べている。そこが、そもそも独創的でない。科学者にとっても思想家にとっても芸術家にとっても本当に大切なのは自分自身と向き合うことであり、その困難を自覚することです。なるほどと感心する考えや学ぶべきだと納得される情報は、誰でも簡単に受け入れられます。しかし、自分にとって大切な価値観、たとえば正義や平等の観念を疑えますか。あるいは性のタブーに関して、明らかにまちがいだと思われる信念や習慣に、どこまで虚心に、誠実にぶつかれるか。自分のアイデンティティが崩壊する恐怖に抵抗して、信ずる世界観をどこまで相対化できるか。勝負はそこです。

高橋和巳の小説『邪宗門』に、次の言葉が出てきます。学問分野を問わず、ものを考えようとするすべての人間への戒めです。この言葉を皆さんに贈って私の講義を終わります。

> 教団には三行、四先師、五問という根本要諦があろう。その五問というのは、特別教育をうけられたわけでもない開祖が、ご自身の経歴に即して、自分自身でものを考えられはじめたことを記念したものじゃ。〔……〕日本民族は頭のいい人種だという。明治維新以降だけを考えても、頭のいい人は山といた。それなのになぜ頭のいい秀才が世なおしのことを考えず、愚直な一婦人が秀才にできぬことをなそうとしたか。それは秀才たちがヨーロッパからいろんな制度や文物や理論をまなび、

木に竹をつぐようにしてその結論だけを移植しようとしたのにたいして、開祖は解決ではなくすぐれた疑問を、自分自身で提出されたからだった。人の解決を盗むのはやさしい。カントがどう言ったかヘーゲルがどう言ったか、博引旁証の才は山といよう。思想とはなにか思惟とはなにか、それぞれの哲学者の言葉を引用して、それぞれに答えよう。だが、「思うとは自分のどたまで思うこと」ということを日本人はまず肝に銘じねばならぬ。でなければ日本人はかつて禹域（中国）に内面的に従属し、今またヨーロッパに追従するように、永遠に利口な猿となりはてるであろう。

わたしの思い出の授業、思い出の先生

私は1984年から94年までパリ社会科学高等研究院でセルジュ・モスコヴィッシ教授のセミナーに通いました。「そんな問題設定がありうるのか！」と手品を見るような驚きの連続でした。彼との出会いがなければ、フランスを離れて帰国したに違いありません。日本でどんな職業に就いたか想像もつきません。

私が師から教わったのは社会心理学の知識よりも、矛盾の解き方でした。「下らないことをするな。他人の欠点を見つけるのは、お前でなくともできるのだ」。他の学者を批判する学生をモスコヴィッシは厳しく戒めました。著者の主張にいちいち文句をつけるのでなく、まずは素直に最後まで読め。そこに展開される論理を突き詰めた時に、どんな世界が現れるか。些末な揚げ足取りをせず、細かい事実の誤りにも目をつむり、中心の論理をどこまでも追え。その結果、原理的な問題や内部矛盾との格闘から豊かで新しい問いに気づく。現在知られている事実・知見にあわないからといって、すぐに仮説をしりぞける態度はつまらない。それではダーウィンもフロイトも生まれない。こんな教え方でした。

わたしの仕事をもっと知るための3冊

小坂井敏晶『増補　責任という虚構』（ちくま学芸文庫）
小坂井敏晶『格差という虚構』（ちくま新書）
小坂井敏晶『矛盾と創造　自らの問いを解くための方法論』（祥伝社）

赤色立体地図
立体的に見える地図の原理とその発想

千葉達朗

ちば・たつろう
赤色立体地図発明者、アジア航測株式会社先端技術研究所千葉研究室室長、日本火山学会副会長。一九五六年、宮城県生まれ。日本大学大学院理工学研究科地理学専攻博士課程修了。同大理学部応用地学科副手を経て、アジア航測株式会社に入社。二〇〇二年に地形表現手法「赤色立体地図」を発明。二〇一四年、グッドデザイン賞受賞。著書に『活火山　活断層　赤色立体地図でみる　日本の凸凹』など。

みなさんは赤色立体地図をご存じでしょうか？　赤色立体地図とはこれまで等高線という「線」で表現していた地形を「赤色の彩度と明度」を使って「面」で表現した、これまでにないまったく新しい地形の立体表現手法です。従来の地図が抱えていた問題点を克服し、一枚の画像でさまざまな地形を立体的に表現できるようになりました。

赤色立体地図では、傾斜が急な面が赤く、尾根は明るく谷が暗くなるように表現しています。インターネットで画像検索するとさまざまな赤色立体地図を見ることができますが、地図というより内臓にも見えますよね？（**図1**）わたしが赤色立体地図を発明した当初、みんなから「内臓のようで気持ち悪い」「ポリープみたいだ」とずいぶんいわれてしまいましたが、発明から二〇年を経て利用も広がり、テレビ番組の「ブラタモリ▼」で紹介されるなど、いまでは市民権を得ています。

わたしは子どものころから地図が大好きで、大学でも地形や地質を学び、航空測量業を行うアジア航測株式会社に入社しました。そこで赤色立体地図を発明することになるのですが、じつはわたしは火山が専門で地図製作者ではありません。そんなわたしがなぜ赤色立体地図を発明することになったのか。「必要は発明の母」といいますが、わたしの場合は大ピンチが発明を生み出しました。

「富士山が危ない」

赤色立体地図を発明したきっかけは二〇〇二年に行った富士山の青木ヶ原樹海での現地調査です。二〇〇〇年に三宅島や有珠山が噴火し、次は富士山が危ないのではと大騒ぎになり、急遽わたしが所属しているアジア航測で地形と地質の調査をすることになりました。

富士山の北西麓に広がる青木ヶ原樹海はいまから約一二〇〇年前に起きた富士山の噴火（貞観大噴火）で流れた溶岩の上にできた森です。どの火口から噴火し、溶岩がどう流出したのか、ふつうは航空写真を撮影することで解明できますが、青木ヶ原樹海では溶岩の上に樹々が生い茂ってしまったために、航空写真では地形を把握することができません。

そこで当時普及しはじめた最先端の技術である航空レーザー測量を行いまし

▼図1 赤色立体地図

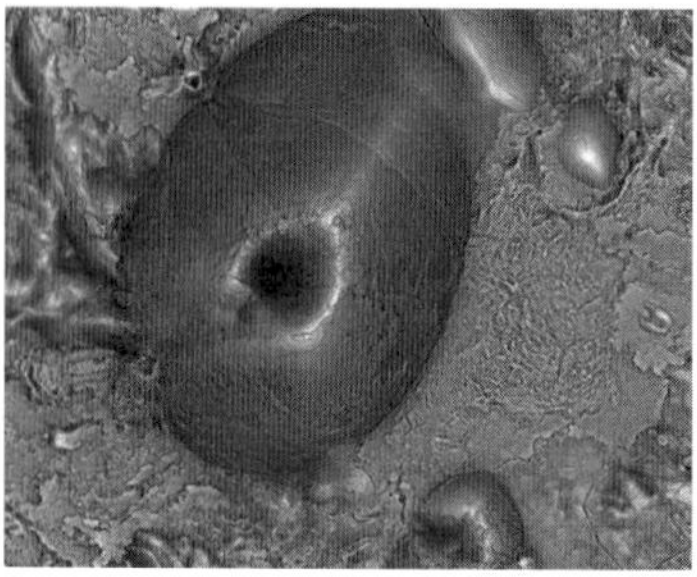

▼ブラタモリ
タレントのタモリが街歩きをしながら知られざる街の歴史や人々の暮らしに迫る紀行・教養バラエティ番組。

た。飛行機に搭載した機器から地上に向けてレーザー光線を照射し、光が飛行機と地上の間を往復する時間を計ることで地面との距離を測ります。航空レーザー測量では光線が樹々の隙間を通り抜けることができるため、DSMといわれる樹冠高のデータと、DEMといわれる地盤高のデータが得られます（**図2**）。**図3**は航空写真をもとに手作業で作った地図で、**図4**は航空レーザー測量により作った地図です。光が届かないために写真には記録されない、小さな火口もきちんと描かれています。

わたしの仕事はこの最先端の技術によって作られた地図を持って現地調査を行うことでした。しかしこの地図は等高線があまりにも複雑で、道がどこにあるのかも、地形が高いのか低いのかも判別がつきません。地図を作った人に、せめて等高線の一本一本に何メートルかだけでも書いてもらえないかと相談しましたが、地図は全部で五〇枚もあり「千葉さん、これ全部やり直さなきゃいけないってこと？」といわれてしまいました。青木ヶ原樹海はとても入り組んだ地形で迷ったら洒落になりません。これでは遭難してしまうかもしれない……まさに大ピンチに陥ったわたしは、道がわかる地図に改良するため試行錯誤をはじめました。

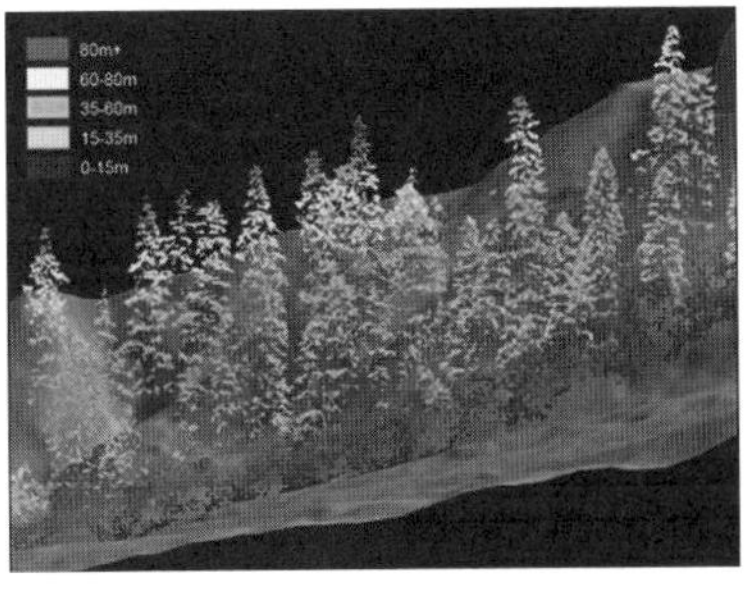

▼図2　航空レーザー測量による地形データ

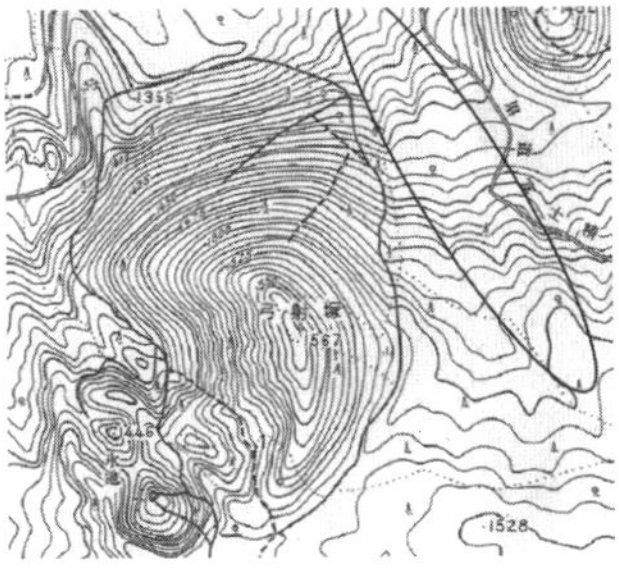

▼図3　航空写真測量による地形図

「等高線を使わない」

等高線ではどうしても平坦面を表現することが難しく、逆に急斜面では等高線と等高線の間が狭まりすぎたり、凹凸の入り交じった地形は表現しにくくなってしまいます。青木ヶ原樹海のような入り組んだ地形には不向きな手法でした。そこでまずは等高線を使わない、陰影図という地形表現を試みました。

陰影図は、任意の位置から直射日光のように光を当てて影をつけ、地形の凸凹を表現したものです。宮城県にある蔵王の御釜▼を陰影図で表現したものが**図5**になりますが、中央に凹んだ火口があるのがはっきりと見て取れます。しかしこの方法の場合、左上、北西から光を当てると火口は凹んで見えますが、光を右下、南東側に変えてみると**図6**のように出っ張って見えてしまいます。同じ地形でも光の向きによって凸凹が反転してしまうのです。

次に方向性依存のない斜度図という方法で考えました。斜度図は地表面の傾きの量を算出し、その大きさを白黒の濃淡で表現したもので、急斜面ほど暗く平坦な場所ほど白くなります。さきほどの蔵王の御釜を斜度図で見てみると、御釜部分が白く丸く見えます（**図7**）。方向依存がないため、どの角度から見ても同じ地形を表現できます。しかし斜度図には斜面で囲まれた部分が周囲と比較して高いのか低いのか、いいかえれば尾根なのか谷なのかの区別がつかないという問題がありました。尾根と谷の区別がつきさえすれば、青木ヶ原樹海の

▼図4　航空レーザー測量による地形図

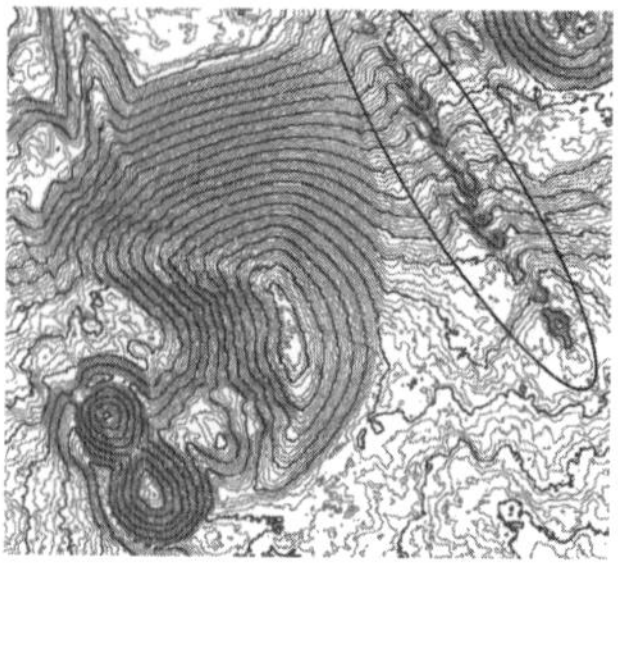

▼蔵王の御釜
蔵王の刈田岳、熊野岳、五色岳の三峰に抱かれた円型の火口湖。お釜のような形からその名がつけられ、深緑やブルーなど太陽の光によって色を変えることから「五色沼」とも呼ばれている。

凸凹した地形を表現できるいい地図ができるかもしれない。陰影図と斜度図をもとにさらなる改良を目指しました。

曇りの日の立体感

さきほどの陰影図では直射日光のような光を任意の方向から当てて立体感を表現していました。要は晴れた日の立体感です。これを曇った日に変えてみるのはどうだろう？ 曇った日は空全体がほんのりと明るくて、空が広く見えるような開けた場所ではより明るく、逆に空があまり見えない谷底のような場所では暗くなるといった関係にあります。３ＤＣＧの分野では環境光（Ambient light）といわれる光がありますが、この光を使うと３ＤＣＧ空間において光が直接当たらない部分が完全な黒色になることを防ぐ効果があります。環境光は３ＤＣＧの対象となるモデルに材質を与えるために使うもので、モデル同士の間やモデルの内部における光の反射が作る間接光を表現することができます。曇りの日の光もこれと同じ原理です。

環境光を当てると尾根や独立峰は空が広いので明るく、谷や窪地は空が狭いので暗くなります。つまり空から届く光の量を測れば地形の凸凹を表現することができる。航空レーザー計測により得られたＤＥＭをもとに、入射光式露出計を使って地形に届く光の量を計算しました。ただ、空全体から届く光の

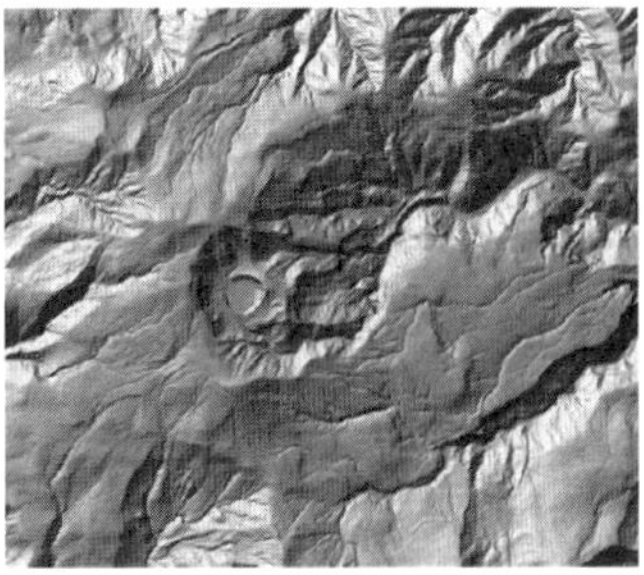
▼図5　北西から光を当てた蔵王・御釜の陰影図

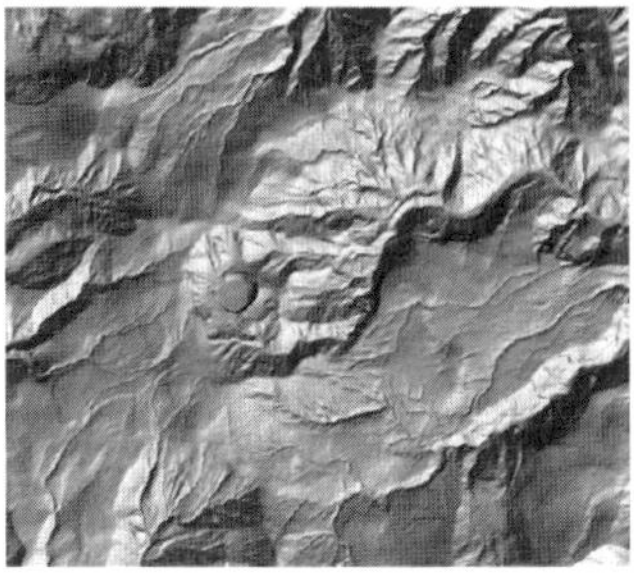
▼図6　南東から光を当てた蔵王・御釜の陰影図

量をすべての地点から計算するのは複雑で時間もかかってしまいます。

そこで岩手大学工学部の横山隆三先生が考案した地上開度というパラメーターを活用することにしました。地上開度とは、ある地点からみた空の立体的な広がりを定量化し、八方向に限定して地平線の角度を求めて平均したパラメータで、これを使えば計算負荷を軽減できます。空が広く見える場所では光量が多いので明るく、狭く見える場所は暗くなります。この地上開度をもとにさきほどの蔵王の御釜を表現したものが**図8**になります。尾根の天辺は白く、山の稜線が白い線のように横切っているのがわかります。しかしこれだけでは空が狭い谷のような場所がぼんやりとしてしまいました。

これを解決するために地下から届くマイナスの光で地下開度を足すことを思いつきました。地平線よりも下に凹んでいればいるほどマイナスの光がより届くため、谷のような場所は暗く表現できるはずだと考えたのです。さきほどの蔵王の御釜を地下開度で表現すると**図9**のように谷の部分がくっきりと暗くなりました。この地上開度、地下開度、ふたつの地図を合体したものが**図10**の尾根谷度図になります。尾根は白く、谷は黒くはっきりと見て取れます。

「赤色立体地図誕生」

尾根谷度図は青木ヶ原樹海の調査に向かう二、三週間前に思いつきました。

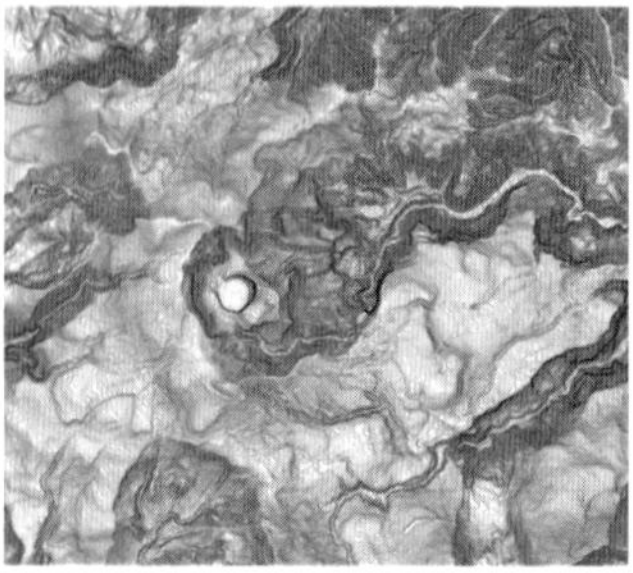

▼図7　蔵王・御釜の斜度図

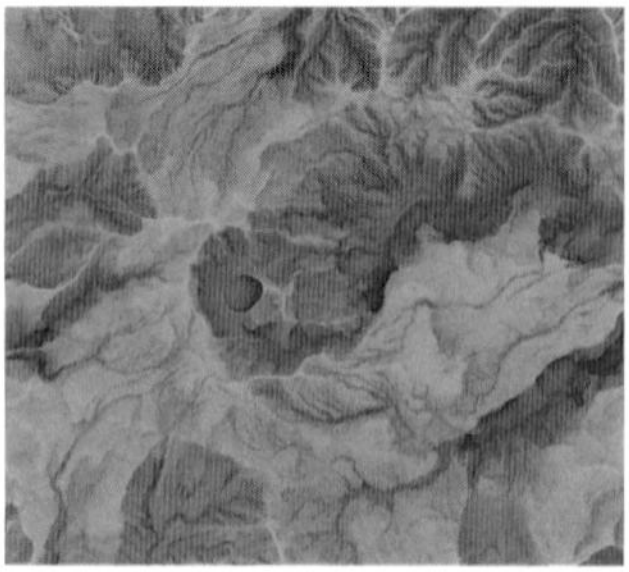

▼図8　蔵王・御釜の地上開度図

ここからさらに徹夜しながら試行錯誤を繰り返し、最終的に発見した方法が赤色立体地図です。

この尾根谷度図に斜度図を組み合わせれば、斜面の立体感ができるかもしれない。尾根と谷は白黒の濃淡で表現していますから、斜面には別の色を採用しようと赤色に決めました。急斜面ほど赤色の彩度を上げ、ゆるやかな地形では赤色の彩度を下げるように数値を決めて斜度図を作成し尾根谷度図と合体させました。すると一枚の地図なのに地形の凸凹が感じられる立体的な地図、赤色立体地図が完成しました。

等高線の地図ではわからなかった地形も、赤色立体地図と重ね合わせることで山や火口の位置がはっきりと見えるようになりました。とくに驚いたのは青木ヶ原樹海のなかでももっとも複雑で国土地理院の地図でも省略されていた地形まで判明したことです。赤色立体地図により調査の効率が格段にあがったことで青木ヶ原樹海の溶岩分布や流れた順番も判明し、さらにこれまで発見されていなかった新たな火口を見つけることもできました。三〇年あまりもの間抱えていた問題が、たった三ヶ月ほどで解明に至ったのです。

赤色立体地図以前にも地形を立体的に認識する方法はありましたが、映画館で3D映画を見るときに使うような眼鏡が必要だったり、パソコンの画面上では映像を回転させることができても印刷して持っていくことはできないといった、実際の調査には向かないものばかりでした。これは大変な発明だとす

▼図9　蔵王・御釜の地下開度図

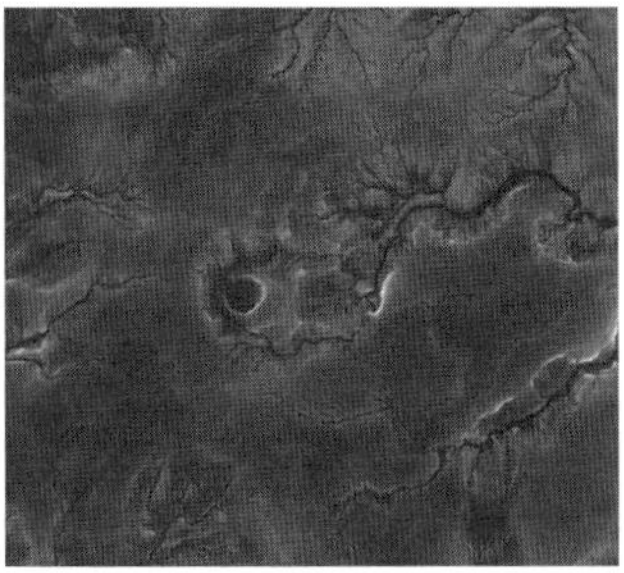

▼図10　蔵王・御釜の尾根谷度図

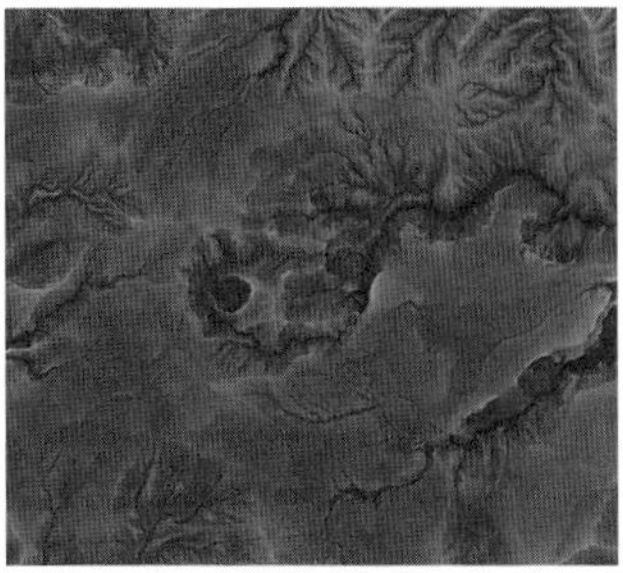

ぐに特許申請を行い、二〇〇五年に特許技術として認められました。

かれます。赤は膨張色だし暗く見えるのではないか、他の色でも作れるんじゃないかと。

「なぜ赤色なのか」

赤色立体地図を発明して以降いろいろな方から「なぜ赤色なのか」とよく聞

まず赤色が見やすいことが理由のひとつです。人間の眼には色を感じとる錐体細胞があり、錐体細胞は感じとる光の特徴からL錐体、M錐体、S錐体と三つに分かれています。このなかのL錐体は長波長付近の光、主に黄緑～赤の光を強く感じる細胞で、個人差はあるものの網膜上にはこのL錐体が多く分布していることがわかっています。そして印刷したときに色がきれいにでることも重要です。パソコンのディスプレイ上で見ている色と印刷したときの色がずれてしまうと地図として問題ですが、赤色は細かいところまで濃淡の違いがだしやすく、そのぶん立体的に表現することができます。

ただ重要なのは色よりも色の彩度と明度の組み合わせです。お化粧と同じ原理で、たとえば鼻を高くみせるために鼻の頭にはハイライトをおいて白く明るく、彫りが深く見えるように鼻の脇にはノーズシャドウで影をつけますよね。赤色立体地図も同じ原理で明度と彩度を使って表現しているため、赤緑の区別がつきにくい色覚異常の方でも地形を立体的にみることができます。実際に色覚異常の方から見るとどう見えるかシミュレーションできるアプリを使って確認したところ、問題なく立体的に見られることがわかりました。いまは色覚異常の方でも色が見える特殊な眼鏡が発明されましたが、この眼鏡を使って見るとどうなるか、さらに改良を重ねていきたいと考えています。

また実際に赤以外の色を使ったこともあります。以前スキー場の赤色立体地図を作ることになったのですが、スキー場側から「赤では暖かく見えてしまうから」といわれ、青色で作ったこともあります。色を変えても赤色立体地図の計算法を応用して立体的な地図を表現することは可能で、たとえば普通の航空写真でも赤色立体地図の計算法で表現しなおすと、地形の凸凹をよりはっきり表現することができます。

いまは赤色立体地図の欠点を克服するために他の色の使用も試みています。赤色立体地図では平坦面が灰色になってしまうため、平坦面も立体的に見せるよう虹模様を重ね合わせたものが**図11**で、山梨県甲府盆地の地形です。甲府盆地は南側と西側に活断層があり、その背後にある山から土石流が流入したため、東西に長い逆三角形の扇状地になっています。この様子を虹模様で表現すると断層の深い場所がはっきりとわかるようになりました。この他にも谷底を緑青っぽくすると深さがよりはっきり見えるようになるなど、いまも改良を続けています。

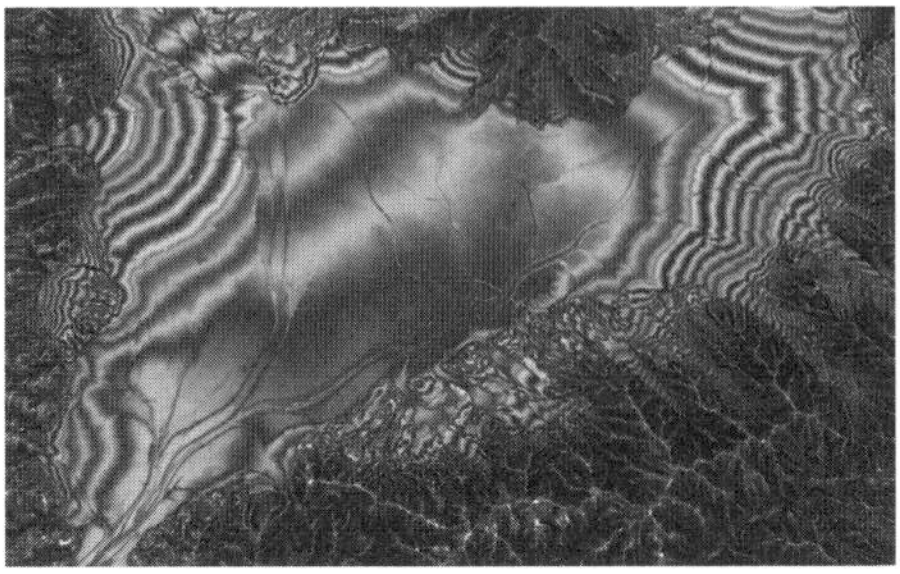

▼図11　甲府盆地の赤色立体地図

赤色立体地図の可能性

赤色立体地図は防災にも役立ちます。二〇一三年に伊豆大島を台風が襲い、島内各地で甚大な土砂災害が発生しました。とくに被害の大きかった大島町の大金沢では三〇名以上の方が亡くなられています。災害当初は道路により雨水を集めたことがきっかけで土石流が発生し、被害が拡大したと考えられていましたが、赤色立体地図で災害後の地形の変化を見てみると、道路がない場所でも土石流が発生していたことがわかりました。山の上から流れてきた土石流はダムによって堰き止められていて、ダムがない場所で被害が起きていたことが判明したのです。

わたしが所属しているアジア航測では地震が起きた場合、自主的に計測を行うことにしています。二〇一六年四月一六日に起きた熊本地震では、偶然にも地震が起こる前日の四月一五日に断層付近のレーザー計測を行っていました。地震は断層が動くことで発生しますが、地震後にもう一度計測を行ったところ**図12**にある白い点線部分の断層が二メートル動いていたことがわかりました。また赤色立体地図では地震後の家屋の倒壊の様子も見ることができます。実際に断層が動いた場所の家屋は倒壊していませんでしたが、断層に近い場所では倒壊が起きていました。あらゆる活断層の地形データをとっておくことで、地震が起きたあとの被害状況をすぐに調べることができます。

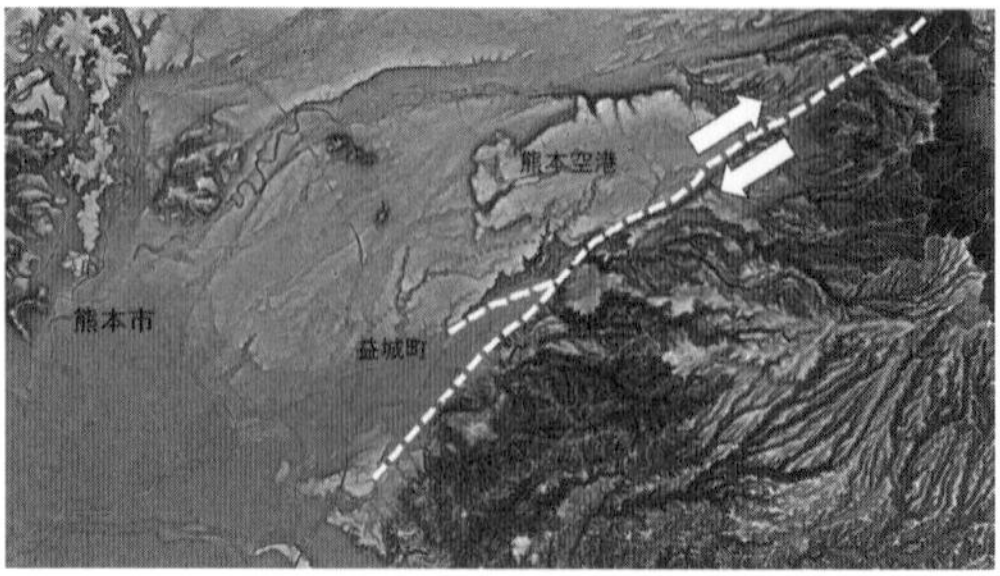

▼図12　熊本地震航空レーザー計測差分検討図

被害の原因や状況を調査する以外にも、災害時のシミュレーションに利用することもあります。たとえば最新のレーザー計測のデータをもとに作成した精密な地形模型の上に赤色立体地図を正確に貼り付けることで、地形と液体の流れの関係がよく理解できるようになります。赤色立体地図を貼った火山島の模型にシャンプーを流してみると、溶岩が実際にどう流れるかを調べることができます。溶岩流が流れ込むことを防ぐためにはどの位置に堤防やダムを設置すればいいのか、またはいまあるダムや堤防が実際に効果的なのか調べます。アナログな実験は当てにならないと思われがちですが、正確に作った模型の上に赤色立体地図を貼り付ければ、実際に近いシミュレーションが行えますし、より正確な情報を得ることができます。

最後になりますが、地図製作者ではないわたしが赤色立体地図を発明できたのは大ピンチに見舞われたことがきっかけでしたが、子どものころから地図が大好きだったことも理由のひとつです。

わたしは高校生のころ二階建ての長屋に住んでいて、隣の家との間にある内階段の壁一面に九面の地形図を張り付けて色塗りをしたことがあります。その地図を見ていると、自分が鳥になって空を飛んでいるような気持ちになれたのです。いまの時代はインターネットを使えばどんな場所でも簡単に見ることができて、もっと自由に空を飛んでいる感覚を味わえるかもしれません。

たくさんの情報が溢れているいま、みなさんには普段から科学的な見方をもって世界に触れてほしいと思います。いつの日か、みなさんのなかから赤色立体地図を超える、もっと変でもっとすごい地形表現を生み出す人が現れることを楽しみにしています。

Q&A

――いまはスマートフォンで地図を見ることが増えました。紙の地図を使う機会が減っているいまでも紙の地図は必要でしょうか?

わたしは紙の地図が大好きで、大学生一年生のときには二万五〇〇〇分の一の地図を二〇〇枚も持っていました。確かにいま紙の地図の売れ行きは落ち込んでいて、日本で一番売れるといわれている上高地の地図も年間一〇〇〇枚くらいしか売れないそうです。これまで地図は書店で販売されていましたが取り扱う書店も減ってきたため、わたしのいる会社は、もっと入手しやすくしようとセブンイレブンのマルチコピー機を使って購入できる「山っぷ」という地図を作りました。この「山っぷ」であれば書店が近くにない場所でも気軽に地図を購入することができます。

わたし自身もスマートフォンで地図を見ることが増えましたが、ただ山のなかだとどうしても電波が届かない場所があります。そこで遭難しそうになったとき、紙の地図によって助かったという事例も実際にあります。どんなときでも使える、人の命を救える紙の地図はやはり重要だと考えています。

わたしの思い出の授業、思い出の先生

Q1：思い出の授業を教えてください

高校一年生の地学の授業。

Q2：その授業が記憶に残っている理由はなんですか？

質問をすると、先生は「教科書に書いてあることは、たいてい間違っている。まだ、進歩中なので怪しい。君たちが書き直すんだ」といわれたのです。

Q3：その授業は人生を変えましたか？

たしかに、教科書を鵜呑みにしなくなりましたね。科学的な考え方を教えてくれた気がします。それが人生を変えたかといわれれば、ほかの授業の先生もみんなですけど、理科の先生の発言がとくに重要でした。

わたしの仕事をもっと知るための3冊

千葉達朗『最新版　活火山 活断層　赤色立体地図でみる　日本の凸凹』（技術評論社）
平朝彦・国立研究開発法人海洋研究開発機構『カラー図解　地球科学入門　地球の観察　地質・地形・地球史を読み解く』（講談社）
鎌田浩毅・蜷川雅晴『みんなの高校地学　おもしろくて役に立つ、地球と宇宙の全常識』（講談社ブルーバックス）

科学と文芸　寺田寅彦と現代

全卓樹

わたしは高知工科大学に所属しています。みなさんは高知の偉人といえば誰を思い浮かべますか？　坂本龍馬という人が多いかもしれませんね。彼も含め、地元で名前をよく見る偉人のなかに学者が二人いて、植物学者の牧野富太郎と科学者の寺田寅彦です。今日はそのうちの一人、寺田寅彦の話をしていきたいと思います。

「茶わんの湯」を読んでみる

寺田寅彦は高知の士族の出で、東京で生まれて高知に育ちました。高知の追手前高校から東大に入って、物理学科を首席で卒業したので大学に残って研究しろということになり、すぐに助教授になりました。

その後、当時もっとも物理学が進んでいたベルリンに送り出され、ヘルマン・シュタウディンガー教授のところで学びます。ヘルマンは物理学の権威で、

ぜん・たくじゅ
理論物理学者、随筆家。一九五八年生まれ。東京大学理学部物理学科卒業後、東京大学大学院理学系研究課物理学専攻博士課程修了。専攻は量子力学、数理物理学、社会物理学。ジョージア大学、メリーランド大学、法政大学などを経て、現在は高知工科大学理論物理学教授。著書に『エキゾティックな量子　不可思議だけど意外に近しい量子のお話』『銀河の片隅で科学夜話　物理学者が語る、すばらしく不思議で美しい　この世界の小さな驚異』『渡り鳥たちが語る科学夜話　不在の月とブラックホール、魔物の心臓から最初

のちにノーベル賞もとった人です。寺田はベルリンから世界最高の知識を持ち帰り、物理の研究者として論文も書いていたけれど、一方で文学も志していて、夏目漱石▼の弟子になりました。当時、同じ東大の先生だった夏目漱石はすでに大作家。寺田は彼のもとで俳句や歌や、随筆も一〇〇以上書いています。
一九二二年に書かれた「茶わんの湯」という随筆があります。少し読んでみましょう。

ここに茶わんが一つあります。なかには熱い湯がいっぱいはいっております。ただそれだけではなんのおもしろみもなく不思議もないようですが、よく気をつけて見ていると、だんだんにいろいろの微細なことが目につき、さまざまの疑問が起こって来るはずです。ただ一ぱいのこの湯でも、自然の現象を観察し研究することの好きな人には、なかなかおもしろい見物です。

第一に、湯の面からは白い湯げが立っています。これはいうまでもなく、熱い水蒸気が冷えて、小さな滴になったのが無数に群がっているので、ちょうど雲や霧と同じようなものです。この茶わんを、縁側の日向へ持ち出して、日光を湯げにあて、向こう側に黒い布でもおいてすかして見ると、滴の、粒の大きいのはちらちらと目に見えます。場合により、粒があまり大きくないときには、日光にすかして見ると、

の詩までの物語』など。

▼坂本龍馬 江戸末期の尊攘派の志士。海援隊長。土佐藩出身。一八三五年生まれ。一九歳で江戸に出て北辰一刀流を学ぶ。文久二（一八六二）年、脱藩して勝海舟の門に入り、補佐として活動。薩長同盟や大政奉還の実現に尽力したが、京都で刺客に暗殺された。一八六七年歿。

▼牧野富太郎 植物学者。一八六二年生まれ。高知県出身。小学校を中退し独学で植物学を学び、おもに日本の高等植物の分類学的研究を行った。植物知識の啓蒙活動も行い、アマチュア植物研究家の育成に尽力。「日本植物学の父」と呼ばれる。著書に『日本植物志図篇』『日本植物図鑑』『植物記』など。一九五七年歿。

湯げの中に、虹のような、赤や青の色がついています。これは白い薄雲が月にかかったときに見えるのと似たようなものです。（中略）

すべて全く透明なガス体の蒸気が滴になる際には、必ず何かその滴の心になるものがあって、そのまわりに蒸気が凝ってくっつくので、もしそういう心がなかったら、霧は容易にできないということが学者の研究でわかって来ました。その心になるものは通例、顕微鏡でも見えないほどの、非常に細かい塵のようなものです、空気中にはそれが自然にたくさん浮遊しているのです。

（中略）

次に湯げが上がるときにはいろいろの渦ができます。これがまたよく見ているとなかなかおもしろいものです。線香の煙でもなんでも、煙の出るところからいくらかの高さまではまっすぐに上りますが、それ以上は煙がゆらゆらして、いくつもの渦になり、それがだんだんに広がり入り乱れて、しまいに見えなくなってしまいます。茶わんの湯げなどの場合だと、もう茶わんのすぐ上から大きく渦ができて、それがかなり早く回りながら上って行きます。

これはいまから一〇〇年ほど前に『赤い鳥』▼という雑誌に掲載された文章の一部です。茶わんに入れたお湯をよく見てみると、物理現象として気象とよく

▼寺田寅彦
物理学者、随筆家。一八七八年生まれ。東京都出身。東京帝国大学卒業後、地球物理学・実験物理学を研究し、東大教授となる。夏目漱石に師事し、多くの随筆・俳句を発表、随筆家としても活動。著書に『冬彦集』『藪柑子集』『蒸発皿』など。一九三五年歿。

▼ヘルマン・シュタウディンガー
ドイツの化学者。一八八一年生まれ。ギムナジウムの哲学教授の子として生まれ、ハレ、ミュンヘン、ダルムシュタットで大学教育を受け、一九〇三年にハレ大学で学位取得。一九一二年、チューリヒの連邦工科大学の教授に就任し、一九二六～五一年までフライブルク大学有機化学教授を務めた。一九五三年、巨大分子化学の研究によりノーベル化学賞を受賞。著書に『高分子有機化合物』など。一九六五年歿。

似ていると寺田はいいます。お湯の湯気がたっているのは霧や雲に似ていて、陽にかざすと虹のようなものも見える。このあとは、湯気の渦から庭先にのぼる湯気の話になって、そこから竜巻や雷雨、モンスーンにまでつながっていきます。寺田は、このように目の前にある些細な身辺事象に大世界をみつける独特の「科学の詩情」をもち、文章に残しました。

「湯気と渦」

「茶わんの湯」の湯気はどのようにできているのか、科学的にみていきましょう。まず湯気というのは、最初は〇・〇一ミリ程度の小さな水の粒です。いまでいうとPM2・5や黄砂、大気中にあるエアロゾルを核（コア）にして、それにミクロの水滴がついて浮遊します。その水滴が雲になって、大きくなると雨になります。この、小さい粒に水が集まって雲になるというのは、いまでこそ当たり前ですが、「茶わんの湯」が書かれた時代の最新理論でした。一〇〇年前というと気象学が始まったところです。天気予報は一応あったけれど、まだあまり信用ならないものでしたし、寺田もその創設にかかわっています。

寺田は、なにかを見て、たとえばそれが新発見の自然現象に似ているというようなことをよく書いています。ただ印象として似ているのではなくて、実際に目の前で起こっている現象が、分子反応と同じ原理で動いている、というふ

▼夏目漱石
小説家、英文学者。一八六七年生まれ。東京都出身。帝国大学英文科卒。松山中学教諭、五高教授を経て、明治三三（一九〇〇）年イギリスに留学。帰国後は一高、東京帝大で英文学を教える。一九〇五年『吾輩は猫である』の連載を開始、松山中学での経験を基にした『坊っちゃん』を一九〇六年に発表。翌年に新聞社に入社し創作に専念。『三四郎』『それから』『こころ』など数々の名作を残した。一九一六年歿。

▼『赤い鳥』
鈴木三重吉主宰の児童雑誌。休刊をはさみ一九一八～三六年、赤い鳥社より刊行。当時活躍中の著名な作家・画家を起用し、芸術性の高い内容で、近代児童文学の成立期に主導的な役割を果たした。

うに、最新の科学をみていました。お湯の渦から低気圧・高気圧が連想され、湯気の上には雲のようなものが昇っているところもあります。

渦は、気象だけではなく、世界の構造の基本要素のひとつです。宇宙のなかには渦がたくさんあって、地球だけでなく、たとえば木星の表面も渦がたくさんあります。一番極端な渦は、ブラックホールです。真っ暗で見えないはずのブラックホールですが、二〇一九年、ついに撮影に成功しました。▼ブラックホールはあまりにも重力が強いので、まわりに星のつぶれたガスなんかがあると、そいつを吸い寄せて、光速の三分の一くらいのとんでもない速さでぐるぐる回ります。

たとえるなら、狭い道に人間がぎっしり詰まってマラソンをしているような状態。時々、マラソン選手が隣に走っている人と肩がぶつかって転んだりしますが、すし詰めになった人間が普通のスピードの一億倍で走ると、みんなぶつかってお互いの体が削れていきますね。そのようにして、ブラックホールのまわりに降着円盤とよばれるガスの渦ができて、それが光って見え、撮影することができたのです。これに限らず、大きなものから重力が発生すると、周りのものが回りながらやってくるというのは一般的な構造です。

土星の輪も降着円盤です。土星の輪のなかというのは、一〇センチ〜一キロくらいの氷の塊が回っているだけなので、時々それらが集まって、衛星になることもあります。ほうっておくとだんだん大きくなりますが、あまりに土星に

▼ブラックホールの撮影
二〇一九年四月一〇日、地球上の八つの電波望遠鏡を結合させた国際協力プロジェクト「イベント・ホライズン・テレスコープ」が、巨大ブラックホールとその影の存在を初めて画像で直接証明することに成功したと発表した。撮影されたのは、地球から五五〇〇万光年の距離にあるおとめ座銀河団の楕円銀河M87の中心に位置し、太陽の六五億倍もの質量に及ぶ巨大ブラックホール。この成果は、アメリカの天文学専門誌『アストロフィジカル・ジャーナル・レターズ』特集号に六本の論文として掲載された。

近いから、潮汐力で砕けてしまうのですけれど。ちなみに、あと一億年くらいすると、その氷がみんな溶けて、水滴として土星にみんな落ちてしまい、土星の環そのものがなくなります。土星はわれわれからみて一番綺麗な天体といってても過言ではないですが、その環が一億年前にできて、およそ一億年後にはなくなってしまうと思うと、われわれはいい時代に生まれました。

そもそも太陽はいまから四六億年前にできたのですが、最初は、ガスが太陽のまわりをぐるぐる回っていました。ブラックホールのように強い重力がないから、雲が回っているうちに塊になって、地球や、ほかの星も誕生した。渦の構造によって地球は存在して、いまのわれわれも存在しています。渦は宇宙を構成する重要なものなのです。

すいた電車に乗る方法

寺田の、身の回りの小さい一見ふしぎなものと大きなものごとを関連させる手法は、その後の五〇年で発展した複雑系物理学を予見していたといえるでしょう。その時代にコンピュータや十分な資源さえあれば、複雑系物理学というものはそこから生まれたのではないかと思います。もちろん歴史にifはありませんが、社会がどうやってできていくかなど、非常に複雑なことにまで物理学の手をのばすことのできる先駆者だったことは確かです。

たとえば彼は、満員電車について「電車の混雑について」という文章を書いています。江戸時代が終わって四〇～五〇年ほどの、電車が新しいものだった時代、乗っているのはほんの一握りで、サラリーマンといってもふつうの人の給料の何倍もとっている、いまでいうエリート。それでも満員電車があったのですね。その文章で寺田は、「必ずすいた電車に乗るために採るべき方法はきわめて平凡で簡単である。それはすいた電車の来るまで、気長く待つという方法である」と書いています。実際に一日中駅にいて、電車がきて次の電車がくるまで何分かを測りました。電車の到着した時間を書いて、その間隔をみていくのです。

一定時間に電車が何台きたか統計をとると、間隔の詰まった電車がけっこうあります。何本か立て続けにきたあと、全然来なくなり、三分くらい待っているうちに客がつぎつぎ来ますので、次の電車は当然混みます。そのすぐあとにまた電車が来ると、乗る人があまりいなくて、すきますよね。現代だとバスがこれに近いですね。早く来たり遅く来たりするから、まとまって来るときと、全然来ないときとあります。

このように一定期間にランダムに起こる現象を記録すると、ポアソン分布という図が現れます（**図1**）。これは自然現象で、それを逆に利用すると、「待っていればすいた電車に乗れる」という結論になります。それにしても、彼は東大の先生だったのに、こんなにゆるい生活ができていいですよね（笑）。

▼図1　ポアソン分布

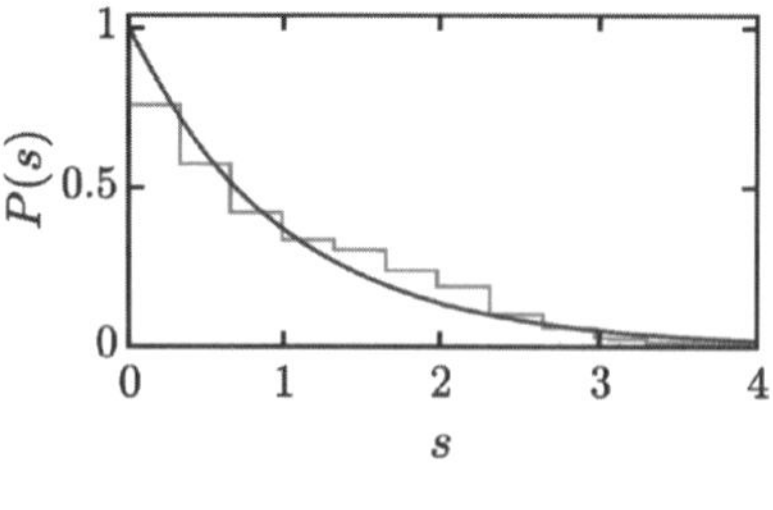

原子核の構造

この話と関連するのが原子核です。第二次世界大戦中、アメリカは日本の広島と長崎に原爆を落としましたね。じつはその後東京にも落とす予定があったのですが、日本が降伏したので、東京用の原爆は使われず、それを作ったロスアラモス国立研究所▼という場所に戻されました。のちにデーモン・コアと呼ばれる、プルトニウムの球形の塊です（**図2**）。

プルトニウムはある大きさ以上になると、中が自発的に爆発するのですが、半分に割っていると大丈夫で、上下をくっつけると爆発します。非常に危険なものですが、当時二〇代だったカナダ人の研究者が、その半球にドライバーか何かを近づけて実験しているうちに手元が狂って、一瞬上下がくっついてしまったのです。周囲に青い光が広がり、彼は最後の力を振り絞って、〇・二秒くらいで上下を離しました。この判断があと一秒遅れたら、その街自体に核爆弾が落とされたのと同じことが起きています。その結果、若手学者は、人類史上最高値の放射線を浴びたことで放射線障害になり、臓器もすべて被曝して、九日後に死んでしまいました。

原子核からはガンマ線という電磁波が出ます。われわれのふだん目にしている光よりも波長が短く、そのぶんエネルギーが強い。紫外線に当たりすぎると癌になりますね。それより強いのがX線で、ガンマ線はその一〇倍、一〇〇倍、

▼ロスアラモス国立研究所
第二次世界大戦中の一九四三年、フランクリン・ルーズベルト大統領による「マンハッタン計画」で原子爆弾の開発を目的としてニューメキシコ州ロスアラモスに創設された。初代所長はロバート・オッペンハイマー。第二次大戦後も、新たな核開発研究の拠点施設の役割を果たし続け、核兵器の維持管理とともに、新兵器の開発などに取り組んでいる。

▼図2　デーモン・コア

一〇〇〇倍のエネルギーです。

原子核は、量子力学という法則にしたがい、特定のエネルギー状態になるとガンマ線（γ）を出します。ある安定しない原子核がガンマ線を出すとして、どのようなエネルギー準位の構造が並んでいるかを調べてみましょう。このエネルギー準位の並び方には統計的特徴があります。仮にちょうど電車が来る時間のようにでたらめだったら、疎密があります。疎密があると、間隔が狭いものが多くて、大きいものが少ない。ガンマ線の場合は、低いエネルギーがたくさん出てきて高いエネルギーはあんまり出てこない、となります。

ところが、原子核によっては、等間隔の並びに近いものが出てきます。原子核の準位はそれぞれ違って、軽い原子核で行動が単純な場合は、配列がランダムなポアソン分布に近いですが、複雑な重い原子核だと、違う動きをして、ウィグナー分布と呼ばれる結果になります（**図3**）。この複雑な原子核が出てくるガンマ線は、特定のちょっと高めのエネルギーを中心に出てきます。ここから、単純な原子核のほうが、浴びるガンマ線が低いというようなことが予想されてます。寺田が電車で見ていたポアソン分布は、この単純な原子核と同じ構造なのです。

もうひとつの例として、メキシコシティから三〇キロほどの場所に、クエルナバカという街があります。ペテル・シェバというチェコの物理学者がその街に滞在したとき、メキシコシティ行きのバスがあまり混んでおらず、どれも均

▼**図3**

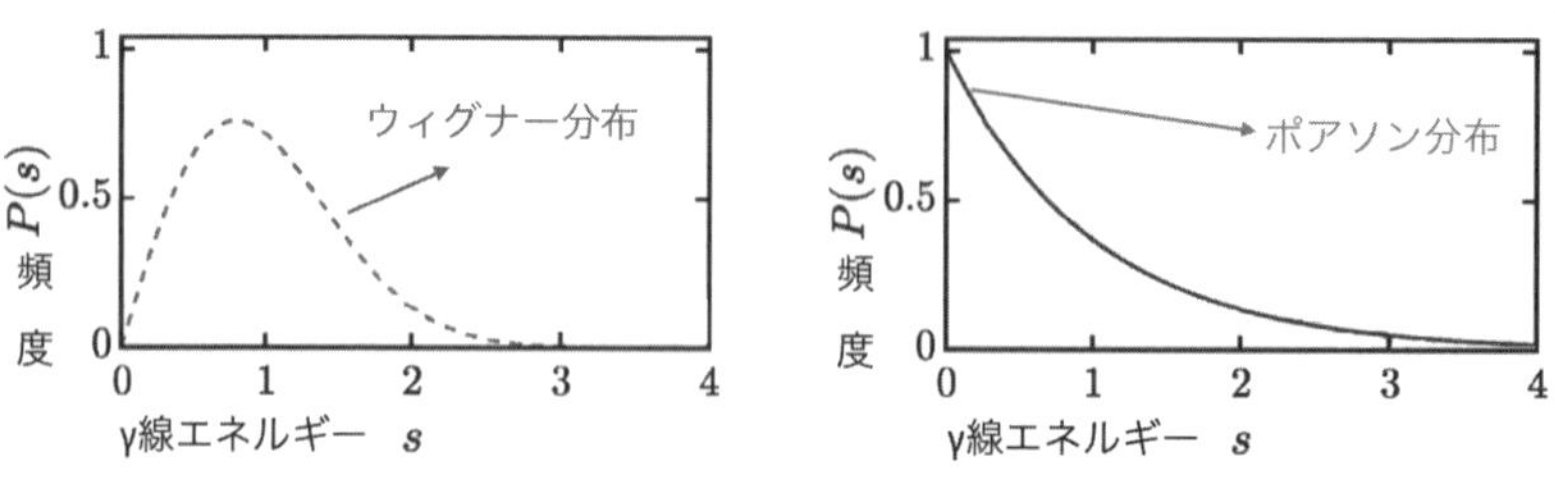

等に来ることに気がつきました。これはなぜなのかと興味をもって、寺田のように間隔を調べてみました。そうすると、非常に綺麗に、複雑な原子核のウィグナー分布に似た結果が出ました（**図4**）。

なぜそうなったかというと、バスの運路の途中のチェックポイントに人が一人いて、ドライバーが来ると、ひとつ前のバスとの間隔を教えてくれるのです。それによってちょっと時間を調整すると、非常にきれいな間隔になります。最近の東京の電車は、きちんと管理されていて一〇秒もずれずにぴったり来ますが、ほんとうは一時間に三本くらい走らせてゆるくチェックしても大丈夫。このことは論文として発表されていて、数学でメカニズムが証明されています。寺田の時代から八〇年ほど経って、あるメキシコのバス、昔の東京の電車、原子核から出ているガンマ線とが同じ構造をもっているということがわかってきました。

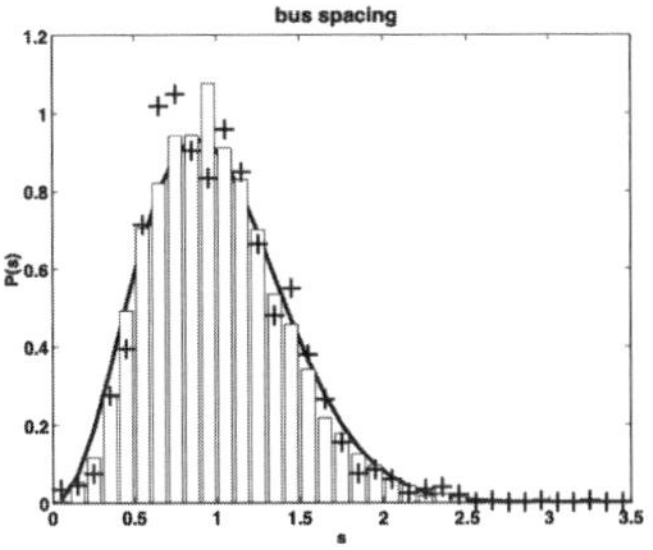

▼図4　バスの間隔

寺田寅彦の功績

寺田は東大の物理の先生でしたが、当時一番流行っていた原子核の研究をやりませんでした。原子力をうまく使えるとすごいエネルギーになるという話がちらちら出始めたころで、研究に桁違いの金が注がれていました。その結果が原爆になってしまうわけですが……。しかし八〇年かけて、彼の随筆と原子核の話がつながってきました。彼にそのつもりはなかったかもしれないけれど、いまにして思えば、別の角度から同じことをやっていたともいえるのです。

大学に行かずに電車の動きを一日中見ていたということからもわかると思うけれど、彼は非常に自由人で、人工的なものがあまり好きではなかった。量子力学や原子力を勉強して日本に持ち込んでくれと期待されていましたが、そういうことはせず、「寺田物理学」は東大で傍流扱いにされました。文学活動が問題にされたこともあったようです。詩をたくさん書いたせいで、けむたがられたのですね。病気で入院したときに、大学を辞めようと思ったこともあるようですが、当時の同僚であり友人の歌人・石原純が原阿佐緒と出奔▼して大学を辞めさせられたという事件の影響もあって、踏みとどまりました。

まわりから後ろ指をさされながらも、大学にとどまり、科学と文芸を統合した随筆をたくさん残した。どれも、一〇〇年経ったいま読んでもおもしろく、味のある作品です。寺田寅彦は複雑系物理学の開祖でもあり、文学者でもあるという、非常に稀有な人。いま世界的にも、彼の業績は改めて評価されてきています。

学生時代にはすぐ理系文系と分けられますが、数学が得意な人は文学にも目を向けてほしいし、文系の人には数学や物理学やＡＩなどにも興味をもってほしいです。わからないことは、わかる人に教えてもらえばいい。現代も、寺田のようにジャンルをつなぐことのできる人は多くありません。だからこそ、総

▼石原純が原阿佐緒と出奔　大正六（一九一七）年、東北帝国大学の教授を務め、相対性理論を日本に紹介した物理学者であり、同人「アララギ」の歌人として地位のあった石原純が、同じアララギ派の歌人・原阿佐緒に出会い、妻子のある身でありながら恋愛関係となった。各新聞は一斉に二人の関係をスキャンダラスに報じ、石原は妻子を捨て、大学を辞職。二人は同棲生活を送るも、昭和三（一九二八）年に阿佐緒が石原のもとを去った。

合的な知識を身につけていくのが大切です。

Q&A

——寺田寅彦のように、科学の難しいことを初心者にもわかるように伝えるにはどうしたらいいのでしょうか？

科学を、数学などが得意ではない一般の人に伝えることを、「科学コミュニケーション」といいます。それを専門にしている人は科学コミュニケーターといわれ、ある意味、寺田はその祖先といえます。北海道大学には科学コミュニケーションの専門学科があります。

寺田にも、科学を社会のなかでできるだけ理解してほしいという気持ちはあっただろうけれど、一方で、研究の予算を得るため、科学のコミュニティのために、やっていることを売り込むという立場でもありました。寺田の書いたものをよく読むと、それが果たしていいことなのか、という葛藤も書いています。

現代でもこの問題はあって、たとえばコロナ対策や原発の扱いについて、科学者のいうとおりにしてもいいのかと疑問を感じる人もいますよね。科学の側からはどうしても、「本当のことを教えてやる」というスタンスになってしまいがちですが、反科学の立場の人は釈然としません。それは一般の人が馬鹿だからではなくて、「科学を広める」といいながら、科学者が自分たちの利益のために動いているように見えてしまっている、ということなのですね。そのようなすれ違いを防ぐため、科学コミュニケーションはこれからさらに重要になってくると思います。

わたしの思い出の授業、思い出の先生

Q1：思い出の授業を教えてください

三〇年ほど昔、プラハのチェコ工科大で聴講したパヴェル・エクスネル先生の「量子力学の数理」の授業。

Q2：その授業が記憶に残っている理由はなんですか？

わたし自身がよく理解しているつもりだった量子力学について、数学的に厳密に、かつそれまで考えたこともなかったような視点から講じられていて、とても鮮烈な印象を受けた。

Q3：その授業は人生を変えましたか？

以降エクスネル先生に教えを請いつつ、プラハを何度も訪ねて共同で研究を行い、いくつもの論文を共著で仕上げることができた。

わたしの仕事をもっと知るための3冊

全卓樹『銀河の片隅で科学夜話　物理学者が語る、すばらしく不思議で美しいこの世界の小さな驚異』（朝日出版社）

全卓樹『渡り鳥たちが語る科学夜話　不在の月とブラックホール、魔物の心臓から最初の詩までの物語』（朝日出版社）

全卓樹『エキゾティックな量子　不可思議だけど意外に近しい量子のお話』（東京大学出版会）

日本語を見つめる　自分の言葉を見つめる

川添愛

かわぞえ・あい
一九七三年生まれ、長崎県出身。九州大学文学部を卒業後、同大大学院、南カリフォルニア大学、京都大学大学院にて理論言語学を専攻。二〇〇八年に津田塾大学女性研究者支援センター特任准教授、二〇一二年から六年間、国立情報学研究所社会共有知研究センター特任准教授を歴任。主な著書に『数の女王』『言語学バーリ・トゥード Round1 AIは「絶対に押すなよ」を理解できるか』『言語学バーリ・トゥード Round2 言語版SASUKEに挑む』など。

言語学者が受けがちな「偏見」

わたしは言語学者兼作家という肩書きで活動しています。言語学を学んだあと、コンピュータで言葉を扱う自然言語処理▼という分野に移り、一五年ほど研究の仕事をしてきました。現在はフリーで文章を書いたり講演をしたりしています。

初対面のひとからは、大体こういわれます。

「外国語に詳しいんですよね？　何ヶ国語喋れるんですか？」

わたしの専門は日本語です。わかるのは日本語と、仕事で使うレベルの英語ぐらいで、他の言語は学生時代に多少勉強したものの、詳しくはありません。

そこで「日本語が専門です」と伝えると、次はこういわれます。

「言葉の歴史に詳しいんですよね？」

古い言葉や語源に詳しいと思われて、「『やばい』っていつから使われているんですか」とか、「『うだつがあがらない』の、『うだつ』って何ですか？」などと聞かれてしまいますが、わたしの専門は現代日本語です。

他にこんなこともいわれます。

「言語学者の前で、こんな喋り方をしてすみません」「わたし、変な言葉遣いをしていませんか？」

つまり「日本語の使い方に厳しいはず」と思われてしまうのですが、言語学は「正しい日本語」を追い求める学問ではありません。むしろ、言語学者は不自然ないい方を面白がることが多く、「なぜ不自然に聞こえるのだろう」といった方向に思考が向かいます。少なくともわたしは人の言葉遣いを咎めたりはしないので、怖がらないでほしいと思います。

▼自然言語処理
人間が日常的に使っている「自然言語」をコンピュータに処理させ解析し、人間の生活に役立つ技術を開発する研究分野。機械翻訳や対話型AIチャットボット、スマートスピーカー、音声認識AIなどさまざまなサービスに応用される。

日本語母語話者の「無意識の言語知識」に迫る

一口に言語学といっても多様な分野に分かれていて、言葉の歴史を専門にする人、音声を専門にする人、コミュニケーションや社会と言語のかかわりを扱う人など、さまざまな研究者がいます。わたしが研究対象としていたのは、日本語の母語話者が頭のなかに持っている日本語の知識です。つまり、生まれて初めて覚えた言葉が日本語であるような人々が、日本語について何を知っているかを研究していたのです。人間が頭のなかに持っている言葉についての知識を「言語知識」といいます。わたしは日本語の母語話者の言語知識のうち、文法や意味を中心に研究していました。

みなさんの多くも日本語の母語話者だと思いますが、自分がいつ日本語を覚えたのかわからないと思います。また、日本語を使えるからといって、日本語について自分が何を知っているのかを、明確に人に教えることができるとはかぎりません。私たちの言語知識は、ほとんどが無意識であり、そこに面白みがあります。

ためしに、次の三つのことを考えてみてください。

問い1：「みんなでキャンプに参加しよう」に出てくる三つの「ん」の音はどう違う？

問い2：「このマンガがすごい！▼」と「このマンガはすごい！」、どう違う？

問い3：「ハリー・ポッターと賢者の石▼」と「千と千尋の神隠し▼」は、言葉同士のつながり方がどのように違う？

この三つの問いを通して、私たちが無意識に持っている言語知識を見つめていきましょう。

▼このマンガがすごい！
宝島社が発表する、年間のマンガランキングおよび、マンガ紹介ムック。漫画家・出版関係者・著名人・書店関係者などの選者を対象にアンケートを実施し、もっとも面白かった作品をランク付けし、オトコ編・オンナ編に分け、総合順位を発表する。

「音声を認識する・理解する」

問い1：「みんなでキャンプに参加しよう」に出てくる三つの「ん」の音はどう違う？

音は、物理的に見れば、振動によって起こる波です。物を叩いたら、その振動が空気中を伝わり、私たちの耳に届き、音として認識されます。音声、つまり言葉を表す音も同じです。私たちが音声を聞くとき、誰かが喉や舌や唇を動かしてできた波を耳で受け取っています。音声の場合はさらに、認識した音を「言葉」として理解します。私たちは普段、物理的な波を受け取って、認識した音を頭のなかで「みんなでキャンプに参加しよう」などといった文に変換しています。そのプロセスは無意識です。

これはじつはかなり高度なことです。まず、パーティー会場や工事現場などでは、聞き取るべき声を周囲の音と区別するのが難しいですし、個人による声質の違いもあります。男性と女性、老人と若者、健康なときと風邪をひいているとき、大声とささやき声では、全部「波」としては異なるものです。私たちは無意識に「波の違い」に対応し、言葉を認識しています。

また、私たちが「同じ音だ」と思っている範囲は、じつはかなり幅広いのです。たとえば、問い1で挙げた「みんなでキャンプに参加しよう」に出てくる

▼ハリー・ポッターと賢者の石
一九九七年に発表された、イギリスの児童文学作家J・K・ローリングによる世界的ベストセラーファンタジー小説「ハリー・ポッター」シリーズの第一作め。魔法魔術学校を舞台に、主人公ハリー・ポッターが仲間たちと学園生活を過ごしながら、両親を殺した因縁のある闇の魔法使い、ヴォルデモート卿に立ち向かっていく。二〇〇一年に映画化された。

三つの「ん」は、すべて違う音です。発音が違うので、音の波としてはすべて、違う波になるのです。

みんなで　→n（舌を歯の裏側につけて発音する）
キャンプ　→m（唇を閉じて発音する）
参加（さんか）→ŋ（舌の後ろのほうを口の天井に近づけて発音する）

違う音なのに、日本語の母語話者はこれらをすべてN（ん）という音声として認識しています。このN（ん）のような音声の単位を、言語学では「音素」と呼びます。私たちはしばしば、異なる「音の波」を、同じ音素として受け取っているのです。

別の例もあります。たとえば「苦労」と「苦痛」は近い意味合いの言葉ですが、じつは「く（ku）」の音が違います。喉に手を当てながら発声してみてください。

苦労（くろう）kuroo　「ku」の「u」を発音するとき、声帯が震える
苦痛（くつう）kutuu　「ku」の「u」を発音するとき、声帯が震えない

この違いは、日本語においては無視すべき違いです。しかし、音の違いのなかには、無視してはいけない違いもあります。たとえば日本語では清音と濁音

▼千と千尋の神隠し
二〇〇一年に公開された、スタジオジブリによる長編アニメーション映画。原作・脚本・監督は宮崎駿。一〇歳の少女、千尋が両親との引っ越しのさなかに、巨大な浴場施設を擁する不思議な街に迷い込むファンタジー作品。興行収入は三一六・八億円でスタジオジブリのトップであり、二〇二一年に『劇場版「鬼滅の刃」無限列車編』（四〇三・三億円）に追い抜かれるまで二〇年間にわたり国内興行収入一位に君臨し続けた。第五二回ベルリン国際映画祭では金熊賞を受賞。

の区別は重要です。「か（ka）」と「が（ga）」を区別しないと、「格好」と「学校」のような言葉を正しく区別できません。

外国語の聞き取りはなぜ難しいかというと、無視すべき音の違いと、無視してはいけない音の違いが、言語ごとに異なるからです。たとえば英語ではrとlは区別するべき音である一方、日本語ではどちらも同じラ行の音として認識され、区別する必要がありません。さきほどの三つの「ん」は、韓国語ではすべて違う音として認識されます。その一方で、韓国語では日本語のような「か」と「が」の区別がありません。

じつは、われわれは赤ちゃんのころはさまざまな音の違いを細かく聞き分けていています。生まれてまもないころは、三つの「ん」の違いも、LとRの違いもわかるそうです。しかし、母語の学習が進むにつれて、母語のなかで無視される音の違いは聞き分けられなくなっていきます。

赤ちゃんはお母さんのお腹のなかで、外で話される言葉のリズムを感じ取っています。生まれたあとは、そのリズムに従って、自分の耳に入ってくる言葉を切り分けます。そうやって知っている単語を増やすと、単語のなかの音声のパターンを分析し、母語において「無視すべき音声か、そうでないのか」を学びます。そうすると、さらに効率的に単語を学べるようになります。こうして、音声の聞き取りと単語の習得が並行して進む一方で、外国語の聞き取りは難しくなっていくのです。

音声は、コミュニケーションにとっても重要です。私たちは話すときに、無意識に音声に頼ったコミュニケーションをしています。SNSなど文字のみの場合は、アクセントやイントネーションなどの音声の情報が欠けてしまうため、言葉が曖昧になることがあります。たとえば、友だちどうしのAさんとBさんの間で、文字のメッセージで次のようなやりとりがあったとします。Bさんは Aさんに何をいおうとしていると思いますか？

Aさん「今日の試合、思うように動けなくてごめんね。今日は負けちゃったけどまた頑張ろうね」

Bさん「何いっているの。今日はあなたのせいで負けたんじゃない」

じつは、Bさんの「今日はあなたのせいで負けたんじゃない」という言葉は曖昧です。なぜかというと、「じゃない」という言葉が曖昧で、少なくとも二つの意味があるからです。一つは「否定」の意味で、これは「ではない」と言い換えられます。もう一つはまったく逆の「事実確認」の意味で、「だよ」や「でしょう」と言い換えられます。これら二つの「じゃない」はアクセントが違うので、話し言葉では簡単に区別できますが、書き言葉ではどちらなのかわかりません。つまりBさんの言葉は、「今日はあなたのせいで負けたのではない」（否定）なのか、「今日はあなたのせいで負けたんだよ」（事実確認）なのか、文字の上ではわからないのです。Bさんは前者の意味でそういったのに、もしAさんに後者の意味で受け取られたら、喧嘩になりかねません。

また、私たちは喋るときに「フォーカス」もよく使っています。同じ文でも、どこを強く読むかによって意味が変わります。

太字部分が強く発音される箇所
・わたしは**猫が**好きなんです（他の動物ではなく猫がとくに好き）
・わたしは猫が**好き**なんです（猫が嫌いじゃなくて好き）

このように、どこにフォーカスを置くかで解釈が変わってきます。

『ナナマルサンバツ』▼という、クイズに青春をかける少年少女を描く漫画があります。主人公はクイズの初心者です。彼は知識豊富で物知りですが、それだけではクイズに勝てません。クイズには独自のテクニックがあるからです。

第二巻に、主人公が早押しクイズに参加する話があります。その早押しクイズでは、問題文が読み上げられている途中であっても、回答者の誰かがボタンを押すと、そこで読み上げが止まります。回答者たちは、そこから先を聞かずに、何が問われているかを予想して答えを書かなくてはなりません。

そのクイズのなかで、問題文が「鎌倉幕府の初代将軍は源頼朝ですが」まで読み上げられたとき、回答者の一人がボタンを押しました。主人公を含め、回

▼**『ナナマルサンバツ』**
月刊漫画雑誌『ヤングエース』（KADOKAWA）において、二〇一〇年一二月号から二〇二〇年一一月号まで連載された杉基イクラによる漫画作品。二〇一七年にアニメ化された。競技クイズに励む高校生を題材にし、タイトルは早押しクイズの形式の一つ「7〇3×」、七問正解で勝ち抜けだが、三問誤答すると失格となるルールに由来する。

答者たちは「守邦親王」「徳川家康」などと答えましたが、ボタンを押した人は「北条時政」と回答し、それが正解でした。つまり質問の続きは「初代執権だったのは誰？」だったのです。

なぜ、ボタンを押した回答者は、質問の続きがわかったのでしょうか。その人は、フォーカスに着目していたのです。問題を読み上げる人は、じつは「鎌倉幕府の初代**将軍**は源頼朝ですが」のように、「将軍」を強く読んでいたのです。ここで「将軍」にフォーカスが置かれているということから、「執権」が問われると推測できたのです。

もし、読み上げる人が「初代」にフォーカスを置いていたら、質問の続きは「第二代将軍は誰ですか」「最後の将軍は誰ですか」だったかもしれません。これは実際にクイズ大会で使われているテクニックだそうです。

イントネーションも重要です。たとえば「行かないの？」「会わないの？」は普通の疑問文として読めますが、抑揚の付け方によっては「非難の問い」にも捉えられます。

日本語の母語話者はこのように、音声から多くの情報を読み取りながらコミュニケーションをしています。

「は」と「が」の違い

問い2：「このマンガがすごい！」と「このマンガはすごい！」はどう違う？

日本語の母語話者は「は」と「が」の違いを無意識に感じ取っていますが、どう違うのかと問われたら説明が難しいと思います。言語学でも、「は」と「が」の違いは複雑で難しい問題ですが、比較的わかりやすい説明が一つあります。それは、「は」はそれまでの文脈で既に登場しているもの（旧情報）に付き、「が」は新たに登場するもの（新情報）に付くという説明です。

仮に、会社の外にいるAさんと、社内にいるBさんが電話で会話しているとします。Bさんの二つの発言で、「山田さん」の次に「は」と「が」のどちらがついているかに注目してください。

Aさん「いま、会社に誰かいる？」
Bさん「山田さんがいます」
Aさん「じゃあ、資料を持ってくるように伝えて」
Bさん「山田さんはいま、手を離せないみたいです」

Bさんが一回めに発言する時点では、外にいるAさんにとって「山田さん」

は新情報なので「が」がつき、Bさんの二回めの発言では「山田さん」はすでに文脈に現れた旧情報なので「は」になっています。

もう少し例を見てみましょう。わたしがパーティーに行き、知らない人から「あなたはどちら様ですか?」といわれたとします。このとき、「わたしは川添です」と答えるのが自然でしょう。つまりわたしと相手の両方にわたしの存在自体は認識されているので、わたし＝旧情報、川添＝新情報です。一方、ほかの参加者が「今日川添さんという人が来るらしいけど、どの人だろう」と噂していて、そこにわたしが現れたというシチュエーションでは、「わたしが川添です」と答えるのが自然です。この場合、わたし＝新情報で、川添＝旧情報ということになります。

この説明に沿って、「このマンガがすごい!」と「このマンガはすごい!」の違いを考えてみます。「このマンガがすごい」では、すごいマンガが存在するということ自体はすでにわかっていて(旧情報)、どれなのかはまだわかっていなかったという文脈で、すごいのは「このマンガ」だということが新情報として明らかになっています。他方、「このマンガはすごい」では、「このマンガ」自体は既に文脈上で認識されていて、「すごいかどうか」のほうが新情報であるということになります。

とはいえ、この新情報・旧情報で「は」と「が」の違いのすべてが説明できるわけではありません。たとえばサスペンスドラマで、二人の刑事が犯人について話し合っているシーンを想定してください。

刑事1「一体誰が被害者を襲ったんだ？　佐藤か、鈴木か？」
刑事2「現場には佐藤の指紋が残ってたわ」
刑事1「そうか、つまり佐藤が犯人なんだな」

刑事1の二回めの発言では「佐藤」は旧情報なのに、「佐藤が」と「が」をつけるのが自然です。また、このセリフは次のようにも言い換えられます。

刑事1「そうか、つまり犯人は佐藤なんだな」

文脈上、「犯人」は新情報なのに「は」が自然に付きます。

ここで関係してくるのは、「AはBだ」および「AがBだ」という構文の性質です。慶應大学名誉教授の西山佑司▼先生の二〇〇三年の本▼では、「AはBだ」には五種類、「AがBだ」に四種類を認めています。「AがBだ」の一つである指定文▼は、「A」に「役割を担う人」、Bに「役割」が来るような文で、先の会話の「つまり佐藤が犯人なんだな」はこれに相当します。また、「AはBだ」の一つである倒置指定文では、「A」に「役割」が来て、「B」に「役割を担う人」が来ます。先の会話の「つまり犯人は佐藤なんだな」で「は」が

▼西山佑司
意味理論、語用理論を専門とする言語学者。慶應義塾大学名誉教授・明海大学名誉教授・東京言語研究所顧問。主な著書に『意味論』（共著）、『日本語名詞句の意味論と語用論』、『談話と文脈』、『ことばワークショップ』（共著）、『ことばの意味とはなんだろう』（共著）、『名詞句の世界』（編著）など。

▼西山佑司先生の二〇〇三年の本
『日本語名詞句の意味論と語用論　指示的名詞句と非指示的名詞句』（ひつじ書房）。

使われているのは、これが倒置指定文だから、ということができます。さらに「は」と「が」はそれ自体曖昧なので、そのことも考慮する必要があります。

まず、「は」には主題と対比という二つの用法があります。主題の「は」というのは、たとえば「わたしの趣味はピアノを弾くことです」のように、いま話題になっているものに付くものです。一方、対比の「は」は、「白ワインは飲めるが、赤ワインは飲めない」といったように、二つのものを比べるときに使うものです。

「が」にも二種類あります。「庭で猫が日向ぼっこしている」というように、出来事を記述する中立叙述の「が」もあれば、「このなかでは佐藤くんが一番物知りだ」というように、全体のなかでのある対象を指定する総記の「が」もあります。

こういった曖昧さの影響で、必ずしも新情報・旧情報で「は」と「が」の使い分けが説明できないこともあるのです。

また、私たちは「は」と「が」を使うとき、無意識にそれらの影響範囲を考慮しながら使っています。次の文について考えてみてください。

今日は子どもを早めに寝かしつけることができた。子どもが寝静まった後、夜遅くまで仕事をした。

▼指定文
野田尚史『新日本語文法選書1「は」と「が」』によると、「主格名詞と述語名詞が同じものであることを表す」文のこと。主格名詞をAとし、述語名詞をBとしたとき「AがBだ」という形で表され、同時に、AとBの語順を入れ替えた「BはAだ」という倒置指定文も成り立つ。

二文めにおいて「子ども」は旧情報なのに、「が」が付いています。この文は自然で、寝静まったのは子どもで、夜遅くまで仕事をしたのは話し手（親）だということが自然と理解できます。もしここで「は」を使うと、「子どもは寝静まった後、夜遅くまで仕事をした」となり、まるで子どもが夜遅くまで仕事をしているかのような、おかしな文章になります。つまり「は」を使うと、文の最後まで影響範囲が及んでしまうのです。

日本語の母語話者は、これらの使い分けを無意識におこなっています。つまりみなさんの頭のなかにも、こういったいろいろな日本語の知識が体系的に入っているのです。

「言語学者の道具箱」

ここで、言語学で言葉を分析する際によく使われるテストを二つほど紹介しましょう。

一つは単語と句を置き換えるテストです。これは、同じ言葉の異なる意味や用法を確かめるときに使います。

たとえば、「ちょっと」という言葉には複数の意味があります。次の二つの文を見てください。

・「ちょっとだけ待っていただけますか」
・「明日までの提出は、ちょっと難しいですね」

じつは、これら二つの文における「ちょっと」は意味が微妙に異なります。その違いは、「ちょっと」と似たような意味を持つ「少し」に置き換えてみると明らかです。一つめの文は「少しだけ待っていただけますか」となり、意味がほとんど変わりませんが、二つめの文は「明日までの提出は、少し難しいですね」となり、元々の「ちょっと難しいですね」に感じられた「実質的に無理だ」という感じが弱まってしまいます。つまり一つめの文の「ちょっと」は「程度が僅かであるさま」を意味し、「少し」に置き換えることができますが、二つめの「ちょっと」は「簡単にはできないこと」を強調する用法で、「少し」に置き換えると意味が変わってしまうのです。

二つの「ちょっと」のニュアンスの違いは、日本語の母語話者以外には伝わりにくいようです。たとえば、日本語を学んでいる外国の方が、日本の会社の採用面接で「採用はちょっと難しいですね」といわれたそうです。もちろん「採用できない」という意味ですが、その方は「『ちょっと』は『少し』という意味だから、少し難しいということで、もう少し頑張れば採用してもらえるのではないか」と解釈してしまったそうです。

このような、普段意識していない意味の違いも、「少し」に置き換えてみることでわかりやすくなります。

もう一つは語順を変えるテストです。これは、文や句の構造を見極めるのに使います。次の二つの文を見てみてください。

・鈴木氏を課長として採用する
・代官山を拠点として活動する

どちらも、「何々を何々として何々する」という形をした文です。しかしじつは構造が違います。この違いを明らかにするために語順を入れ替えてみます。

・課長として鈴木氏を採用する　↓（意味も文の自然さも変わらない）
・拠点として代官山を活動する　↓（不自然な文になる）

じつは、「鈴木氏を課長として採用する」では、「鈴木氏を」「課長として」がそれぞれ「採用する」に係っています。「鈴木氏を」は「採用する」の目的語です。そして「課長として」の「として」は課長につく複合助詞です。一方、「代官山を拠点として活動する」では、「代官山を拠点として」がひと塊になっています。また、「代官山を」は「活動する」の目的語ではありません。「拠点として」のなかに入っている「して」（「する」の連用形）の目的語です。私たちはこういった違いを感じ取って文を解釈していますが、それはほとんど意識に上りません。語順を変えてみることで、違いがあることを実感することができるわけです。

これを踏まえて問い3を考えてみましょう。

問い3：「ハリー・ポッターと賢者の石」と「千と千尋の神隠し」は、言葉同士のつながり方がどのように違う?

ここでは「と」の前後の語順を入れ替えてみましょう。「ハリー・ポッターと賢者の石」は「賢者の石とハリー・ポッター」となり、映画のタイトルとしてはいまいちですが、意味は同じです。これに対して「千と千尋の神隠し」は「千尋の神隠しと千」となり、意味が変わります。つまり前者では「と」が「ハリー・ポッター」と「賢者の石」を繋いでいて、「賢者の石」がひと塊なので入れ替えても意味合いは変わりません。一方で後者は、「千と千尋」が一塊になっていて、それに「の神隠し」がついています。「千尋の神隠し」はひと塊になっていないので、入れ替えると意味が通らないのです。

また、変わった語順の文を普通の語順に戻す遊びをしてみると、語順の効果を実感できます。

たとえば『ONE PIECE』▼の「海賊王におれはなる」を「おれは海賊王になる」

▼ONE PIECE
『週刊少年ジャンプ』において、一九九七年三四号から連載されている尾田栄一郎による漫画作品。海賊王を夢見る少年モンキー・D・ルフィを主人公とする海洋冒険ロマン。一九九九年からアニメも放映されている。

にしてしまうと、普通すぎる印象です。柴崎友香▼さんの『公園へ行かないか？火曜日に』という作品集のタイトルも、『火曜日に公園へ行かないか？』という普通の語順と比べると、元のタイトルの面白さがわかります。

もしみなさんが将来、詩や短歌を作ったり、キャッチコピーを考えたりすることがあれば、「語順」で印象が大きく変わることを覚えておくといいかもしれません。

さまざまなことをお話ししてきましたが、どれもみなさんの頭のなかにあることです。言語学者にならない人でも、自分たちの無意識の言語知識に目を向けることで、「自分のいいたいことを適切に言葉にする」「文字のみで他人とやり取りする時代に、言葉のすれ違いを防ぐ」といったことに役立つかもしれません。

そしてやはり、言葉を細かくいじって意味の変化を見たり、構造を考えたりするのは単純に楽しいものです。もし機会があったら言語学を学んでみてください。

▼柴崎友香
小説家。一九七三年生まれ。『寝ても覚めても』で野間文芸新人賞、『春の庭』で芥川賞など受賞歴多数。著書に『その街の今は』『千の扉』『続きと始まり』など。

Q&A

――ChatGPTは日本語を自然に使っていますが、どうやっているのでしょうか？

言葉を生成するＡＩは、二〇二〇年頃から急速に進化し、人間の言葉に近いものを生成できるようになりました。ChatGPTのようなＡＩの基盤には「大規模言語モデル」というものがあり、これは大量の文章から「この単語の列の後にどんな単語がくるのか?」という問題の解き方を学習しています。たとえば「わたしの趣味はピアノを」の次に「弾く」が来る、といった問題を大量に解かせることで、どういった単語のつながりが現れやすいかという情報を得ています。それを使って、文を生成するときに、「次の単語」を予測しています。生成AIは人間と同じような意味理解をしているわけではないのですが、それ以前のAIに比べれば格段に自然な受け答えができるようになりました。

わたしの思い出の授業、思い出の先生

これまでの人生で多くの素晴らしい師に恵まれてきましたが、とくにわたしの「基礎の部分」を作ってくださったと思うのは、小学校一年生のときの担任だった松森蔦恵先生と、小学校二年生のときの担任の山田千秋先生です。

松森先生には、わたしの教科書の読み上げ方を褒めていただき、「川添さんは本読み大賞ね」といっていただきました。わたしは大人しくてボーッとした子どもでしたが、生まれて初めて勉強の場で先生に認めてもらえたことは、その後の勉強との向き合い方にプラスに働いたと思います。

山田先生は元の担任の先生の代行で来られ、教えていただいた期間はほんの数ヶ月でしたが、とても温かいお人柄でクラスの生徒みんなに好かれていました。先生が学校を去られる前に、クラスの友人たちと先生とで遊園地に遊びに行ったのも良い思い出です。二人の先生のことを思い出すと、生徒に影響を与えるのは、まさに教師の人格そのものなのだと気付かされます。

わたしの仕事をもっと知るための3冊

上山あゆみ『はじめての人の言語学　ことばの世界へ』（くろしお出版）

川原繁人『音声学者、娘とことばの不思議に飛び込む　プリチュワからカピチュウ、おっけーぐるぐるまで』（朝日出版社）

川添愛『ふだん使いの言語学　「ことばの基礎力」を鍛えるヒント』（新潮選書）

第6章

生きるための学び

なぜ光源氏は恋を繰り返すのか

山本淳子

やまもと・じゅんこ
平安文学研究者、京都先端科学大学国際学術研究院教授。一九六〇年生まれ。高校教諭を経て、九九年、京都大学大学院人間・環境学研究科修了、博士号取得。各メディアで平安文学の解説をするほか、『源氏物語の時代』(サントリー学芸賞受賞)、『紫式部ひとり語り』『道長ものがたり「我が世の望月」とは何だったのか』『枕草子のたくらみ』など。

『源氏物語』というと、イケメンの貴公子・光源氏がいろいろな女性と楽しく恋をする話というイメージがありませんか。それは間違っていません。そもそも、紫式部▼に物語を書くよう支援していた藤原道長▼がそう思っていました。

しかし、一見華やかなこの物語の裏には、光源氏と著者の紫式部のとてもつらい思いと恋愛があります。みなさんにはぜひ、今日の講義を通して『源氏物語』や紫式部の人生をもう一歩深く知って楽しんでいただきたいと思います。

「あなたはどの女君?」

まず、この「あなたはどの女君?」というチャート図に答えてみてください。結果のA〜Gには、物語のなかから七人の女性をピックアップしています。いかがですか?

じつはこのチャート図、ぎょっとするくらいよく当たります。なぜかという

あなたはどの女君（おんなぎみ）？　YESは左、NOは下へ進んでください！

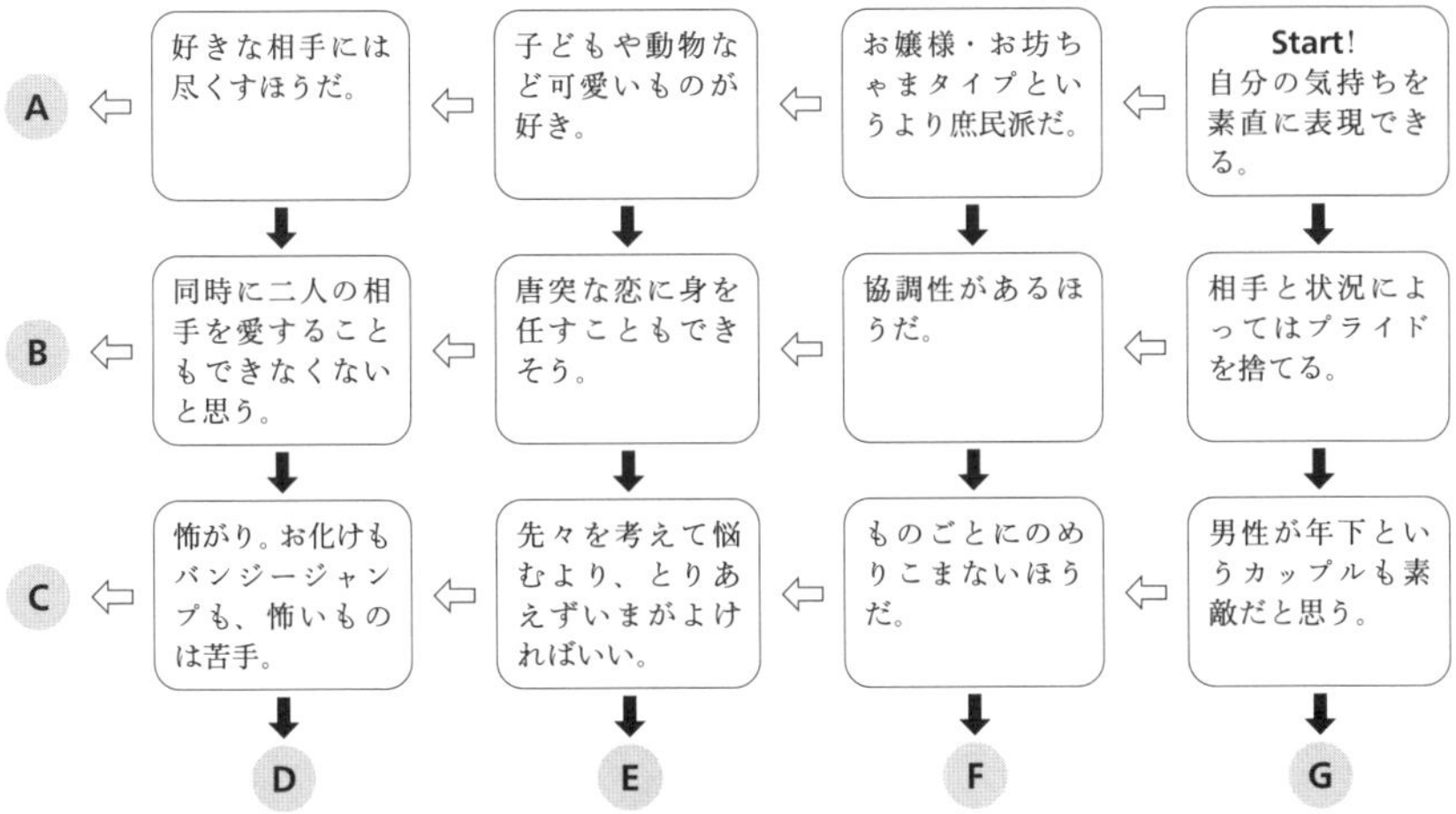

源氏物語チャート「あなたはどの女君？」結果

A	紫の上タイプ	無邪気で素直、どんな色にも染まるあなたは、素敵なパートナーに導かれればどんどん自分を磨き、最高の女性になることができます。周りへの気配りも十分。人に好かれる人生を歩むことでしょう。ただ、人が良すぎて都合よく使われることにだけは注意して。 **ラッキーアイテム**　**小鳥と鳥かご**
B	朧月夜タイプ	基本的にお嬢様なのに、なぜか危険な道を選んでしまうのがあなた。スリルの味が忘れられないのでしょうか？　同じように危ない恋を楽しむ相手とは、相乗効果で転落の恐れも！　穏やかに癒やしてくれる異性をキープしておけば安心ですが、その人の気持ちも考えてね。 **ラッキーアイテム**　**扇、なければ扇子でも。**
C	夕顔タイプ	柔和で優しく、人のいうことにすぐ従ってしまうあなた。かよわい雰囲気を好む男性からはモテモテです。が、そのため女性からいじめられることも！「振り回され人生」には悲しい結末が待っています。そうなる前に、「NO！」という努力を。 **ご用心スポット**　**ミステリーゾーン**
D	浮舟タイプ	なぜかみんなからいろいろなことを要求されたり、いつの間にか人に利用されていたり、人間関係に巻き込まれたりというあなた。戸惑うことも多いかもしれません。しかしそれは、あなたが成長するための試練なのです。一見ひよわに見えるあなたですが、きっと強い自分にたどり着きます。 **ラッキーアイテム**　**流れの速い河**
E	藤壺タイプ	完璧で、人の心をとらえて離さないあなた。ストーカーにだけは要注意です！　とはいえ、完璧なあなたはどんなに傷ついたりつらいことがあったりしても、やはり完璧に乗り切り、乗り越えることができます。子どもや部下などからも慕われるタイプです。 **ご用心スポット**　**たまに里帰りした実家**
F	六条御息所タイプ	本当はすごく情熱的なのに、人目を気にして気持ちを抑えたり、かっこよく装ったりしていませんか？　プライドが傷つけられたときが心配。気持ちのバランスが保てなくなりそうです。思い切って生霊にでもなっちゃえばすっきりするなんて思ってませんか？　いえいえ、心に無理は禁物です。 **ラッキーアイテム**　**伊勢神宮のお守り**
G	葵の上タイプ	典型的なお嬢様。ほしいものがいつも与えられてきたせいか、人とのコミュニケーションが不得意のようです。好きな人が年下でも全然構わないではありませんか。本当は愛情あふれる心の持ち主。普段は少し臆病で人を遠ざけているだけです。素直になりましょう。 **ご用心スポット**　**お祭りの行列の沿道**

出典：林真理子、山本淳子『誰も教えてくれなかった『源氏物語』本当の面白さ』（小学館新書）

と、紫式部がそれぞれのキャラクターをきちんと描き分けているからです。A～Gに行き着く直前の質問が一番重要で、それが女性たちの性格を端的に表しています。たとえば「好きな相手には尽くすほうだ」にYESと答えないと、絶対にAの紫の上にはなりません。

紫の上は光源氏の妻として、もっとも長く人生を一緒に過ごした女性です。そんな紫の上の性格の一番中心にあるのは、夫・光源氏に尽くしたということ。高貴な光源氏の好みに合わせるには、なんでもできる超一流の貴婦人でないといけません。さらに、光源氏は女性たちと恋愛を繰り返すたびに、やきもちを焼いてほしくてそのことを紫の上にいいます。紫の上はそれをよくわかっているので「あ、そう」なんて素っ気ない返事はせず、ちょっとすねたりと可愛らしい反応をしてみせます。紫の上は常に、光源氏はいま何をしてほしいのか、自分に何を求めているのかを考え、そのように振る舞った人でした。では、そんな紫の上の人生が最期どうなったのか、ということはあとでお話ししますね。

他も見てみましょう。たとえば、Bにたどり着く直前の「同時に二人の相手を愛することもできなくない」という質問。このBの朧月夜は、ぼうっとした春の月が美しい夜に光源氏が初めて出会い、何者か知らぬまま口説いた女性ですが、じつは光源氏の兄でいずれ天皇になる人の婚約者でした。そうでありながら彼女は、暗闇で声を聞いて光源氏だと気付くと、イケメンで華やかな彼なら、とOKサインを出すのです。二人の恋は何年か続き、結果、噂が広まっ

▼紫式部
平安時代中期の作家・歌人・女官。生没年未詳。下級貴族・藤原為時の娘として生まれ、夫・藤原宣孝に先立たれたのち、藤原道長の娘で一条天皇中宮・彰子に仕えた。日本最古の長編小説とされる『源氏物語』のほか、『紫式部集』『紫式部日記』を著す。二〇二四年のNHK大河ドラマ「光る君へ」では、脚色も交えながらその半生が描かれる。

て朧月夜は光源氏の兄とは結婚できなくなりました。一方の光源氏も、天皇の婚約者と恋仲になるなんてとんでもないと、都から追放されます。二人の転落の糸を引いてしまった人物、それが朧月夜です。

ここまででも、『源氏物語』にはいろいろな人たちが出てくることがわかると思います。我慢して生きた人もいれば、思い切った人もいる。紫式部は見事に、端的な行動や言動でそれを描き分けています。

「単なる恋物語ではない『源氏物語』——父と子と因果応報」

『源氏物語』は光源氏と女性たちの恋物語、というものでもありません。

光源氏は天皇の子であるにもかかわらず、通常、皇族にはない「源氏」という姓を持っています。当時、姓とは天皇が臣民に与えるものでした。つまり、光源氏は源氏という姓を与えられたがゆえに、天皇の子であっても、どんなに能力が高く政治力や人望があっても、絶対に天皇にはなれない運命とされてしまったのです。光源氏には他に九人の男兄弟がいましたが、こんな目に遭ったのは彼だけです。

そのためか、光源氏は闇雲に過激な恋を繰り返しました。初恋の相手は、なんと父天皇・桐壺帝の奥さんである藤壺。どんなに好きでも決して結ばれてはならない人です。にもかかわらず光源氏は藤壺と密通し、妊娠させてしまいま

▼**藤原道長**
九六六年生まれ。平安中期の公卿。藤原兼家の五男として生まれ、一条天皇中宮・彰子をはじめ自身の娘を次々と天皇に嫁がせて、藤原氏摂関政治の全盛期を築いた。また、紫式部を彰子の女房（侍女）として雇い『源氏物語』の執筆を支援。『紫式部日記』には、『源氏物語』のように恋の多い物語を書くからには作者も「好き者」に違いないとからかった道長が、紫式部に見事に歌でやりこめられるエピソードがある。一〇二七年歿。

す。当然、周囲も桐壺帝自身も天皇の子だと考えますが、生まれた子は光源氏にそっくり。物語には、桐壺帝が生まれた子を見て「美しいものは大体顔が似るのかなあ」というシーンがあります。とんでもない話でしょう。

じつは桐壺帝は、何人もいる子のなかで光源氏のことを一番愛し、大切に思っていました。本当は後継ぎにしたかったのですが、母親の身分が低く諦めなければならなかった。そこに光源氏にそっくりな子が生まれたため、桐壺帝はこの光源氏の息子を、天皇(冷泉帝)として即位させました。

この冷泉帝が一四歳のときに藤壺が亡くなり、二人の関係を知っているお坊さんが本当の父は光源氏だと教えます。彼は悩みました。光源氏と藤壺の関係にショックを受けたわけではなく、「ああ、ぼくはずっと光源氏に支えられてきた。これまでは光源氏が臣下で自分が天皇だから、命令したり指図したりするのは当然だと思っていた。でも彼は本当は父だったのだ。血を分けた本当の父は、こんなに自分のそばにいて支えてくれ、愛してくれていたのだ」ということを知ったからです。そして光源氏に、自分は退位するから次の天皇になってくれないか、とそれとなくいいます。光源氏は頑として断ります。自分は父から命じられて源氏になったのだからと。

光源氏が天皇になったら周囲が非常に妬むに違いない、幸せな人生を歩んでほしい、と息子への愛を込めて家から追放した父・桐壺帝。その父の教えを受け継ぎ、絶対に天皇にはならないという光源氏。口には出せないけれども、本当の父だからこそ天皇になってほしいと願う息子・冷泉帝。このように、『源氏物語』には父と息子の物語という側面もあるのです。

光源氏はその後七年間も悩んだ末に、准上皇▼になることは承諾しました。ちなみにこれは、物語の落とし所として紫式部が創作した地位です。何はともあれ、光源氏はその超人的な恋愛力の賜物である息子の愛により、皇族に返り咲くことができます。よく考えられた、深い物語だと思いませんか。でも、ここからがまた深いのです。

▼**准上皇**
准太上天皇ともいわれる。具体的な地位や称号ではなく、譲位した天皇である上皇(太上天皇)に準ずる待遇のこと。

光源氏は若いころに過激な恋を繰り返すなかで、数々の悪事を犯しました。それは晩年になって自分自身に返ってきます。

准上皇になったのち、光源氏は若い妻を迎え入れました。偉くなったことで、紫の上よりも出自の良い人を、と欲が出たのです。ところが、この若い妻は別の男の性暴力にあって妊娠してしまいます。このことで、光源氏は密通された側の気持ちをようやく知るのです。なんというつらさ、屈辱かと。さらに、長年連れ添った妻・紫の上と死別し、光源氏は心にぽっかりと穴があいたような虚無感を味わうことになります。

『源氏物語』は光り輝くような才に恵まれた男が、自分ではどうしようもない理由で決まった運命に悩んで罪を犯し、さらにその罪が自分に跳ね返ってくるという物語でもあるのです。

「報われない恋ばかりしている光源氏」

次に、光源氏が一〇代のころまでにかかわった女性たちを詳しく見てみましょう。

まず、父天皇の妻で初恋の人・藤壺。いろいろな現代語訳や漫画などで二人はあたかも両思いだったかのように描かれていることがあり、故・瀬戸内寂聴▼さんは『藤壺』という巻を自分でつくってしまったほどですが、彼女については光源氏の完全な片思いだと思います。原文を読むと、藤壺は光源氏がやって来たと知るとものすごく嫌がっています。妊娠したときには非常にショックを受け、自分の夫を裏切ってお腹の子を育てなくてはならないなんて、と非常につらい思いをしています。

次に、光源氏が一二歳のときに結婚した正妻・葵の上。二人はとても仲の悪い夫婦でした。理由の一つに年の差があり、結婚したとき葵の上は一六歳で、光源氏は幼すぎたのです。また、彼女は政治家のトップの娘です。天皇の妻となるべく育てられ、本人も当然そうなるものと思っていました。ところが、父が決めた相手は天皇になれない光源氏。葵の上は人生設計が狂ったようながっかりした気持ちで、結婚当初から光源氏を見下し、冷たく接しました。

初恋の人とは結ばれず、妻も優しくしてくれない。満たされない光源氏は、一〇代後半から過激な恋愛をし、次々に罪を犯していきます。

▼瀬戸内寂聴
小説家。一九二二年生まれ。一九七三年出家、天台宗尼僧。俗名は晴美。四〇〇冊超の作品を著すほか、人生相談など幅広いメディア、分野で活躍。九六年から刊行された現代語訳『源氏物語』（全十巻）はその読みやすさから一大源氏ブームを巻き起こし、幻の一帖を小説化した『藤壺』のほか『女人源氏物語』『源氏物語の女君たち』など源氏物語に関する著書も多数刊行した。二〇二一年歿。

たとえば、人妻の空蝉と密通します。当時の不倫は違法で、律令制▼のなかに「ひとの妻と交わったものは禁固刑」とあり、身分の低い役人がこの刑罰を受けたという資料も残っています。しかし光源氏は法律などお構いなしに空蝉にしつこくいい寄り続け、果てはストーカー化。空蝉は一度だけ光源氏と関係を持ちますが、その後は拒絶し二回めのデートとはなりませんでした。

同じころに庶民街で出会うのが、謎の女・夕顔です。夕顔はなよなよした、なんでもいうことを聞いてくれる可愛い優しい女の子。二人はとてもうまくいきましたが、その関係は夕顔の変死で終わりを告げます。彼女の家はとても粗末で騒がしいところにあったため、あるとき光源氏が「いいところがあるから」と外出に誘うのですが、その行き先は、平安京でも有名な実在の心霊スポットでした。なんでそんな所に誘ったのかと思いますが、そこで過ごした夜、夕顔は物の怪に取り憑かれて亡くなってしまいます。ただ、これだけ聞くとホラーかもしれませんが、この夕顔という人にはじつは悲しい人生とストーリーがあるので、気になった方はぜひ源氏物語を読んでみてください。

そして、一八歳のときにのちの紫の上、美少女の若紫と出会います。桜が満開の北山で、逃げた雀の子を追う彼女を見て、光源氏はぽろぽろと涙をこぼします。なぜなら彼女が藤壺にそっくりだったから。詳しく調べると、彼女は藤壺の姪でした。ただ、父親である藤壺の兄はネグレクト状態なうえに母親はすでに亡くなり、身寄りは祖母しかいないという状況でした。この祖母も間もな

▼律令制
日本で七世紀後半から中国の制度を参考に成立、実施された国家の法体系・制度。身分制度、税制度、土地制度を定め、中央集権的な国家機構を基幹とする。

く亡くなってしまい、冷たい父親のもとにしか行き場のない少女を、光源氏は強引に誘拐します。もちろん誘拐も犯罪です。人の子どもを誘拐して自分の子にしたり召使いにしてはいけないと、養老律令▼にちゃんと書いてあります。極め付けに、兄の婚約者を奪います。例の朧月夜です。天皇の婚約者と通じたということで、ついに光源氏は資格や位を剝奪され、都を追放されます。

このように見ていくと、とくに一〇代の光源氏の恋物語はあまりいいことがありません。でも光源氏は懲りずに恋を繰り返します。一体なぜでしょう。

「恋とは何か」

そもそも、平安時代における「恋」とはどんなものでしょうか。

ヒントは、「恋しい」です。これは、古語の「恋し」で千年近く意味が変わっていない言葉でもあります。さて、「故郷が恋しい」といったとき、その人は故郷にいますか？「母が恋しい」という人の目の前に母はいますか？いませんよね。それが「恋」です。ここにいない、あるいはもう手に入らない、そんな対象を切なく強く求める気持ち、それが「恋」という気持ちの真髄なのです。『万葉集』▼にも恋という言葉が何回も出てきます。古い写本を見ると、「恋」には万葉仮名で「孤悲」と当てられることが一番多いです。この字を見ただけでも、万葉集時代の人も会いたいのに会えないつらさ、切なさを抱えていたこ

▼**養老律令**
七五七年に施行されたとされる基本法令。律一〇巻、令一〇巻から成る。官位、戸籍、土地、税など国家運営にかかわる制度のほか、家や婚姻についての規定、罪を犯した際の刑罰を定めている。

▼**『万葉集』**
奈良時代末期に成立したとされる、現存する最古の歌集。天皇、貴族から庶民まで幅広い階層の約四五〇〇首の歌を収める。素朴・雄大で「ますらをぶり」とも称される歌風。漢字本来の意味とは関係なく、表音文字として用いられた「万葉仮名」で多く表記されている。

とが伝わってきます。

光源氏の「恋」もこのようなものでした。おそらく、その原点には、光源氏が三歳のときに亡くなった母・桐壺更衣▼がいます。面影も覚えていない母に会いたいという気持ちが、光源氏のなかにはずっとありました。

そして、そこが光源氏と作者・紫式部との共通点なのです。紫式部の母がどんな人だったかということは、紫式部が書いた『紫式部日記▼』にも『紫式部集▼』にも何も書かれていません。ということは、紫式部が覚えていないくらい幼いときに亡くなった可能性が高いと考えられます。

かわりに、紫式部には姉がいました。母代わりのような、とても大切な存在だったでしょう。ところが『紫式部集』の詞書《ことばがき》に「姉なりし人亡くなり」とあり、この姉も、紫式部が一〇代のころに亡くなったようです。ちょうどそのころ再会し、お互いに姉妹のように大事に思い合おうと約束した幼馴染がいましたが、彼女ものちに九州で亡くなります。また、夫とはわずか三年の結婚生活で死別しました。紫式部もまた、大切な人を次々に失う人生を歩んだのです。

夫の死後、紫式部は自宅に引きこもり、人生とは何か、なぜこんなつらい目に遭うのかとつきつめた結果、『源氏物語』を書こうと筆をとったのではないでしょうか。光源氏という男をつくり、自分と同じようにつらい目に次々と遭わせていく。光源氏は、面影を知らない母の代わりに血のつながらない義母・藤壺を慕い、藤壺と会えなくなると、満たされない空洞を心に抱えて多くの女

▼桐壺更衣
光源氏の母。低い身分でありながら時の天皇・桐壺帝の度を超えた寵愛を受け、光源氏を産む。それゆえに数々の妃からの嫉妬やいじめを受け、これを苦に若くして病死。この桐壺更衣を忘れられなかった桐壺帝が、容貌がよく似ているとの噂を受けて妃に迎えたのが藤壺。

▼『紫式部日記』
紫式部著、平安時代中期成立。中宮・彰子が皇子を出産する前後の一〇〇八年からの三年間を記録。華やかな行事や宮中の人物、出来事を客観的に描写する一方、宮仕え生活の苦労など紫式部の内面の感慨が綴られる。また、清少納言を「したり顔にいみじう侍りける人」と評したことを始め、和泉式部、赤染衛門など同時代に活躍した女性についての批評も有名。

性と恋を繰り返す。いわば、光源氏は癒やされたい、甘えたい、刺激が欲しいという欲求を女性たちにぶつけていたわけです。恋をするというのはロマンチックで楽しいことではありません。切ない満たされない思いを抱え続けるということです。

紫式部が『源氏物語』で描いたもの

そんな光源氏ですが、若紫、のちの妻である紫の上との間には「愛」がありました。愛とは、愛車、愛読書、などの言葉があるように、いつも一緒にいて、その存在を大切に思う気持ちです。しかし一方で、三〇年以上を共に過ごした紫の上も、まさに光源氏の愛妻です。私たちは愛するものにはこれじゃないとだめだという気持ち、愛着を抱きます。それはやがて執着に変わり、さらにいくと束縛になります。紫の上は、死の前年の四二歳のときにこんなふうに思います。

「女ほど生き方が窮屈で哀れなものはない。したいことができず、いいたいこともいえなかった。どうして生きる張り合いがあるだろうか。人生の寂しさが慰められるだろうか」

これが光源氏と紫の上の愛の行き着いた先です。彼女がなぜこんな窮屈な生き方をしたかというと、彼に合わせたからです。光源氏は紫の上にあれこれ命

▼『**紫式部集**』
紫式部自撰の和歌と詞書で構成された歌集。一〇代から晩年まで全生涯の歌から優れたものを集め、夫や友人など知己と交わした贈答歌を多くおさめる。実名や詳しい伝記が伝わらない紫式部の生涯、人物、思想、歌風を知る貴重な資料とされる。

令したわけではありません。紫の上は、常に先回りして光源氏の好みに合うように行動した結果、自ら光源氏に束縛される人生を送ったのです。翌年、紫の上は非常に衰弱し、光源氏に「ひとはみな死ぬのですよ」といい聞かせるようにしながら、四三歳で亡くなりました。

愛する対象を失った光源氏は一年数ヶ月引きこもり、過去にも未来にも味わうことのない悲しみと喪失感に涙を流して過ごしました。彼はこう思います。「わたしには美しさがあった。天皇の子で、政治的にも成功し、栄耀栄華を手に入れた。しかしそれがなんだというのか。すべて無力な虚しい飾りに過ぎない。妻を失った私の寂しさは何も癒やせない。わたしが手に入れた光はまったく役に立たなかった」

これが『源氏物語』の光源氏の最後の姿です。光源氏は、名は光ですが心は闇です。自分の人生の光はすべて嘘だと気づくのが、光源氏の行き着いたところなのです。そして、真の光と救いを仏に求め、出家することを決意して彼は物語から去ります。

紫式部は大事な人を失うなかで人生を疑い、光源氏という、自分とは身分も性別も容姿もまったく違う人物をつくって、もう一度人生を歩ませてみました。しかし結局、光源氏も苦の繰り返しでした。では、そんなにつらい思いから逃れられないなら、恋をするのも生きるのもやめればよいのでしょうか。いいえ、違います。それでも恋し、愛し、生き続ける。それが人というものであり、人生なのです。

『源氏物語』はいまや四〇もの国と地域の言語に翻訳されています。それはこの作品が、普遍的な意味で人間のありようをいい当てているからではないでしょうか。だからこそ、時間も場所も超えて世界中で読み続けられているのです。

Q&A

――講義を伺って、『源氏物語』は光源氏がいなくなったところで完結してもよいような、すごい物語だと感じました。光源氏がいなくなった後の『源氏物語』は、どのような意味を持っているのでしょうか。

第三部・宇治十帖の世界ですね。冒頭である「匂宮《におうのみや》」巻は「光隠れ給ひにし後」、光源氏さまがお隠れになったあと、という言葉で始まります。第一部・第二部が光源氏たちが活躍し、光り輝くようだったのとは打って変わって、第三部はまるで光が消えたような世界です。そのなかで、人間たちは確かなものがわからなくなり、手探り状態で生きています。光源氏は、最終的に出家して仏教に救いを求めることができましたが、今度はその仏の力すら疑わしくなっていきます。人が救われるために本当にすがれるものがこの世にあるのか、それともないのかを、紫式部はさらに追究して、薄暗い宇治十帖の世界を書いたのではないかと思います。

わたしの思い出の授業、思い出の先生

Q1：思い出の授業を教えてください

高校生のとき、塾で受けた原栄一先生（金沢大学名誉教授）の古文の授業です。

Q2：その授業が記憶に残っている理由はなんですか？

原先生は日本語学が専門で、言葉の成り立ちや仕組みに始まり、古文を詳しく解説してくださいました。「め（目・芽）」「ほ（帆・穂）」など一音節の語が日本語の根元（ねもと）にあること、「な（名）」「ね（音）」「のる（告る）」「のろふ（呪う）」など「ナ行」の言葉は音声にかかわるなど、目から鱗が落ちるようで古文の学習が楽しくなりました。

Q3：その授業は人生を変えましたか？

変えました。原先生は一九九〇年代にはラジオで大学受験講座をされ、古文の参考書も執筆されて人気がありましたので、ご存じの方が多いかもしれません。わかりやすく、おもしろく、知的な感動で心が揺さぶられました。この授業の楽しさから文学部に進学して国文学を専攻したことが、わたしの古典推し人生の第一歩です。

わたしの仕事をもっと知るための3冊

紫式部作、角田光代訳『角田光代訳　源氏物語』（河出文庫）

山本淳子『平安人（へいあんびと）の心で「源氏物語」を読む』（朝日選書）

朧谷寿・山本淳子・山田邦和・日山正紀著、中田昭写真『史実でたどる　紫式部「源氏物語」は、こうして生まれた。』（光村推古書院）

いま『社会契約論』を読み返す

王寺賢太

わたしの専門はフランス文学ですが、主に思想史を扱ってきました。ただし、常に重要視してきたのは「テクスト」自体を読むという仕事です。

今日のテーマはジャン＝ジャック・ルソーの『社会契約論』です。授業や受験勉強で「ルソー、社会契約論、人民主権」と暗記させられたと思います。そのような教科書通りの言葉でわかったことにしないことが重要です。言語が何であれ、書かれた言葉を一語一語丁寧に読みながら、世間に流通している通念に収まりきらない部分を解釈すること。これこそがわたしの仕事です。

簡単にルソーの紹介をします。執筆はフランス語でしたが、生まれはスイスのジュネーヴです。彼は天涯孤独でした。母親はお産で命を落としてしまい、父親はルソーが一二歳のときにジュネーヴ市から放逐されました。ルソーはあちこちに預けられて育ち、学校に行ったこともありません。独学で知を養い、やがて本を書くようになりました。その仕事は政治思想から恋愛小説、教育論、最後は自伝まであらゆる分野に至り、そのほとんどが未だに古典として残って

おうじ・けんた
フランス文学・思想研究者。一九七〇年、ドイツ連邦共和国デュッセルドルフ生まれ。東京大学大学院人文社会系研究科修士課程修了、同大学院博士課程単位取得退学、パリ西大学にてフランス文学博士号取得。京都大学人文科学研究所准教授を経て、現在東京大学人文社会系研究科教授。著書に『消え去る立法者　フランス啓蒙における政治と歴史』など。

います。

『社会契約論』はルソーの著作のなかでももっとも有名な本です。今日は、社会契約そのものについて扱った、第一篇第六章を集中的に読んでいくことにしましょう。

「事実」から「権利」へ

『社会契約論』の冒頭には、こう書かれています。

> 人間は自由に生まれつきながら、至るところで鉄鎖につながれている。（中略）この変化はどのようにして起こったのか。わたしはそれを知らない。それを正統なものとしうるのはなにか。わたしはこの問いを解決することならできると信ずる。（以下、引用は王寺賢太氏による訳）

ここからは二つのことが読み取れます。

第一に、ルソーは既存の政治体制を批判しています。歴史上存在してきたあらゆる政治体制下で人間は生来の自由を失い、支配隷属関係に置かれ、物理的拘束を受けているといいます。この現状はルソーにとって「非正統」な状態、あるべきではない状態です。

▼ジャン＝ジャック・ルソー
思想家。一七一二年、現在のスイス・ジュネーブ生まれ。政治思想書である『人間不平等起源論』『社会契約論』、恋愛小説『新エロイーズ』、教育論『エミール』、自伝『告白』『対話 ルソー、ジャン＝ジャックを裁く』『孤独な散歩者の夢想』など、膨大で多彩な著作で知られる。一七七八年歿。

そして第二に、ルソーはこの政治的現状がいかに成立したかを歴史の次元で問うわけではありません。むしろ「この変化」を「正統」にするもの、あるべきものとして受け入れられるようにするのは何かと問うています。

そのためにルソーは、「事実」（実際そうあるもの）の次元から、「権利」（理論的にそうあるべきもの）の次元に遡っていきます。あるべきではない現状の政治体制の根幹に、その政治体制をあるべきものにしうる基礎が潜んでいるというのです。

物理的な「力」の因果性との対決

政治体制の基礎としてルソーが位置付けるのが「社会契約」です。そのとき、現状の「事実」の次元において支配隷属関係をもたらしているものとして、ルソーが社会契約に対置しているのは以下の二つです。

まず一つに「自然」、人間的自然あるいは本性といわれるものです。ルソーは正統な政治体制は「自然」を基礎にもたないと断言します。「自然」な上下関係として挙げられるのは親子関係ですが、それは子どもが自立するまでのものにすぎません。複数の家族からなる国家の基礎にはならないのです。

古代ギリシャの哲学者のアリストテレス▼は、主人が奴隷よりも優れた「自然本性」をもつと主張しました。つまり「人間には優劣があり、劣ったものが優

▼アリストテレス
哲学者。紀元前三八四年生まれ。師のプラトンと並んで古代ギリシャの代表的な哲学者である。プラトンの死後、超感覚的なイデアの世界を重んじたプラトン哲学を批判し、形相を持つものが真実であるとする現実主義を展開した。当時の哲学は知的な探求全般を指していたが、それを倫理学、自然科学、文学などと分類し、体系づけたことから「万学の祖」とも呼ばれる。紀元前三二二年歿。

れたものに従うのは当然」と、支配隷属関係を「自然」に基づくものとして肯定したわけです。ルソーはこれを真っ向から否定します。支配隷属関係自体は、どちらが「自然」に優れているかという判断以前に、物理的な力関係によって決定されている。力による上下関係を「自然」の摂理によるものとみなすのは、原因と結果の取り違えにすぎないというのです。

そしてこの「物理的な力」こそ、ルソーが社会契約に対置する二つめのものです。力を権利の原因とすれば、原因とともに結果も変わる。強者の支配はその力が弱者の力を凌駕する限りでしか成り立たず、そこにあるのは法秩序ではありえません。

『社会契約論』のルソーにとって「自然状態」とは、人間関係において各人の自由が無視され、物理的な力が支配する、この状態を指します。ルソーはこの物理的な力の因果関係を断ち切り、権利を打ち建てるものとして、社会契約を持ち出したのです。

「どんな契約が必要なのか」

それではどのような契約が必要なのでしょうか。ルソーはこのようにいっています。

協定だけが一切の人間間の正統な権威の土台として残る。

各人が自由かつ意志的に取り結ぶ「協定（conventions）」だけが、人間間の上下関係を正統化しうるということです。

政治的な秩序の制定に関しては、当時すでに服従契約説がありました。王と人民との間に服従契約があるとする考え方で、ルソーはこれを批判しました。契約においては双務的な「交換」が必要であり、どちらかが一方的に服従するだけでは成立しないというのです。

そもそも、人民が何かの行為をするためには、まず人民が存在しなければならないとルソーは考えます。

したがって（中略）人民を人民となす行為について検討するのがよいだろう。必然的に他の行為に先行するこの行為こそ、社会の真の基礎である。

「人民を人民となす」という言葉による取り決め、こうして社会を社会として構成する行為こそ、ルソーにとっての社会契約なのです。

「契約と協約の混用」

ここで少々ややこしい話をします。

この『社会契約論』のタイトルは*Du Contrat Social*です。一方、第一篇第六章は《Du pacte social》と題されています。「契約」（contrat）と「協約」（pacte）。この二つの言葉はタイトルだけではなく、本文中でも混用されています。

一八世紀において、「契約」と「協約」はそれぞれ「協定」の一種として、明確に区別されていました。

まず法学上での区別があります。「契約」は財産権利の贈与や移譲にかかわる民法上の概念である一方、「協約」は、和平や同盟関係にかかわる外交・軍事上の概念です。

そしてローマ法までさかのぼると、「契約」は法的拘束力をもつのに対し、「協約」は法的な拘束力を持たず、単に道徳的な拘束力しか持たない「協定」とされます。単なる「口約束」です。

さらに注目すべきは、トマス・ホッブズ▼による定義です。「契約」は締結と同時に履行されるため、その時点で財産権利の贈与や移譲がなされる取り決めとされます。一方「協約」は、締結と履行の間に時間的ズレがある場合をいいます。ホッブズの使った英語でいえば、「信約」（covenant）です。ホッブズは、自然状態すなわち戦争状態から出発して国家を形成し、主権者の下で法秩序を

▼**トマス・ホッブズ**
哲学者。一五八八年、イングランド生まれ。内戦によって混乱したイングランドにおいて、個人の自由を保障するために強力な国家の必要性を説いた書『リヴァイアサン』で知られる。一六七九年歿。

制定する「社会状態」への移行をもたらすのは、この「協約」だとしました。

ルソーはこれらの区別を知った上で混用していたと考えられます。だからこそ、ルソーが「社会契約」・「協約」というとき、そこにはさまざまな二面性があるのです。

ルソーの考えを見ていく前に、ホッブズにおいて「協約」はいかなるものだったのかを見ておきましょう。

「ホッブズにおける国家協約」

ホッブズは『市民論』にこう書いています。

> したがって各市民はその隣人と協定を結んで次のようにいったと想定される。「お前が同じようにこの者に権利を移譲することを条件として、わたしはこの者にわたしの権利を与える」。これを承けて、各人が自分の諸力を自分自身の善のために用いる権利はまるごと、共通利害のために、主権が委譲されたこの人間かこの合議体に移譲されたままにとどまる。

ホッブズにおける国家協約は、自己保存のために自由にその手段を選択する「隣人たち」、すなわち共同体の構成員たちが相互に約束し（連合協約）、約束の外部にいる第三者である個人ないし合議体にその自己保存の権利を譲渡する（主権者への服従）というかたちをとります。この第三者が主権者として法律を定め、共同体の構成員各人の財産や権利を保障します。協約は共同体の構成員間では成立しますが、彼らから権利の譲渡を受ける主権者は協約には加わりません。ホッブズにおいて、社会を構成する「連合協約」と「主権者への服従」は切り離されている。ホッブズの主権者が絶対的な権力を振るうことができるとされるのはそのせいです。

しかし、このホッブズの協約が成立するには問題があります。当の協約（ロ約束）の履行を保障するものはなにもないからです。ただでさえホッブズは協約に先行する状態を「万人の万人に対する戦争」状態と仮定しています。その状態において協約は成立しうるのでしょうか。

ホッブズはこの難問を解決するために、「戦争状態においては、死の恐怖に強いられた約束は有効である」こと、また「協約参加者の一方が他方に対して先行的に協約の約束を履行する場合には、他方の者も協約履行の義務を負う」ことを強調しています。つまり、協約者の誰かが主権者に服従してしまえば、他の者も同様に服従の義務を負うということです。ただし、それが実現するのは、主権者が戦争状態同様、協約参加者に死の恐怖を与えうる場合に限定される。

ルソーにとって、死の恐怖によって国家協約を基礎づけるホッブズの議論は、物理的な力の因果性と人間的な法秩序を連続させるものにすぎず、批判的に乗り越えるべき対象でした。

「社会契約の根本問題」

ルソーは「社会契約」が必要とされる場面を次のように設定しています。

> 自然状態において、人間たちの保存にとって有害な障碍が、その抵抗力によって、各人がこの状態で自己を維持するために用いることができる諸力を凌駕する地点

これはホッブズのいう戦争状態です。具体的には自然災害や人間間の紛争によって、人間たちが手を結ばない限り生きていけなくなるような事態です。ルソーによれば、ここで必要とされる社会契約が解決すべきなのは、次のような根本問題です。

> 連合者各人の人格と財産を、全力で防衛し保護する連合の形式を見出すこと。この形式によって、各人は全員と統一されるにもかかわらず、自分自身にしか服従することがなく、以前と同じように自由にとどま

る。

連合契約とは、人民を一つの集団にまとめ上げる契約であり、その集団は各人の人格と財産を全力で守る必要があります。しかも、その契約は各人が自由であることを妨げないというのです。では、この二重性を含んだ根本問題はどのように解決されるのでしょうか。ルソーは次のように断言します。

連合者各人があらゆる権利とともに共同体全体に全面的譲渡すること

ルソーは、人民が王に対して自己を譲渡することを「狂気の沙汰」と評しました。そのルソーが各人の共同体への「全面的譲渡」をこれみよがしに肯定して見せるのです。世の中を驚かせるようなことばかりいう、いかにもルソーらしい挑発的な文句です。

全面的譲渡とは、契約者各人がその全人格と全権利をまるごと共同体に贈与することです。これが実現されれば、全員に平等な条件が課され、契約者各人と共同体の間に紛争の余地はなく、契約履行の保障者も必要ではありません。さらに契約者各人は特定の人物に服従することなく、自分について放棄したのと同じ権利を他の契約者に対して持つことになるといいます。

そこでは「協約」すなわち契約者たちの間の相互・水平的関係と、「契約」

すなわち契約者全員と主権者の垂直関係は一挙に実現され、契約者各人と共同体は同じ一つのものの二つの側面として結びつけられることになります。

じつはこのルソーの「社会契約＝全面的譲渡」には、論理的な齟齬《そご》がはらまれています。契約以前には存在していないはずの「共同体」を、契約そのものの当事者にしてしまっているからです。二〇世紀のルソー研究は、この論理的な齟齬をルソーの無意識的な錯誤だと論じてきました。

しかし、本当に錯誤なのでしょうか。ルソーはこれまで社会契約を一貫して、物理的な力の因果関係を断ち切るものとして示してきました。だとすると、この論理的齟齬は、むしろ熟慮の上で選択された因果関係の転倒だと考えるべきではないでしょうか。

社会契約という「行為」は、そんな因果関係の転倒によって共同体を創設する。一種の強行突破なのです。

「われわれ」という奇蹟

ルソーはさらに「社会協約」について、以下のように述べています。

したがって社会協約からその本質に属さないものを除くなら、以下の文言に集約されることがわかるだろう。「われわれ各人は自分の人格と全ての力能を共同のものとして一意志の至高の指揮下に置き、われわれは一体となって各構成員を全体の分割不可能な部分として受け取る」

その瞬間、各契約者の個別の人格の代わりに、この連合行為は心的＝道徳的かつ集合的な団体を生み出す。この団体は集会の声と同じ数の構成員からなり、この同一の行為から自身の統一性と「共通の自我」と生命と意志を受け取る。

ルソーによれば社会協約は、この「文言」の全員一致の発話によって成立します。この文言は「われわれ各人」を主語とし、全面的譲渡がどのように実現されるかを明示しています。「われわれ各人」は、われわれ各人から成る共同体すなわち「われわれ」に対して全面的譲渡する、というのです。

しかし、この社会協約の文言は、先に見た「全面的譲渡」の齟齬以上に明白な齟齬を、二重に犯しているのではないでしょうか。

ここでは、協約自体が生み出すべき共同体＝「われわれ」が協約の一方の当事者になってしまっているだけではありません。さらに協約のもう一方の当事者である「われわれ各人」も、協約によって成立するはずの「われわれ」を前提とせずには成り立たないからです。

だとすると、「社会協約の文言」のなかでは、「われわれ各人」、「われわれ」

という主語はいずれも、未だそこにないものを先取りするようなかたちで発話されているということができます。わたしはこれこそが、人と人の間の言葉に基づく約束によって物理的な力の因果関係を転倒させ、あるべき共同体の秩序の基礎を置くために、ルソーにとっては不可欠なものだったと考えます。物理的に存在しなかったものを、無から生み出す、ルソーの言葉でいうと「奇蹟」的な行為としての「社会協約」＝「社会契約」は、こうして「われわれ」をなすべき人間たちが「われわれ各人」と語り出し、自分たち自身を「われわれ」と名指すことによって一挙に実現されるのです。

「言語行為としての社会契約」

一般に「わたし」という一人称は、「あなた」という二人称で名指しされる相手に対して、自身を「わたし」と名指す者の発話においてはじめて成立します。

　ここでいう「わたし」は物理的身体をもった特定の個人に結びつけられるものではありません。あくまで発話とともに出現する言語上の存在です。誰もが自分を「わたし」と名指すことができ、対話のなかで「あなた」と相互に入れ替わることもできます。

　こうして一人称で自身を名指す言語的能力こそが「主体性」の根本にあると言語学者のエミール・バンヴェニスト▼は語っています。

ルソーは一人称の発話にこそ主体性が宿るということを、よくわかっていたのでしょう。「わたし」についていえることは「われわれ」にもあてはまります。ただし「われわれ」においては通常、特定の発話者（「わたし」）が代表する人間集団（「われわれ」）を指し示します。そのとき「われわれ」と名指しされる集団内部に、「われわれ」と発話する者と「われわれ」と名指しされる者たちの間の不均衡・不平等が存在することになります。

しかし、ルソーは「われわれ」を生み出す「社会協約の文言」を、「われわれ各人」の全員一致の発話とすることでこの不平等をあらかじめ排除しています。「われわれ各人」という主語は「わたし」と「あなた」たちの相互関係を前提とし、「わたし」と「あなた」を互換可能なものにする。「われわれ各人」は、「われわれ」のなかに平等を保証するための言語上の仕掛けなのです。

▼エミール・バンヴェニスト
一九〇二年、シリア生まれのフランスの言語学者。パリのユダヤ教神学校に進学。比較言語学ではインド・ヨーロッパ語族の研究を牽引し、一般言語学においては『言葉と主体』『一般言語学の諸問題』などの著作で知られている。晩年は失語症にかかった。一九七六年歿。

正統な国家の脆弱な基礎

ルソーは社会契約を一つの言語行為と考えていました。だからこそ物理的な因果関係を断ち切り「人民」を一挙に立ち現させることができたのです。ここから同時に、たんに言語上の存在にすぎない「われわれ」＝「人民」は、非常に脆い存在だということもわかるでしょう。

「われわれ」が存在するには、まず「わたし」が排除される必要があります。

社会契約で、「わたし」ではなく「われわれ各人」が主語にならなければならないのはそのせいです。けれどもルソーは、社会契約で実現される全面的譲渡こそが、共同体のなかで個人の人格を保証し、財産を保障する、法的な秩序を確立するものと位置付けました。しかし、こうして共同体のなかに独立した身体と意志をもつ「私たち」が現れるや否や、問題が生じます。「私たち」は決して、自分を他の「わたし」と取り替え可能な「われわれ各人」として「われわれ」の一般意志に服従し続けることができないからです。

この「われわれ（各人）」と「わたし」の間の紛争こそが、ルソー的な政治の根本問題といえます。ルソーは言語上の存在である「われわれ」は、一般意志に背く「わたし」を、力で強いることができなければならないといっています。ルソーがこれまで断固排除しようとした物理的な「力」は、こうして共同体が基礎づけられるや否や、共同体が維持されるために不可欠なものとして呼び戻されてしまうのです。

実際、ルソーは社会契約について論じたあと、共同体を維持するためには、主権者＝「われわれ」には強制力が必要だと述べています。その議論の過程では、主権者がその構成員に対して生殺与奪の権を握らなければならないとさえいい出します。具体的には、共同体を守るための徴兵と死刑です。ただし、ルソーは同時にこうも付け加えています。

わたしは自分の心が不満を漏らし、わたしの筆を引き留めるのを感じる。

『社会契約論』のなかで、ルソーが「わたし」と書き付ける非常に稀な一節です。ルソーはここで、主権者が生殺与奪を握るのは正統とみなしつつも、正統であることが必ずしも「わたし」の倫理的な立場からいって正しいとは限らないといっているのです。

ルソーは、民主主義にしろ人民主権にしろ、主権者は共同体の構成員に対して生殺与奪の権を握り続けると考えました。しかも、ルソーにとってそのことは単に政治的に正当であるといって済ませることのできないような、倫理的な問題をはらんだ事態だった。こうして『社会契約論』を読み解いていくと、「社会契約論で人民主権が誕生し、近代民主主義が基礎づけられた」という単純な話ではないことが多少なりとも察せられるでしょう。

今日はテキストを一語一語にこだわって丁寧に読み解くことで、生きる上で役立つ認識が得られることもあると示すことができたと思います。どうでしょうか。いや、わからなくても大丈夫です。読まずにわかった気になってはいけないというのが、今日の授業の一番大事な教えですから（笑）。

Q&A

――ルソーはフランス革命に影響を与えましたか?

あらゆる国家の根本には人民がいて、人民自身が国家の決定権を握っているという発想は革命家たちを刺激したと思います。一方でルソーは、社会契約論や人民主権論を、実現されるべき政治制度のプランとして世に出したわけではないというのがわたしの考えです。最後に生殺与奪の権の話をしましたが、ルソーはむしろ、政治が政治である限り存在し続ける問題があることを示した思想家だったと考えたほうがよいと思います。

わたしの思い出の授業、思い出の先生

長い間「学生」だった割に、大学ではあまり真面目に授業に出ませんでしたが、それでもいくつか記憶に残る授業や先生はあります。

大学一年生の時、批評家の柄谷行人さんを講師とする「自主ゼミ」に、作家の中上健次さんを招いたことがありました。長年の友人だった二人は、当時、昭和天皇の死に対してはっきりと対立しており、わたしにはそれが気になって仕方がなかった。「自主ゼミ」の最終回、じかに二人の話を聞くことができたのは、最後に柄谷さんが叶えてくれたわたしの願望だったかもしれません。

けれども、その最終回以上にいまでも記憶に残っているのは、それからしばらくして、中上さんが書いた文芸時評に、作家はどんな理屈で頭を一杯にしていても、一語一語置いていくしかないと観念している、という一節を読んだことです。わたしにとって、それは中上さんから自分に宛てられたメッセージだった。その後、折に触れて、わたしはその言葉を自分にいい聞かせながら仕事をしてきた気がします。

わたしの仕事をもっと知るための3冊

ルソー著、中山元訳『人間不平等起源論』（光文社新訳古典文庫）

ルソー著、桑原武夫・前川貞次郎訳『社会契約論』（岩波文庫）

ルイ・アルチュセール著、福井和美訳「〈社会契約〉について」（『マキャヴェリの孤独』所収、藤原書店）

ブルースカイブルー

山口晃

やまぐち・あきら
画家。一九六九年生まれ。大和絵や浮世絵などの日本の伝統様式を用い、油絵技法を使って描かれる作風が特徴。成田国際空港、東京メトロ日本橋駅などのパブリックアートを手がける一方、新聞小説や書籍の挿画・装画、漫画、立体など幅広い制作活動を展開。主な著書・作品集に『すゞしろ日記』『ヘンな日本美術史』『山口晃　大画面作品集』『親鸞　全挿画集』など。

ご紹介有難うございます、山口と申します。普段はこんな作品（図1）を描いていまして、これは日本橋にある三越百貨店が一〇〇周年を迎えた際に、注文が来て描いたものなんですね。

じつは頼まれもしないのに大学院生のときにも三越を描いていますが（図2）、まさか一〇年後に当の会社から正式に注文が来るとは思っていませんでした。

最初に描いた絵はほとんど誰にも見てもらえなくて、山梨の美術館で出したときは、二人のご婦人がこの絵の前に立ち止まってじっと見ているので、気になってそっと近くに寄ったら、二人はしばらく見たあと、はあとため息をついて顔を見合わせて「……おかしいわよね」と。この「おかしい」はなんというか、「まともじゃない」のニュアンスでした。

たしかに、よく見るとちょっと気味の悪い絵なんですね。顔が全部描かれていない人がいたり、下のほうに雲が湧いていたり、売り場に何も置いていなかったりするし。髷を結った人もいて、時代もごちゃまぜです。建物のなかが見える吹抜屋台とか影もパースもつけないとか、日本の古い絵の様式に倣ってますが、そういう古い絵は岩絵具を使うのに、この絵は油絵具で描かれています。

要は、頼まれもせずこういう絵を描く人間なんですが、これまで講義にいらした先生方も、これがなんの役に立つんだろうということは一切気にせず、好きなことをやっている方ばかりですね。

先ほど学園の方に今日は何の為に呼ばれたのか伺いましたら、「生徒みなさんの知的好奇心を刺激してほしい」のだそうで、何故こういう絵を描いているのかというところと、絵ついての話を通して、それにお応えできたらと思います。

「西洋の絵、東洋の絵、子どもの絵」

話は子どものころに遡ります。これはわたしが四歳のときに描いた絵（**図3**）ですが、結構イケてると思います。自分の絵だからというわけでなく、三歳から五歳くらいの子どもの絵は、全人類最強ですね。一番力強いし、描いているマインドが全然違う。一体何が違うのか。

ふつう、絵は自分の外にありますでしょう。自分の外にある画面に向かって描く、つまり対象化されているもの。でも、子どもの描く絵は違います。画面のなかに入って、絵と一体化して描いているのです。画面がその人の世界になっていて、しかも子どもは自然にそれができる……ちょっと何をいってるのかわ

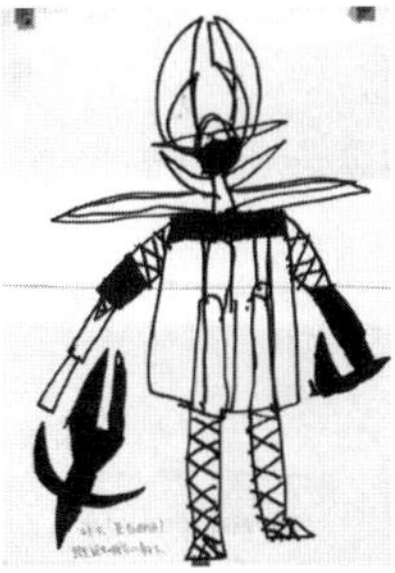

▼図3

▼**図1**
山口晃《百貨店圖　日本橋　新三越本店》二〇〇四年
紙にペン、水彩　59.4×84.1cm
所蔵：株式会社三越伊勢丹

▼図2
山口晃《百貨店圖（日本橋）》一九九五年
カンヴァスに油彩 91×143.4cm
撮影：長塚秀人

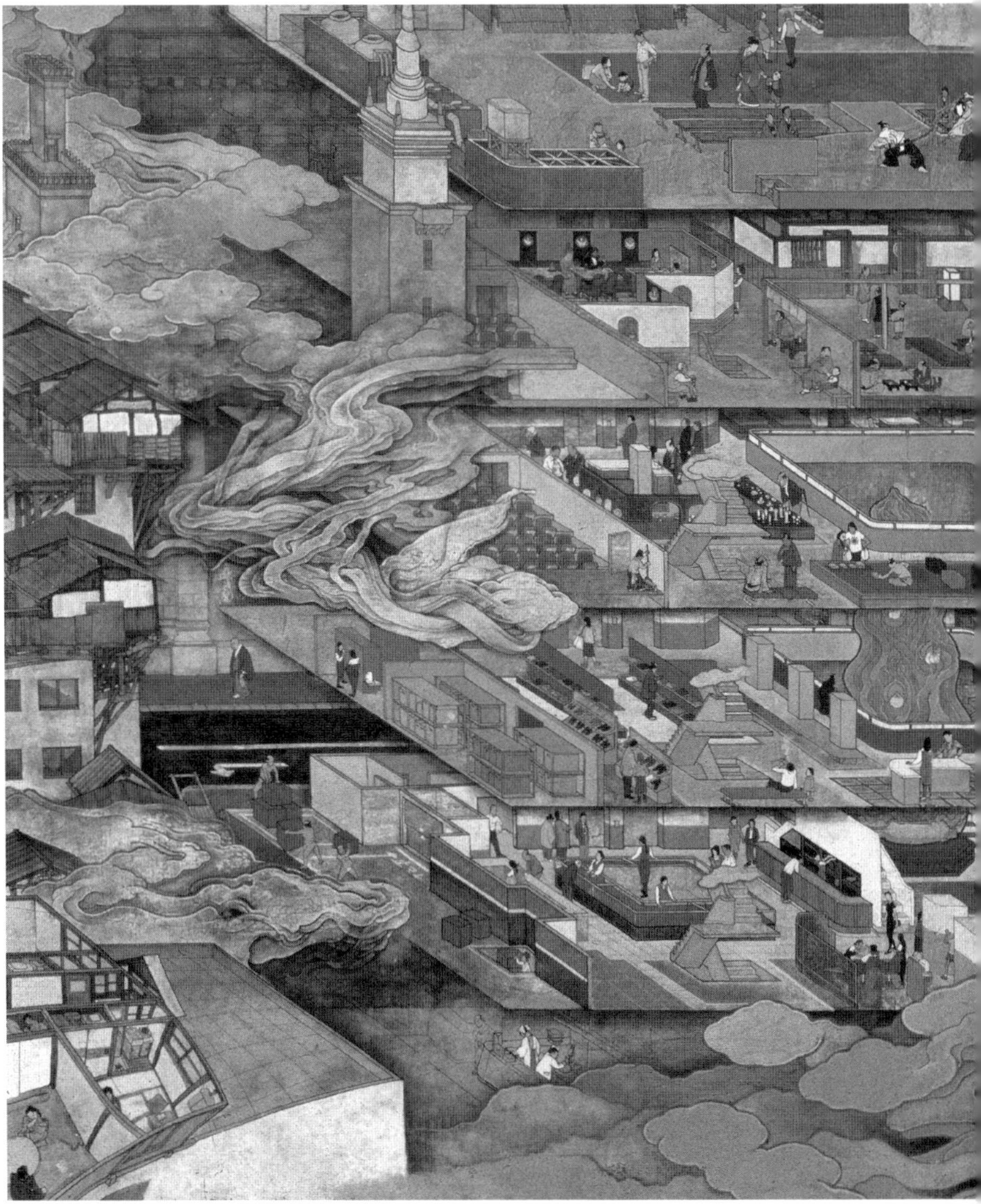

からないと思うので、わたしの例を話します。

　土手下の草むらで虫捕りをして、保育園に帰ってそれを描いたときのことです。見上げる土手のラインを水平に引こうとすると、画面端の手前で手が止まるんです。それでも引こうとしたら画用紙縦の辺と並行な縦線になってしまった。

　何故そうなったのかずっと謎でしたが、後年、展開図法の一種だと思い至りました。古い村落地図などで周囲の山が画面の四辺それぞれに頂上を向けているようなものを見ますが、あれですね。つまり、あのときの縦線は地平線に消えてゆく土手のラインで、画面の一二時方向の他に三時と九時方向も「上」になっていた訳です。展開図法で想定される視点は画面の中央ですが、あの絵を描いたときのわたしは、画用紙の真ん中に居て土手を見上げてたんですね。

　西洋の一点透視図法という、一つの消失点に向かってすべてが収束してゆくいわゆる「正確」な描き方だと、想定される視点は画面の外にあるので、絵を描いている人は画面のなかに入ることができません。

　一方、子どもの絵や東洋、日本の古い絵は、西洋の絵画にあるような透視図法がありません。だからこそ、画面のなかに入ることができるのです。展開図法はプリミティブな描き方といえますが、原始的だからといって良くないということはなくて、絵ってのは別に正解はないですから、そう描くとそうなるというのがあるだけです。

なかに入って描く絵は認識に近い主観的なもので、透視図法は目に映るもの、視覚に近い客観的なものといえなくもないですが、ではこの教室の梁を見てください。まっすぐですか？　構造上はまっすぐだと思います。では、この梁を端から端まで目で追ってみてください。もう少し速く。どうですか。全体像を捉えようとして見渡すとぐにゃっと曲がりませんでしたか？　視覚には円弧が現れましたが真っ直ぐな梁を認識したと思います。ではなぜ、見えたままを「正確」に描く西洋絵画に曲がった梁は現れないのか。それは見えたままではなく、まっすぐであるという認識を優先したからです。そのほうが「正確」だからです。

日本の絵にはパースがつかないので、西洋と違って、奥に行くほど建物や人が狭まったり小さくなったりしません。しかし、だからといって「不正確」なのではありません。目の前にいる人の背の高さや建物の大きさは、遠くに行ったからといって縮むわけではない。だから、奥にあっても建物や人間を小さく描かないのです。そのほうが「正確」だからです。

その絵において何が正しいか、という基準は選ばれたもので、それは画家自身というより、文化圏が決めています。西洋の手法、東洋の手法、それぞれは相容れない部分もありますが、それぞれは整然とした絵画原理で成り立っていて、どちらが優れている、劣っているということはありません。目的や表現によって異なる手法があるだけです。

ですから絵を見るときも、その絵で何が起こっているのか、どういう心の働きでなされているのかを見ることが大事です。たった一つのロジック、モノロジックで見たりするのではなく、いろいろな原理、バイロジックでもって見る。ましてや絵は、その土地の文化や風土や精神性とは切っても切り離せない、その土地ならではのものがあるわけです。

「日本で油絵を描くということ」

わたしがなぜ最初にお見せしたような、油絵で日本の古い画の手法を取り入れた絵を描いているのかという話に移りますが、高校生のころにびびっときた文章で、中村光夫▼の「移動の時代」という随筆があります。明治の詩人、評論家の北村透谷▼が当時の東京の風景・風俗を見て嘆くんですね。

日本人は早急に文明国になるやり方に味を占めてしまって、自分たちで文化を生み出す力を失ってしまった。内からの欲求ではなく次々にやってくる外来の風俗を渡り歩く、「移動」するだけになってしまった。そして、それは現代でも続いているのではないか、と中村光夫は論じていたのですが、日本の近代絵画がまさにそうなのです。

明治のころ、西洋では写真の登場による絵画の見直しの機運が高まって、マネ、モネ、ルノワールなどに代表される印象派が起こって、日本もそれに倣いました。でも、印象派の人たちが行っていたのは、ルネサンス以降五〇〇年も

▼中村光夫
文芸評論家、劇作家、作家。一九一一年生まれ。戦前戦後を通じて、西欧近代文学による知見をベースとした評論活動を展開。評論に「二葉亭四迷論」「フロオベルとモウパッサン」「風俗小説論」「志賀直哉論」の他、戯曲『人と狼』『汽笛一声』、小説『贋の偶像』など。一九八八年歿。

続いた写実画、アカデミズムの伝統といったものに対するカウンター、古い様式を壊しつつも、じゃあ絵って何なんだという、本来生を模索することです。

日本や東洋の伝統的な絵は、最初に話したように、そもそも西洋と方法が異なり、透視図法や陰影法による写実画ではありません。だから日本はまず、印象派が否定した伝統的な様式をこそ学ばないといけなかったのに、西洋絵画の歴史的経緯も、日本や東洋の絵の本来性に思い致すこともなく、外来の様式の上を「移動」していきました。

油絵は汎用性が高くてつぶしのきく技術と思って学んでみましたが、日本人がそれを学ぶ意義、最適な方法、異文化を咀嚼する方法を見つけていかないと、永遠に表面的に真似をし続けるだけで、自分たちの絵画を立ち上げて、根付かせることはできないのではないか。日本という地域から、自分たちの内から湧き上がる絵画は描けないものか。そう思ったんですね。

では、わたしのなかに外来のものを受けて立てるような、日本の伝統絵画の素養があるかといえば、それはありませんでした。当然です。素封家でもない普通の勤め人のせがれですし、家に床の間はありましたが、そこにはテレビが置かれていました。外来のものを受けて立てるような、伝統絵画人のようなメンタリティをどう体得するか。わたしの場合は、ひたすら形稽古をすることでした。現代人の頭で解釈するのではなく、体から入っていく。そこでまずは絵にパースや影をつけず、すごく低いところに雲を置くなどして、形式に倣って

▼**北村透谷**
評論家・詩人。一八六八年生まれ。一八九三年に島崎藤村、星野天知らと『文學界』を創刊、近代浪漫主義運動の指導者として活躍する。一八九四年歿。

そこから体が感受することで日本の古いものと繋がっていった。一方で自らの根っこも探って、落書きに行き着いたわけです。二〇世紀の落書き少年は、日本の古いものも、西洋の古いものもいちから勉強していくしかないのだと、そう気づいたのです。

油絵も日本の古画も、自分の外部にあるものです。そういう外部にあるものを、どうやって自分の根っことして立ち上げていくか。一人の人間が歴史を再演するにはどうすればいいか。ありえなかった歴史をゆりかごに入れて育ててみたらどういうものができるか。それが、日本の油絵を「移動」から外す理念的モデルにできはしないか――。と、ぶちあげてはみたものの、いまだにそれができているような気はしません。ただ、日本的に見える様式に近づくときも、外側の形だけを真似することはしないようにしています。なるべく絵のなかに入って、その形式を置くことでどういう心の部分が動くかを意識しています。

現代人の錯誤は仕方ないというか、いってみれば誤読こそが現代のわたしが絵画をやる意義だと思っています。油絵、西洋絵画をやったおかげで、東洋絵画の特異な部分がわかりましたし、絵柄もがらっと変わりました。いまも常にどこかで西洋絵画を鏡にして日本の古いものや自分の絵を描くことをしている感じです。

「言葉と絵」

そもそも、絵を描くってのはどういうことなんでしょう。子どものときは自然に絵と一体になれたのに、小学校高学年、中学生ぐらいのころでしょうか、みなさん絵を対象化して画面のなかに入れなくなるんですね。その年齢になると観察が細かくなり、空間の認知力も上がります。そして大きいのが言葉に習熟してゆくこと。

言葉は便利です。便利だからこそ、うまく付き合わないと絵は描けなくなります。なぜなら、言葉は細部をごっそりと省いて、ものごとを非常に単純化、記号化してしまうからです。そのおかげで私たちは、いま目の前にないことでも想像したり、抽象的な概念として捉えたりすることができます。たとえば、あるものごとを説明するのに、子どもはあったことや思ったこと、見たり聞いたりしたことを全部いいますでしょう。一方、大人は必要なところだけをかいつまむことができます。細部を省いて抽象化して、容量を減らすことができるからです。でもそれは、そのぶん観察が荒くなるということでもあります。

そして、こうして言葉に適応することは、絵を描くうえで非常に不利に働くんですね。

小学生のころ、わたしは周囲の人よりも絵を描くのがとても遅くて、ずいぶん怒られました。「時間をかければ誰だって描けるんだ!」と、先生に絵をぺっと投げられたこともあります。そのとき「それは違う！」と思ったのは覚えています。

同級生たちの様子を見ると、「木」というと茶色と緑色の絵の具を出し、「空」といえば、空色の絵の具を出してそのまま塗っていました。絵を描くのが速いというよりも、時間をかけられないのです。なぜなら、ものごとが記号、つまり言葉になってしまっていて、それ以上の情報を汲まないいんですね。絵を描くときは、まず言葉を取り除いてやらないといけない。言葉を取ると、言葉でないものがどんどん見えるようになります。たとえば、わたしがいま手に持っているこの赤ペン。「赤」でないとしたら、何色だろう。（ペンを見ながら）なんだかやたらに胸にビンビンくる色だな……そういえば昔見た鼻血の色に似ている。でも、それよりも明るいみたいだ、だとしたら……というふうに。言葉をとるだけで、どんどん観察が始まっていくんですね。

いま、東大の建築科の学生さんにデッサンの講義をしているのですが、そのなかで人の横顔の同じ写真二枚を上下逆さまにして並べたものを描いてもらうんです。逆さまのほうが描きづらいんですけど、逆さまの写真のデッサンのほうが正確なんですね。なぜなら、名前がつかなくなって、言葉が外れるから。何かわからなくなると、よく見るようになるんです。そういう能力が人間にはある。

遅く描けない人は遅く見ることもできません。展覧会なんかに行っても、ぱーっと絵の前を通り過ぎてしまって、「人だ。花だ。」と記号を確認するだけになっているんです。でも、これはしょうがないことでもあります。

たとえば向こうからトラがやってきたとします。あれはなんだろう……大きくて縞があるな、耳の形は、ヒゲは……なんてゆっくり細かく観察していたら、あっという間に食べられてしまいます。そういうときは、「トラ！」「逃げる！」と、荒く見て瞬時に判断しないとだめです。つまり、生活するうえでは、言葉をなくしてじっくりとものごとを観察する、そういう時間をとってはいけないときがあります。というか、とっちゃだめで危ないです。それに日々暮らしているとたくさんのいろんなことをやらないといけない。ひとところにとどまってなんかいられない。

ただ、そうやって荒くものごとを見て判断していると「観照」ができなくなります。「観照」とは鑑賞や観察よりも、もっと深く見ること。それができないと、絵は描けなくなります。そのためには無心になって言葉や記号をなくすこと、つまり「見る」という行為そのものの質を変える必要があるのです。

「絵と同化する」

最初に、三歳から五歳くらいの子どもの絵は全人類最強といいましたが、言葉によって物事が記号化されていないからこそ、子どもは画面をよく見ている。

先ほどの四歳のわたしの絵、次に必要なところに次に必要なものがちゃんと来ている。形そのものが何か力を出しているでしょう。それを感じているからこそ、絵の流れが生きている。絵描きになってからの目で見ても、この流れは理にかなっていると感じます。しかも考えないでこれができるわけです。

以前、ワークショップで新潟に行ったとき、四、五歳位の男の子でしたか、漁師さんがとってきた魚を子どもたちに描いてもらうんですが、その子はとても良い感じに描けていて、これ以上手を入れたら絵が壊れると思ってそれで声をかけようと思ったんですけど、全然納得していない様子に声をかけるのをやめたんです。こういうとき声をかけてはいけないんですね。そもそも、絵を描いている人に何かをいうのは、とてもぶしつけなことです。絵を描くときは、描いている人と絵と、「二人きり」になるからです。その時絵は世界と重なっています。そこに他人はいりません。ともかくそのまま声は掛けずに、終わったあとその子の絵を見てみると、入っているわけです、手が。しかも確実に上げているんです、何かを。さっきは「おお」ぐらいだったものが「おおーーーーっ!!!」となるぐらいに。ああ、もうこれ以上この絵には何も入らないと思っていたわたしが間違っておりました、と頭を下げたくなるような気持ちでした。

この五歳の彼は、わたしの心の師匠です。自分が絵に詰まったときは、彼のことを思い出しています。まだ描けるのではないか、と。

納得していない様子だったとき、彼はきっと絵の声を聞いていたんです。「まだだよ」と話す絵の声を。もちろん絵ですから、わかりやすい言葉でいってくれるわけではないですが、だからこそ、その声はただ聞くしかないのです。この声とは、いってしまえば自分の深層心理、自分でも容易に確認できる自由意志とは違う、より深いところにある声が絵にこだまして聞こえてくるんだと思います。でも、自分が「こうしたい」とか思った途端にそれは聞こえなくなる。虚心になって、そうすると初めて、絵のひそやかな声が聞こえてくるんです。

美術大学に行くのなんかもこの声を聞く能力、この心の働きを取り戻すためなのだと思います。むしろ、それだけの部分があって。

もちろんいろいろな技法も試します。そうすることで、もっと遠くまで見えるようになったり、できることが変わったりします。でも、基本的な体の使い方は、虚心になって絵と同化するということ。絵が逐一発しているものを聞き取ること。点をわずか一つ打つだけでも、絵の発してる声ははまるで変わります。緊張感がありますが、やめられません。とても楽しいですから。

「自分の声を聞くこと」

絵とは本来、人の賞賛もアドバイスも何もいらないものです。投稿サイトで「いいね!」がつかなくて落ち込む人がいるようですが、それは出だしが間違っています。わたしは確かに絵を生業にしていますが、人に見せたり売ったりすることは、中心から遠いだいぶ外側にあることです。

自分の心から興味あることを、時間が許す限り全力で取り組み続ける。他人からの賞賛や見られることや売ること、そんな絵のずっと外側にあることのために邪魔されたりやめたりしてしまったら、心の働きが死んでしまいます。死ぬというと言葉が強いと感じるかもしれませんが、心の働きはごまかしがきかないのです。我慢もできない。我慢して声を無視していると、いつしか心が動かなくなってしまいます。つど自分の心からの声を感じて、欲動に従って行動し続ける。そうしないと、二度と声を出してくれなくなります。

この声は、私たち人間の非常にプリミティブでもっとも古い部分にあるものなのだと思います。一個の個人の欲求ではなく、大陸も東西も古今も越えた、人間の根底の根底にあるものです。だから、絵に没頭して世界と二人きりになったときは、言葉がすぽんとどこかに行ってしまう。ただ絵を、世界をじっと見つめるのです。絵を描くとは、こうして世界をじっと見つめる一つの方法なのかもしれません。

それをどう生活のなかで続けていくか。そのための方便を身につけるのが大人の力なのだと思います。文明には、私たちの根底の欲動を抑圧してくるものが山のようにあります。人間生活は抑圧の連続です。それをうまいことかいくぐって、原始的な、原初の生き物としての人間性を発露させること。その方法・

能力を獲得してゆくのが大人になるということだと思います。

かなり幼児のころにもう脳細胞が刈り込まれて「その人」は用意されます。人間は先に根っこができるんですね。そこで未生の自分を予感して、根っこに沿った形にどう上物を咲かせるか。世間にはこれがいい生き方だとか幸せだとか、そういう言葉やものがたくさん溢れているし、最初は考え方や自分の欲動も借り物かもしれない。でもそのなかで、自分でもよくわからないけれどこれが好き、これをしたい、これはちょっと違うかもしれない、とそのつど奥底にある欲動に耳をすませて、真に欲するものに出会えていれば、自分の根っこに沿った形に木が育っていきます。

わたしは大学生三年生のとき、絵が描けなくなったことがあります。

油画科に進んだものの、絵がなんなのか、二〇世紀後半の日本で西洋の土壌に育った美術をやる意味がまったくわからなくなってしまったんですね。このときは本当に困りました。でも、家に帰ると毎日落書きは描いていました。そしてある日、これを描けばいいのか！と、はたと思ったのです。

落書きはホビーで、フォーマルな絵画や美術の世界に出してはいけないと、自分で勝手に思い込んでいたのですね。でも、絵を描くことに養分を行き渡らせるには、自分の場合は、落書きから始めるしかないことに気づきました。これが、わたしの絵を描くことの根っこにあったのです。そこで油絵を一旦置いて、紙にペンで描いた「落書き」を提出しました。

そうはいってもそのときとても怖かったのを憶えています。日本画の学生が岩絵具を使わずにアクリルで描いたら講評会で素通りされた話も聞くような時代です。油絵を使わずにこれをやったら一人になる、道から外れてしまう、と怖かったんです。でも、それが今に繋がって絵を描いています。未生の部分は怖いところにあることが多いです

Q&A

――絵を描くモチベーションは、どう保てばいいですか。

時間があるなら描く気がないときは描かない。無理をせず、何かむむっとくるものに当たったら描く、というのも一つの手だと思います。大家になるほど気分任せにせず判で押したような規則正しい生活をしているように見受けます。

プロの方に聞いたのは描いてるうちにその気になってくるそうです。

あとは、好きではないけれど気になるものや領域を別に描かないで写真に撮って毎日並べて見てゆくと、名づけ得ぬものの総体から、自分でも思ってもみなかった方面の欲動が溢れ出すこともあります。

わたしは水墨画で有名な雪舟がとても好きですが、そうなったのはじつは三〇代半ばぐらいです。それ以前は全然、ぴんと来ていませんでした。来ないときは、何を見てもどうしても来ないです。ただ、そういうとき「自分はこれが嫌いだ」「興味がない」と思わないようにしています。

言葉は怖いもので、嫌い、興味ないとしてしまうと、ちょっと気持ちが動いたときも、それが自分を規定して、ブレーキをかけてしまうことがあるのです。そうではなくて、「いまは来ないな」と思うようにする。そうすると自分が開いた状態になって、ふっとしたときに、ああこうしたいなあと思える何かに当たることができるのです。

自由のためのレッスン

星野太

ほしの・ふとし
美学者。一九八三年生まれ。東京大学大学院総合文化研究科博士課程修了。現在、東京大学大学院総合文化研究科准教授。専攻は美学、表象文化論。著書に『崇高の修辞学』『美学のプラクティス』『崇高のリミナリティ』『食客論』『崇高と資本主義　ジャン=フランソワ・リオタール論』。訳書にジャン=フランソワ・リオタール『崇高の分析論　カント『判断力批判』についての講義録』など。

みなさんは「自由」と聞いて、どんな状態をイメージしますか。おそらく多くの人にとって、自由であるとは、直感的に「選択肢が多い」こととしてイメージされるかと思います。

たとえば「AとB」、この二つのどちらかしか選べない状態よりも、「ABCD」という四つの選択肢から選べるほうがより自由度が高いと感じる。衣食住で考えてみるとわかりやすいでしょう。どんな洋服を着るか、どんなものを食べるか、どんなところに住むか。私たちは選択肢が多いことを、より望ましい状態であると考えがちです。そういった意味では自由にとって「お金」は重要なファクターかもしれません。じっさい、お金によって可能になることはあるでしょうし、お金によって選択肢が広がることも多々あります。

とはいっても、「あなたに今日から完全な自由を与えますから何でもしていいですよ」といわれたら、ほとんどの人は困ってしまうのではないでしょうか。これはわたしの想像ですが「なんでも自由にしていい」といわれたとき、人が考える「自由」のイメージはじつは似通っているのではないかと思います。あえていい切ってしまえば、自由をめぐる人間の想像力はそれほど自由ではない。つまり、私たちが本当に自由になるためには、そもそも自分が考える「自由」のイメージから自由になることが必要なのです。

わたし自身の経験からお話しすると、自由のイメージを拡大し、本当に自由になるために必要なことは「何かを学ぶ」ことだと思います。わたしは「美学」という、哲学と芸術にまたがる分野を専攻しています。より平たくいうと、美学とは「言葉」と「感覚」の両方にかかわる――何かを見たり聞いたりして感情が動かされることと、それについて考えて言葉にすること――学問です。わたしがこの美学を一生の仕事にしようと思った理由は、わたし自身が哲学や芸術を通じてはじめて「自由」という感覚を得たからでした。もちろん何によって自由を感じるかは人によって違うと思いますが、今日はわたしの経験も交えながら「自由」についてみなさんと考えていきたいと思います。

何かを学ぶことは、自由になること

みなさんのなかには、学校や塾の勉強がつまらないと感じる人もいるかもしれません。しかし、何かを学ぶというのはかならずしも学校の勉強のことだけではなく、みなさんが夢中でやっている趣味やスポーツなども、広い意味では学びのひとつです。

ここでいう「学ぶ」とは、まわりから何かを吸収することと、自分でやってみること、つまりインプットとアウトプットの両方にまたがるものだと思ってください。そのうえでいえば、学ぶということは、本当は窮屈なことじゃない。むしろ、学ぶことを通じて、私たちはどんどん自由になっていきます。

なにかを学ぶうえで、まず大切なのは「型《かた》」を身につけることです。みなさんは学校で英語を教わるときアルファベットから始めますよね。算数なら九九の計算、国語でも、ひらがな、カタカナ、漢字といった基本的な文字を学ばなければ、何も書けるようになりません。

スポーツも「型」から始まります。わたしは小学生のころは近くの道場で剣道を習っていて、中学生のころはバスケットボール部に入っていました。大人になってからはしばらく運動をしていない時期がありましたが、三〇歳になるころに突然思い立ってボクシングを始めました。そうした経験を思いだすと、バスケットボールであればドリブルやシュートの基本的な型を覚えること、ボクシングであればジャブやストレートといった基本的な打撃のフォームを覚えることが大原則です。反対に、基本的なことをおろそかにしたまま発展的なことをしようとしても、何かうまくいかなくて、基本からやりなおすことになってしまう。

学びにおいて、この「型」に相当するものがdisciplineです。日本語では大学で学ぶような「学問・研究分野」といった意味で使われますが、この英単語にはもうひとつ「規律・訓練」といった意味もあります。ただ昨今、このdisciplineはネガティブな意味合いで使われることが増えてきました。つまり「規律・訓練」は、本来柔軟な発想にもとづくべき思考を、ある一定の「型」にはめてしまうものである、と。最近ではより自由で、ひとつのやりかたにとらわれない横断的な学習が推奨されていますから、ひとつのことに深く打ち込むdisciplineよりも、interdisciplinary（分野横断）、transdisciplinary（領域横断）といったスタイルのほうがもてはやされる傾向があります。

ただわたしの個人的な印象でいえば、さきほどのスポーツの話と同じく、disciplineを身につけることが結果的に一番近道であることがめずらしくない。分野横断や領域横断は一見聞こえよく響きますが、あくまでも試行錯誤の結果としてそうなるのであって、基礎がおろそかになっていれば決してものになることはない。そしてこの「型」を身につけることこそが、自由になるために必要な最初のステップでもあるのです。

「私たちはあらかじめ型にはめられている」

自由とは「型」を身につけたその先にあります。自由とは、ゼロから、つまり何もないところから生まれるものではありません。なぜなら、私たちは意識する／しないにかかわらず、すでに何らかの「型」にはめられているからです。

二〇世紀でもっとも重要とされるドイツの哲学者、マルティン・ハイデガー▼の言葉に「世界内存在（In-der-Welt-Sein）」というものがあります。英語で書くと「being-in-the-world」、つまり「世界のなかにいること」という意味です。ハイデガーは、人間は誰でもあらかじめ世界のなかにいる、もっといえば、人間は世界のなかに、自分の意志とは無関係に「投げ入れられている」――これはハイデガーの言葉で「被投性（Geworfenheit, Thrownness）」といいます――といったわけです。

これをいまの話に結びつけると、私たちにはそもそも最初から自由などない、ということになるでしょう。私たちは、自分が「たまたま」おかれた環境のなかで、最初の自己形成をします。つまり私たちの好みや信念もまた、自分が「たまたま」いる環境に左右されているということです。

みなさんはこれまで生きてきて、たくさんの努力をしてきたと思います。そのなかで、いまの自分は、自分自身がいちから作り上げてきたものだといった感覚をもっている人も少なくないでしょう。もちろん、それはそれで間違いではありません。ですが、みなさんが自分自身で作り上げてきた「自分」もまた、周囲の人たちから受けてきた影響や、ときには反発によって形成されてきたものではないでしょうか。「影響」というのはそれほど単純なものではありません。家族や友だちの影響で何かを好きになることもあれば、それに対するひそかな

▼マルティン・ハイデガー
ドイツの哲学者。一八八九年生まれ。キルケゴール、ディルタイの解釈学の影響のもとに、フッサールの現象学を発展させた。哲学の対象である存在は、実存を通してのみ理解可能であるとする、基礎的存在論としての実存哲学を形成した。主著に『存在と時間』。一九七六年歿。

反発として、別のものを好きになることだってあるのです。こういってしまうと、周囲の環境によって「型」にはめられた自分にはそもそも選択の余地がないように感じられるかもしれませんが、けっしてそうではありません。ここでわたし自身の経験をお話しします。

「型を身につけ、別の型を探す」

わたしは小さいころから音楽が好きで、テレビやラジオの音楽番組を熱心に視聴していました。中学生になると、クラシック音楽や海外の比較的マイナーなオルタナティヴ・ロックなど、まわりの友だちがあまり聴いていないような音楽を進んで聴くようになります。単純にそういった音楽が自分の好みに合っていたからだともいえますが、重要なのはそこではない。おそらく、そういう「人と違う音楽を聴いている」という状態が、当時の自分には心地よかった。

若いころにそういった感情に動かされるのは、けっして悪いことではなかったと思います。なぜなら、人は何らかの理由でそうした「背伸び」をしなければ、自分が知らない、わからないものに手を伸ばそうとする機会はなかなか得られないからです。

わたしがそうした未知の音楽に手を出してみようと思ったのは、自分がそれまで聴いてきた音楽はほとんどが同じ、狭い枠のなかに収まっているように感じ、そうではないものを求めたからです。中学生のころのわたしがそれを自覚していたわけではありませんが、それなりにいろいろな音楽を聴いたり、自分でいくらか楽器を弾いたりしていたからこそ、「これじゃない何か」を求めるようになったのだと思います。つまり自由になるためには、まず自分がどういう「型」にはまっているかを自覚することが必要だといえるでしょう。いいかえれば、それはいま自分が身をおいている世界からちょっと抜け出て、別の世界に足を踏み入れてみることです。少し大げさに聞こえるでしょうか。けれどもこの「世界」という言葉はそんなに大げさなものではありません。

さきほどのハイデガーも参照している、ユクスキュル▼という生物学者がいます。彼が「環世界(Umwelt)」という言葉を使っているのですが、これは私たち人間も、動物も、昆虫も、それぞれ違う世界を生きているという考えかたです。なぜならどの生物も、備えている感覚が違うからです。この宇宙はたしかに物理的にはひとつかもしれない。でもその感じかたが違えば、それはもう別の世界である。だから私たち一人ひとりも、ふだん馴染んでいる環境の外に出れば、そこにはまったく別の世界が広がっているともいえるわけです。

▼ヤーコプ・フォン・ユクスキュル
エストニア出身のドイツの生物学者、哲学者。一九二六年ハンブルク大学付属の「環世界研究所」の所長に招聘され、多くの弟子を育成する。ユクスキュルの見解はとくに哲学者たちに影響を与えた。主著に『動物の環境と内的世界』。一九四四年歿。

「型破りな表現に出会い、驚く」

自由になるにはまず「型」を身につけることが大切だといいましたが、それと同じくらい重要なことは、自分の想像を超えたものとの出会いを恐れず、新鮮な感覚で受け止めることです。

わたしがはじめて（本当の意味で）美術と出会ったときの話をします。わたしがとくに自分の専門領域としているのは、二〇世紀から現在にかけての比較的新しい美術、一般的に「現代美術」とか「現代アート」といわれるものです。

もともと、わたしは絵画や彫刻のような美術作品に興味のある人間ではまったくありませんでした。生まれ育ったところには美術館などもありませんでしたし、両親が美術教育に熱心だったわけでもありません。

そんなわたしが高校二年生のときに、はじめて美術館でやっている展覧会を見に行きました。茨城県水戸市にある、水戸芸術館で開催されていた「日本ゼロ年」という、現代アートの展覧会でした。もういまから二五、六年前、みなさんが生まれる前の一九九九年のことです。

あとから知ったことですが、この展覧会は当時まだ若手だった美術批評家・椹木野衣《さわらぎのい》▼が企画したもので、この展覧会に出品している作家も、村上隆▼、会田誠▼、大竹伸朗▼といった、いまでは誰もが知る、有名な方々ばかりです。当時高校生だったわたしはそんな人たちの名前をまったく知らず、ただ当時つきあっていた恋人が見たいというので一緒について見に行きました。

そこに展示されていたのは、自分が「美術館」という言葉からイメージしていた「お行儀のよい」作品からはほど遠いものばかりでした。なかには岡本太

▼椹木野衣
美術批評家。一九六二年生まれ。著書に『シミュレーショニズム』『日本・現代・美術』『戦争と万博』、『後美術論』（吉田秀和賞）、『震美術論』（芸術選奨文部科学大臣賞）など。キュレーションした展覧会に「アノーマリー」「日本ゼロ年」「平成美術　うたかたと瓦礫（デブリ）1989−2019」など。

郎▼、横尾忠則▼、東松照明▼といった、すでに長いキャリアをもつ作家の作品も含まれていましたが、まだ若手だった会田誠、村上隆、ヤノベケンジ▼らの作品は、当時の現代美術の世界とは縁遠かったマンガやアニメの表現技法をふんだんに盛り込んだものだったのです。それまで美術作品に抱いていたイメージとはまったく違う作品に驚きながら歩みを進めていると、今度は遠くからギターを掻き鳴らしたような轟音が響いてくる。美術館とは誰もが静かにしていなければならない空間である、そう思い込んでいたわたしには想像もつかない出来事でした。

　おそるおそる音の鳴るほうへ歩みを進めてみると、そこにあったのは大竹伸朗の巨大な作品▼でした。といっても、当時のわたしの目からすれば、そこにあったのは「美術作品」というよりは、廃材をたくさん張り合わせたスクラップの塊のように見えました。なおかつそのスクラップの高い位置にギターが据えつけてあって、詳しいことはわからないけれど、それが自動的に音をかき鳴らすようにプログラムされているらしい。

　この展覧会に出会ったことで、「美術館＝絵画や彫刻が整然と並べられている空間」というイメージはあっという間に崩壊しました。そして、美術館という「真面目そうな」空間で、こんなめちゃくちゃなことができるという現代美術の懐の広さに自由を感じ、大きな感銘を受けました。

　こういった出会いを経て、大学に入った当初は文学や美術の授業ばかりを履

▼村上隆
美術家。一九六二年生まれ。二〇〇〇年の「SUPER FLAT」展のキュレーションを通じて、伝統的日本美術とマンガ・アニメの平面性を接続し、階級差の無い戦後日本の文化的なありようを捉える社会学的な文脈をも包摂したキーワードとして「スーパーフラット」を提唱。著書に『芸術起業論』など。

▼会田誠
美術家。一九六五年生まれ。美少女、戦争画、サラリーマンなど、社会や歴史、現代と近代以前、西洋と東洋の境界を自由に往来し奇想天外な対比や痛烈な批評性を提示する作風で支持を得ている。著書に『性と芸術』など。

▼大竹伸朗
美術家。一九五五年生まれ。絵画、版画、立体作品、映像、音楽、廃材が素材の巨大インス

修していました。もともとフランス語やドイツ語にも興味があったので語学の授業にも真面目に出席するようになり、やがて哲学にも興味をもちはじめいまに至るわけです。

　哲学も美術も、一見堅苦しいもののように思えます。哲学を学ぼうとすれば「言葉を正確に使い、厳密に考えましょう」といわれるし、美術をやろうとすれば「まずはデッサンをして、もののかたちを正確に捉えることから始めよう」といわれます。じっさい、真面目にやろうとすれば、こうした基礎的な修練はやはり必要です。しかしこうした地道な修業を経て「型」を身につけると、そのうちあっと驚くようなことができるようになります。というよりも哲学や美術においては、身につけた「型」を守りつつ破る、あるいはずらすことこそが醍醐味であり求められていることだとも思います。

意味＝感覚（sense）をずらす

「型」を守りつつ破る、あるいはずらすとはどういうことか。わたしが大学生のころに出会って衝撃をうけた、多和田葉子▼の『容疑者の夜行列車』という小説から見ていきたいと思います。

　ある日、大学の図書館にあった雑誌をぱらぱらとめくっていたときに、この小説のある一節を見つけて一瞬にして魅了されてしまいました。ちょっと読ん

タレーションなど、多岐にわたる分野で活動を続ける。二〇一二年、ドイツのドクメンタ、一三年、イタリアのベネチア・ビエンナーレなど、海外でも数多くの美術展に参加している。

▼岡本太郎
画家、彫刻家。一九一一年生まれ。一九二九年、両親とともに渡欧、一一年間をパリで過ごす。戦後は前衛美術運動に傾倒し、絵画、彫刻、壁画など多彩な作品を残した。現在も万博記念公園にある「太陽の塔」は二〇二〇年に岡本太郎の作品として初めて、国の有形文化財に登録された。一九九六年歿。

でみましょう。この小説はどれも駅の名前のついた一三の章からなっているのですが、いまから読むのは「グラーツへ」という二つめのエピソードの冒頭です。

あなたは、いつも列車の発車時刻よりもずっと早く駅に着いてしまう癖がある。それが年々ひどくなっていくので、年寄りになったら、夕方乗る列車のホームに、朝焼けに頬をあかく照らされて立っているかもしれない、と思う。そんなに早く駅へ行ってどうするの、駅というのは退屈なものでしょう、と友達に言われると、何と答えていいのか分からない。駅は確かに退屈な場所かもしれない。退屈でうんざりしてしまうからこそ、忙しいという思いが消え、緊張がほぐれる。退屈は、余裕である。そう思って、一人にやにやしながら、ホームを行き来する。灰の中を歩行する人のように、靴底の感触が妙である。キオスクを覗いてみる。そこに売っている物には何も買いたい物などない。見飽きたチョコレート、もう読んでしまった新聞、喉も乾いていないし、ガムも要らない。要らないものばかりだ。そう思うと、あなたはますますほっとする。

（多和田葉子『容疑者の夜行列車』青土社、二〇〇二年、二一頁）

ちょっと「あれっ」と思いますよね。こんな二人称の使いかたは、ほとんど

▼横尾忠則
美術家。一九三六年生まれ。一九六九年パリ青年ビエンナーレ展版画部門でグランプリ受賞、七二年にニューヨーク近代美術館で個展を開催。その後も各国のビエンナーレに出品するなど国際的に活躍。九五年、毎日芸術賞、二〇〇一年紫綬褒章受章。〇八年に小説集『ぶるうらんど』で泉鏡花文学賞を受賞するなど受賞・受章多数。

▼東松照明
写真家。一九三〇年生まれ。社会派として迫力のある表現で日本の戦後史を記録した。一九七五年の沖縄の写真を中心とした写真集『太陽の鉛筆』で芸術選奨文部大臣賞、日本写真家協会年度賞受賞。九五年紫綬褒章受章、二〇〇五年日本写真協会賞功労賞受賞。二〇一二年歿。

の小説ではしない。小説を読み慣れている人ほど、この「あなた」の使いかたには驚くのではないかと思います。物語の語り手が、おそらく主人公にあたる人を「彼は」とか「彼女は」とかではなく、「あなた」という二人称で描写する。たったそれだけの工夫がこれほど強い印象をもたらすのは、多和田さんの小説が、ごく普通の意味で優れた作品だからです。ほかの表現ジャンルでも似たようなことがいえますが、骨格がしっかりとした作品ほど、そこに何らかのしかけや工夫がされているときに強いインパクトを与えることができる。

わたしにとって哲学や文学や美術がおもしろいのは、私たちが「普通」だと思っている意味や感覚をずらすことができるからです。英語では意味も感覚もsenseといいます。厳密にラテン語の語源をさかのぼると、意味のsenseと感覚のsenseの語源は違うようですが、おもしろい一致ですね。フランス語やドイツ語でも、これらはともにsens、Sinnという同じ単語です。

誰もが言葉を使うし、誰もが感覚に頼って生きています。しかし、言葉や感覚は普段かなり狭い幅のなかで使われていると思います。私たちが「自由」という言葉から読み取る意味、「自由」という感覚をめぐるイメージもまた、それまで経験したことや、聞いたことの範囲内でしか変わらないでしょう。

みなさんはこれからの人生のなかでいろいろな表現に触れると思いますが、それをただ「消費」するのではなく、作り手の目線でちょっと分析してみたり、または自分でつくってみたりすると、そのおもしろさは何倍にもなると思いま

▼ヤノベケンジ
美術家。一九六五年生まれ。九〇年代初頭より「現代社会におけるサヴァイヴァル」をテーマに実機能をもつ大型機械彫刻を制作。ユーモラスな形態に社会的メッセージを込めた作品群で評価される。

▼大竹伸朗の巨大な作品
『零景』。さまざまな廃材を組み合わせてつくられたインスタレーションで、廃材の一部であるエレキギターが一定のリズムで轟音を鳴らす。

▼多和田葉子
小説家、詩人。一九六〇年生まれ。一九八二年、ドイツ・ハンブルクへ。日独二ケ国語で作品を発表しており、九六年にはドイツ語での作家活動によりシャミッソー文学賞受賞。二〇一八年『献灯使』で全米図書賞翻訳文学部門受賞。

す。わたしがいまやっていることの入り口も、普段ぼーっと見ている映像や、サブスクでなんとなく聴いている音楽についてあれこれ考え、言葉にする、ということにあります。いろいろなものを体験するだけでなく、それを振り返ってあれこれ考えることは、その体験をもっと豊かにしてくれる。そのことが、ひいては私たち一人ひとりの新しい自由に繫がるのではないかと考えています。

Q&A

——型破りな表現に出会うためには、どういうことをしたり、どういうふうに生活すればいいか教えてください。

普段自分が身を置いている環境とは、ちがう環境に行ってみることではないでしょうか。いまはスマートフォンを使えばどんな情報でも調べることができますが、スマートフォンのなかには自由が広がっているようでいて、じつは限られた世界であることに注意してほしいと思います。スマートフォンに表示される情報は、普段その人がなにを購入しているか、なにを検索しているかといった趣味嗜好から計算されたもので、一見自由に見えますが、じつはかなり狭い環境なのです。

新しいものとの出会いをスマートフォンのなかに求めるのではなく、たとえば週末に山に登ってみる、あるいはいつもの通学路ではない道を通ってみる（寄り道はよくないかもしれませんが）など、未知の環境にあえて足を踏み入れることが大事だと思います。なおかつ、それはなるべく他人から与えられたものでないほうが望ましい。わたしが美術に出会ったのはまったくの偶然で、誰かに押し付けられたものでもなければ、学校が提供してくれたものでもありません。たまたまであることが重要というと矛盾したいいかたになりますが、そういうものとたまたま出会うためには、普段の自分の環境に安住することなく、つねに好奇心を働かせておくとよいと思います。

わたしの思い出の授業、思い出の先生

Q1：思い出の授業を教えてください

高校三年生の夏休みに受けた、予備校の英語の授業です。

Q2：その授業が記憶に残っている理由はなんですか？

その英語の先生が、たしか東大の法学部の出身で、授業中の雑談としてよく東大の話をしてくれました。当時のわたしは大学について、文学部に行きたいということ以外はほとんど何のイメージも持っていませんでした（いま振り返ると、かなりぼんやりした学生だったと思います）。ですがその先生の雑談のおかげで、大学がどういうところなのか、そのときはじめて具体的なイメージを抱くことができました。

Q3：その授業は人生を変えましたか？

変えました。というのも、その先生から聞いた東大の――とくに文学部の――イメージが非常によかったので、高校三年生の夏休みに志望校を変えることにしたからです。その英語の授業がなければ、わたしは何となく受験をして、もっと適当な人生を歩んでいたと思います。

わたしの仕事をもっと知るための3冊

星野太『崇高の修辞学』（月曜社）
星野太『食客論』（講談社）
星野太『崇高と資本主義　ジャン＝フランソワ・リオタール論』（青土社）

タンザニア人に学ぶ
不確実な未来を生き抜く知恵

小川さやか

みなさんは、『世界ウルルン滞在記』▼というテレビ番組を観たことがありますか？　文化人類学者は、あの番組のように参与観察▼という手法を使って研究をします。参与観察とは、「参加しながら観察する」という意味です。

たとえば、アマゾンの狩猟採集民や、モンゴルの牧畜民、アメリカのスラム住民など、世界のさまざまな社会に出かけていって、そこで一、二年ほどの間、現地の人たちと一緒に暮らします。一緒に狩りをしたり牛を追いかけたり商売したり、遊んだり飲んだりしながら、人々がどんなふうに生きてどんなふうに関係をつくっているのかを理解していく学問です。

そして、彼らの文化を知ることで改めて「私たちの文化とは何だろう？」▼と考えることを繰り返します。ちなみにわたしは大学院生のころ、タンザニアの路上商人たちの参与観察をしていました。長期にわたって滞在していくうちに、自ら古着商人になって商売もしたんですよ。

おがわ・さやか
文化人類学者。一九七八年生まれ。京都大学大学院アジア・アフリカ地域研究研究科一貫制博士課程指導認定退学。博士（地域研究）。タンザニアの零細商人マチンガの商慣行・共同体のありようを参与観察の手法で研究・分析し、翻って極度に制度化された現代社会に相対的な視座を提示している。主な著書に『チョンキンマンションのボスは知っている　アングラ経済の人類学』（大宅壮一ノンフィクション賞、河合隼雄学芸賞受賞）、『「その日暮らし」の人類学』など。

〝ふつう〟にとらわれない家族の形

みなさんは「家族」と聞いて、どんなイメージをしますか？　お父さんお母さん、お姉ちゃんお兄ちゃん、おじいちゃんおばあちゃん、といった感じですよね。でも、世界にはそのイメージを覆す「家族」が存在します。

たとえば、中国の雲南省に暮らしているモソ族▼の人たちは家族全員が女性です。どうしてそうなるかというと、彼らの社会では、財産はお母さんの系譜をたどって子どもに相続されていくので、お父さんが誰であるかは必ずしも重要ではないのですね。お父さんは夜になってやってきてお母さんと愛を育み、朝になったら帰っていく。だからみんな実家暮らしをしていて、夫婦になっても同じ家のなかで暮らさないのです。

驚くかもしれませんが、考えてみれば『源氏物語』の舞台である平安時代だって男性が女性のもとに通う、いわゆる通い婚ですよね。あれと同じシステムが、中国ではいまもまだ続いているということです。

タンザニアには一夫多妻制度▼の社会があります。「そんな状況おかしいじゃないか」とか「女性が虐げられている」とか、そういった考えも浮かんできますが、文化人類学ではそういう意見は一旦置いておいて、まずは彼らが何を考え、どのように生活しているのかに目を向け、一緒に暮らしてみることから始

▼『世界ウルルン滞在記』
一九九五年四月から二〇〇八年九月まで、一三年半にわたって放送したテレビ番組。六〇〇人以上の個性豊かな旅人たちが、一〇〇を超える国や地域へ旅をし、ホームステイを通してそこにある暮らしを体験し、世界の在り方を伝えた。タイトルの「ウルルン」は、「出会ウ・見ル・泊まル・体験（タイケン）」という言葉から生まれたものである。

▼参与観察
社会科学や文化人類学の研究手法で、調査対象となる現場へ実際に行き、そこで生活する人たちとのさまざまな接触を通じて、調査対象者の視点にできるだけ近づきながら、現場を観察する方法のこと。

めます。すると次第に、一夫多妻制度にも良い面があるということがわかってくるのです。

日本で一夫多妻制度をするのは嫌ですけれど、もしもこの社会のなかで生きるのなら、わたしは第二夫人になりたいです。なぜかというと、タンザニアの田舎では水を汲みに行くのにバケツを持って片道三〇分も歩かなければならず、洗濯も全部手洗い。それに、一日中農作業をしなければなりません。そうすると、朝から晩まで働いていてもほとんど時間がないのです。

ところが、奥さんが四人いるとどうでしょう。炊事や洗濯をうまく分担すれば、一日のうち数時間は自分の時間ができて、ゆっくり本を読めたりします。そう思うと、別に一妻じゃなくてもいいかもしれないなんて、思ってしまうわけですね。

さらに、日中は夫がお金を稼ぎに出かけているので、ほとんど妻たちだけで過ごします。そうなると、第一夫人は妻たちをまとめられる人格者じゃないと務まりませんし、第四夫人は妻たちのなかでいちばん若いため、可愛らしいキャラクターでいないといけません。そう思うと、裏番長的な第二夫人あたりがいちばんおいしいポジションだと思いませんか？

それに、大家族のなかで暮らす子どもたちの生活を見てみても、そんなに悪いことばかりでもないんですよ。第二夫人の子どもから見ると、第一夫人は大きいお母さん、第三夫人は小さいお母さんになりますし、第一夫人の子どもも

▼タンザニア
アフリカ大陸の東部に位置し、ケニアなど八ヶ国と国境を接している国。タンザニア全土には約一三〇の部族がおり、イスラム教徒とキリスト教徒が四〇％ずつを占めている。公用語はスワヒリ語と英語。

▼モソ族
中国南部、雲南省の湖のほとりに定住する少数民族。女性が家長をつとめ、土地や財産はすべて母から娘に相続されるため、そこは「女性の国」と呼ばれている。

▼一夫多妻制度
一人の男性が複数の女性と同時に婚姻関係を持つ婚姻形態。一夫多妻制は、文化や社会によって定義や範囲が異なり、一夫多妻制を認める国と認めない国がある。

第三夫人の子どももみんな自分の兄弟姉妹です。

わたしが彼らと一緒に暮らしていたとき、すっかりグレてしまった男の子がいました。彼は不良仲間とつるんで学校に行くのをサボっていたのですが、ある日お父さんが痺れを切らして「田舎のばあちゃんちに五年ぐらい預けるぞ」といったら、急に大人しくなったことがありました。二〇〇〇人もの家族がいるから田舎にも都会にも親戚がいて、こういう問題が起こったときでも別の家にしばらく預けることができるのです。

このように、一言に家族といってもいろいろな世界があります。家族のあり方も友だち関係も経済のあり方も、普段私たちがいかに「これがふつうだ」という常識に縛られているかがわかりますよね。

文化人類学では、私たちのなかの当たり前を異文化から見つめ直して、「別の考え方ややり方があるんじゃないか」と気づくことができるのです。私たちのいる世界が息苦しいなと思ったときに違う世界のやり方があると知っていることは、自分を楽にするお守りになるでしょう。

「タンザニアの人々が生き抜く知恵」

みなさんは、YouTubeを見たり漫画を読んだりしてハッと気づくと二時間ぐらい経っているなんてことはありませんか。まるでワープしてしまったみたいに夢中になりうつつを抜かしている状態——これこそ、いまこのときを生きている有意義な時間ですよね。

でも、そんなふうに過ごしていると、「将来のために勉強しなさい」とか「もっと有意義なことに時間を使いなさい」とか大人にいわれてしまいます。もしくは、直接いわれなかったとしても、どこか悪いことをしているような気持ちになったり、焦りを感じたりしてしまうでしょう。私たちの社会では、中学生だったら高校受験、高校生だったら大学受験、大学生だったら就活というような感じで、常に少し先の未来のために、いまこのときの喜びとか楽しみをセーブして現在を消費しているのです。

ただ、よく考えてみると「何歳になったら私たちはのほほんと生きていけるのだろう？」と思いませんか。五、六〇歳になったわたしはきっと、八〇歳のわたしのために時間を使っているんじゃないかと思うのです。

一方、タンザニアの人たちと一緒に過ごしてみると、とても貧しいのですが私たちの社会とは違う豊かさがあることに気づきます。その一つが、時間的な豊かさです。のんびりおしゃべりをしたり、自然の移り変わりを見て「空が綺麗だな」といい合ったり。お金はないけれど、すごくゆったりとした生活をしているんですね。

タンザニアでは、いわゆる公務員と会社員になれる人はほんのわずかで、田舎からやってきた人たちの多くはあえなく無職になります。それでも、食べないといけないし恋をしないといけないし、成功して豊かになって田舎に残してきた親たちも養わなければなりません。でも仕事がないから、自分たちで仕事を編み出していくしかない。

世界的に見ると、このようにその日暮らしをしている人たちは、決して少なくありません。むしろ日本のような国のほうがごくごく一部です。アジアやアフリカ、中南米などでは、一〇年先どころか三日先に自分がどうなってるかわからない暮らしをしている人たちがたくさんいます。それでも、彼らは将来を不安に思って暮らしているわけではないのです。

タンザニアでいちばん多いのは、道端で物を売っている商人です。わたしも昔、こういう人たちと一緒に行商をしていました。毎日仕立て業をしたり路上のものを売ったりしているのですが、食べていくのはなかなか大変です。だからこそ彼らは、不確実な未来を生き抜くための知恵をとても大事にしています。この知恵のことをスワヒリ語で「ウジャンジャ」といいます。「賢い。ずる賢い」という意味の言葉です。「ずる賢い」というと悪いイメージをもってしまいますが、タンザニアの社会ではずる賢さと賢さがせめぎ合っていて、日本人が想像する「ずる賢い」とは少し違うかもしれません。

タンザニアの人々はとても逞しいです。たとえば、森のなかで車が壊れた事態が発生しても、どこかから廃材を集めてきて修理してしまいますし、最新のファッションを楽しみたくなったら、お金がないことを嘆いたりせずに自分でペンキを塗ったりダメージ加工をしてみたりして楽しみます。このように、自らの力でピンチをやりくりしようという意気込みみたいなものがないと生きていけない前提の社会なのです。

あるとき、行商人の子に「どうして行商人になったの？」と尋ねると、彼は次のように答えました。

「ある日ぼくはお腹が空いていたんだ。でも、ポケットには一食分のお金しかなかった。このお金でご飯を食べちゃうと夕飯はないし、明日から一文なしだ。どうしようかなと思ってぶらぶらしていると、オレンジが一個五〇シリング▼で売られていた。でも、あっちの長屋ではオレンジが一個一〇〇シリングで売られていたんだ。ぼくはひらめいた。ポケットの五〇〇シリングでオレンジを一〇個買って商売すればいい。そうすれば明日も明後日も生きていけるって。それを思いついた瞬間に、ぼくは行商人になったんだ」

商売というのは意外と簡単なもので、安く買って高く売る、あるいは、物があるところからないところまで運ぶとか、すごくシンプルな方法で儲けられるものなのです。

▼シリング
タンザニア・シリングのこと。タンザニアの通貨単位で一タンザニア・シリング＝〇・〇五八円ほど（二〇二五年三月三日現在）。

〝ずる賢さ〟の身につけ方

こうした知恵は、大都会のなかで自然に学んでいくものでもあります。

あるとき、ジュリアス君という一四歳の少年と一緒に露天商をしていました。ジュリアス君は小さいころに両親を亡くし学校に通えず、叔母さんを頼って大都会にやってきたため、簡単な計算もできません。

そこで叔母さんが知り合いの露天商に「うちのジュリアスを露天商として使ってくれないか」とお願いしたのですが、ジュリアス君は計算もできない上にかなりの田舎者で、都会のハイスピードな喋り方の大人たちに「訛りが強すぎて何をいってるかわからない、はっきり喋りなさい」なんていわれるたびに、怖くなってきて逃げ出してしまう始末でした。

彼はわたしの露店に毎日のようにやってきて、「叔母さんの子どもたちは学校に通っているのに、ぼくはお金を持って帰らないと怒られる。でも、ぼくを雇っている露天商のボスはお金を全然くれないんだ」と涙ながらに嘆くのです。ボスからすると、一個も売れないのだからお金はあげられないんですけどね。

わたしはそんな彼を可哀想だと思い励ましていたのですが、それを見ていたほかの露天商にこっぴどく怒られました。その人は「さやか、そんな世話を焼くな。ジュリアスはまだ模索している途中なんだ。お前がジュリアスの生き抜くスタイルを決めてしまったら、あいつのためにならないじゃないか」というのです。

しばらくして、ようやくジュリアス君が一個だけ商品を売ることができた日がありました。ジュリアス君はうれしくなって、すぐさまボスに売り上げを渡しに行こうとしました。すると、アブドゥルという年長の商人がすぐさまジュリアス君を呼び出して、次のようにいいました。

「お前は本当に馬鹿だな。いいか。ボスに千シリングより高く売れといわれて一五〇〇シリングで売れたんだったら、ボスには一三〇〇シリングで売ったといえばいいんだよ。そうしたら、二〇〇シリングは黙ってポッケに入れられるだろ？　金が欲しかったら頭も使え」

これを聞いたジュリアス君はえらく納得して、おどおどしながら「千三百シリングで売れました」とボスに報告しました。が、すぐに嘘がバレてしまったのでした。

ところが、その日の夕方、嘘をつかれたボスがうれしそうな顔をしてわたしのところにやってきて、「さやか、聞いてくれよ。ジュリアスのやつがやっと賢くなってきたんだぜ」とニコニコしながらいうのです。わたしは、「じつはそれ、アブドゥルが入れ知恵したんだよ」と伝えると、ボスは驚くそぶりも見せずに「俺もアブドゥルから事前に、ジュリアスがそろそろ嘘つくから気をつけろっていわれていたんだ」と返しました。

翌日、わたしはアブドゥルのところへ行き、なんでボスに告げ口をしたのか聞きました。するとアブドゥルは、こういいました。

「ジュリアスには何もないだろ。だから、うまくかすめ取る技を身につけないと泥棒になってしまうじゃないか。でも、まだまだ巧さが足りないから告げ口したんだ。ストリートの教育だよ」

要するに、ジュリアス君の不運な生い立ちや泣き虫である性格は、彼が彼なりの生き方のスタイルを身につけて、賢い人間になっていくための素晴らしい資質だったのです。

タンザニアの人々は、みんなとても生き生きしています。それは、生き抜くための知恵（ウジャンジャ）が、それぞれの持って生まれた顔つきや性格に応じて、相手の心を動かす技として発揮できるようになることだからです。ひとりひとり、それぞれのかっこよさがあるという哲学のもとで生きているからです。

たとえば、強面の人が急に照れ笑いをしたり、お調子者の人が急に真面目なことをいい始めたりすると、キュンとしたりしませんか？　そんなふうに、もしかしたら計算かもしれない、でも天然かもしれないと思わせる、絶妙なあざとさが彼らの賢さなのです。

長ったらしい言い訳やつまらない嘘を並べて相手を傷つけるようなことは、相手の心に響きませんからウジャンジャではありません。むしろ、ウジャンジャな振る舞いが演技だとバレても、取り繕わずひるまず徹底的に押し出して、「計算だってわかっているけれど憎めない……」と相手に思わせるレベルにまで昇華させるのがウジャンジャの真骨頂なのです。

助け合いと贈与論

もうひとつ、タンザニアの人々が都会で生き抜くための、上手な助け合いの仕方を紹介します。

マルセル・モース▼という研究者の『贈与論』▼という著書があります。そのなかでモースは、「贈り物は与えないといけないし、贈り物を差し出されたらそれを受け取らないといけないし、贈り物をもらったらお返しする義務がある」と述べています。

みなさんは友だちから千円の誕生日プレゼントをもらったら、いくらの誕生日プレゼントを返しますか。おそらく千円前後のプレゼントを返す人がいちばん多いですよね。逆に、友だちに千円のプレゼントをあげて一万円のプレゼントが返ってきたら気まずい思いをするはずです。でも、親や先生から一万円のプレゼントが返ってきたら嬉しいですよね。それは自分より経済力がある相手だから、多くのものをもらっても大丈夫だと思っているからです。

こんなふうに、じつは贈り物はただ単に交換し合っているだけではなくて、贈り合うことで自分たちがどんな関係であるかを確認しているのです。千円分の贈り物を受け取って何か返すことができないと、千円分の負い目が発生する

▼マルセル・モース
フランスの社会学者・文化人類学者。一八七二年ロレーヌ出身。デュルケームを踏襲し「原始的な民族」とされる人々の宗教社会学、知識社会学の研究を行った。一九五〇年歿。

▼『贈与論』
『贈与論 アルカイックな社会における交換の形態と理由』。贈与の仕組みと、贈与によって社会制度を活性化させる方法を論じた書籍で、贈与と交換をめぐる社会学的・人類学的研究の礎となった。一九二五年刊。

のではなく、なんとなくその人に対して頭が上がらない、恩があるみたいな気持ちが生じます。つまり、贈り物をどれだけうまくやるかは人間関係をどれだけうまくやるかでもあるのです。

タンザニアの若者たちは、早くて一五歳、遅くても二〇歳ぐらいで都会に出てきて、どうにか友だちをつくって助け合いながら暮らしています。あるとき、タンザニアのスラムで若者と恋バナをしていたら、ある少年が「好きな子ができた」といい出したことがありました。「でも貧乏だから、告白しても振られてしまうかも」なんて弱気なことをいっているので、彼の仲間たちは一肌脱いでやることにしたのです。

そこからがすごいのです。古着屋の友だちが洋服を貸し、靴屋の友だちが靴を貸し、雑貨屋の友だちが時計を貸し、タクシー運転手が車を貸し、日本人のわたしがお小遣いをあげて、一夜にして超ハイスペック男ならぬ、「一日だけメッキ男」に少年は変身したのです。彼はそのまま意気揚々と好きな子に告白しに行き、その後二人は結婚しました。

わたしはずいぶん後になって「一日だけメッキ男」と結婚した奥さんに話を聞きに行きました。すると彼女は、「デートしている最中から、彼がほんとうは貧乏だってわかってたよ」というのです。じゃあなんで結婚したのか聞いてみると、こう答えました。

「たしかに彼は何も持っていないけれど、必要となったときには古着も時計もタクシーも借りられる。それって、いろんな財産を持っているのと同じじゃない？」

このエピソードのように、タンザニアの人たちには、贈り物をしてもそのお返しを自分が必要とするまで、あるいは相手がお返しできるようになるまで返さなくてもよしとする文化があります。むしろすぐに返してもらったら、一年後でも一〇年後でも自分が困ったときに助けてもらえなくなってしまうから、人生の保険のように、助けてあげたことについてのお返しはしなくていいといっておくのです。いろいろな人間を助けていれば、誰かが返してくれなくても、誰かは自分の必要なときに必要なものを与えてくれるだろうという考え方です。

その代わり、できるだけ自分と違うタイプのいろんな人たちを助けておくようにします。いざというときにいろんな種類の人たちに助けてもらえれば、自分自身ができること以上のことができるようになっていきます。パソコン本体に知識や能力を蓄積しなくても、みんなが外部メモリーに新しい能力や知識を付け加えてくれて、自分もそれを引き出すことができれば、持っていないけど持っているのと同じ状態になるでしょう。

贈り物には、期待ではなく願いを込める

前述したマルセル・モースは『贈与論』のなかで、「贈り物のお返しが返ってくるのは、贈り物に取り憑いた贈り主の霊が贈った人のもとに帰りたいと望むからだ」という話をしています。

つまり、贈り物をもらった人は、贈り物を返すまで贈り物に取り憑いている贈り主の霊と一緒に生きているということです。少々オカルトっぽいですが、経験的にはすごくわかる話だと思いませんか？　みなさんだって、手編みのマフラーをもらったら、何か憑いているかもしれないと思うでしょう。

もちろん全部の贈り物に霊魂が取り憑くわけではないです。クリスマスにゲームで交換したような軽い贈り物のことはすぐ忘れますよね。でも、落ち込んだときや失敗したときに、友だちからもらった言葉や小さな贈り物のことは忘れられません。「あの出来事があったから生きていられている」とか「あのときの友だちからの厳しい言葉がぼくの人生を変えたんだ」とか、思い出すことができる贈り物に対して贈り物をあげた人の分身が取り憑くのです。

ただし、贈り物に取り憑いた霊はその人を励ましたり導いたりするだけでなく、ときとして大きな重荷となり、その人の人生を台無しにしてしまうこともあります。「こんなことでくじけるな」とか「立派な職人になれなかったらお前なんか弟子失格だ」とか、そんな言葉を発する霊魂が憑いてしまったら怖い

ですよね。だから、何かを贈るときには、願いは込めても期待や計算を込めてはいけないのです。相手の未来を信じるということは、相手をコントロールすることではありません。

もらった人の心のなかで贈り主の霊は生き続けますが、その霊は贈り主の分身であるとともに贈り主の想像を超えてどんどん変身していきます。どんなふうに変身させるかは贈り物を受け取った人の自由だし、運や偶然が関係していくでしょう。

たとえば、職人になってほしいと思って鉋《かんな》をあげたとしても、受け取った相手がコンピュータ技師になる未来もあれば、うっかりスリになる未来もあるかもしれない。どうなっていくかまではコントロールできないのです。

むしろ、それが面白さでもあります。なぜなら、もし助けた相手がみんな成功してしまったら、自分が落ち込んだときに一体誰がこのクサクサした気持ちをわかってくれるだろうかとなりますし、友だちがみんな同じようなタイプに育ってしまったら、自分だけ浮いてしまったときに行き場を失うでしょう。

社長になる友だちもいれば、考えるのが好きな友だちもいて、病気になる友だちもいれば、地元にとどまる友だちもいる。いいところ、だめなところがそれぞれ違うからこそ、自分の未来がどう転んでも自分に必要なものをくれる人が一人いて、手を差し伸べてくれるのです。

そのため、タンザニアの人たちは友だちや家族など自分に近い人にだけでなく、ちょっとしたピンチを発見するといろんなタイプの人たちにちょっとした贈り物をします。たとえば、バスの運転手が、泣きそうな顔で乗っている客の無賃乗車に気づいているけれど見逃してあげるとか、仕事がない若者にいろんな道具をあげるとか。そういうことをするだけで、与えられた人にとってはそれ以外の運転手やそれ以外の職人とはまったく違う、特別な人になれる。そして、いざ自分がピンチになったときには、いままで贈ってきた自分の分身がどんなふうに変身したのか探しに行くのです。

お金がなくても回っている世界や、結婚がない世界があることは希望だと思いませんか。

うまくいっているときは自分たちの暮らしや文化が素敵に見えるし、自分の考え方が正しいと思えるから問題ありません。でも、社会でうまく生きていけない、自分が正しいと思ったことが正しいとされないと思ったとき、まったく違う考えを持っている人がこの世界にいることは、大きな救いとなるでしょう。

お金に困ったり結婚に失敗したりしたら、彼らがどうやって生きているのか調べてみる。するとそこには、日本で暮らしていたら思いもよらないような仕組みや知恵があふれているのです。

Q&A

——文化人類学者になったきっかけを教えてください。

『MASTERキートン』▼みたいに、文明を発掘できたら楽しそうだなと思って大学時代は考古学をやろうと思っていました。でも、集団行動が苦手で、考古学は集団で遺跡を発掘しないといけないから諦めました。その点、人類学は一人で行動できるらしいと気づきまして、途中で人類学を勉強し始めました。

その後、アフリカに行ってから、もう何が変わったのかわからないくらい自分のなかで大きな変化がありました。日本で何かに行き詰まったときにいつも、「タンザニアの友人たちだったら、これについてなんていうかな」と考えるようになったのです。

以前彼らに、人を信じることについて教えてもらったことがあります。

「友だちを信じることは、その人が絶対に嘘をつかないとか、いつでも必ず助けてくれると信じることじゃない。この程度の悪いことはするけれど、ここまではしないだろうとお互いにわかりながら、嘘をつかれてもときには気づいていない雰囲気を出したり、ときには怒ったり、ときには騙されてあげたりすることで、ずっと上手に関係をつくっていくことが、友だちを信じるってことなんだ」

これを聞いてから、嘘をついたり騙されたりしても、いちいち怒らなくなりました。どうして嘘をついたのか考えて、追い詰められてしまっている相手に

▼『MASTERキートン』
浦沢直樹・勝鹿北星・長崎尚志脚本、浦沢直樹作画による漫画。一九八八年から一九九四年にかけて小学館『ビッグコミックオリジナル』にて連載された。元特殊部隊の平賀＝キートン・太一が、オプ（保険調査員）として各地に派遣され、報告書作成のためといいながら事件に肩入れしていく職業漫画である。

対してヒントになるようなことをしてあげようと思うようになったのです。

わたしの思い出の授業、思い出の先生

授業ではありませんが、中学のときの国語の先生が好きでした。

わたしは中学生のころは小説家になりたくて、自分でもミステリー小説を書いていたのですが、丁寧に読んで感想をくれました。また、夏休みの宿題にあった読書感想文が賞に選ばれて、わたしは書くことが好きなのだと自覚しました。いま研究者になって本を書いているので、何か得意なことを見つけるのは大切ですね。

わたしの仕事をもっと知るための3冊

小川さやか『「その日暮らし」の人類学　もう一つの資本主義経済』（光文社新書）
佐久間寛編『負債と信用の人類学　人間経済の現在』（以文社）
小馬徹『贈り物と交換の文化人類学　人間はどこから来てどこへ行くのか』（御茶の水書房）

高校生と考える　未来への想像力

桐光学園大学訪問授業

二〇二五年三月三一日　第一刷発行

編者　桐光学園中学校・高等学校
〒二一五—八五五五　神奈川県川崎市麻生区栗木三—一二—一
TEL：〇四四—九八七—〇五一九（代表）
http://www.toko.ed.jp

発行所　株式会社左右社
〒一五一—〇〇五一　東京都渋谷区千駄ヶ谷三—五五—一二—B1
TEL：〇三—五七八六—六〇三〇　FAX：〇三—五七八六—六〇三二
https://www.sayusha.com

装幀　松田行正＋杉本聖士

印刷　創栄図書印刷株式会社

ISBN978-4-86528-463-8

高校生と考える　新時代の争点21

阿部和重、安藤礼二、伊勢崎賢治、伊藤比呂美、岩田健太郎、江原由美子、大友良英、桂英史、木下直之、木村大治、鴻巣友季子、小谷真理、清水克行、武田砂鉄、中条省平、平倉圭、廣瀬純、藤原辰史、永田和宏、松永美穂、村木厚子

桐光学園大学訪問授業　本体1800円

高校生と考える　21世紀の突破口

安藤宏、内田亮子、枝元なほみ、重田園江、北村紗衣、小林武彦、酒井邦嘉、住吉雅美、髙谷幸、詫摩佳代、田中真知、ドミニク・チェン、中山智香子、夏目房之介、ハナムラチカヒロ、廣瀬陽子、松村圭一郎、三砂ちづる、山極壽一、米澤泉、鷲谷いづみ

桐光学園大学訪問授業　本体1800円

高校生と考える　人生の進路相談

AKI INOMATA、磯野真穂、今井むつみ、ウスビ・サコ、尾崎真理子、海部陽介、香川檀、神里達博、川瀬慈、里見龍樹、東畑開人、都甲幸治、トミヤマユキコ、藤野裕子、松浦壮、松本卓也、山本浩貴、渡辺靖

桐光学園大学訪問授業　本体1800円